PÄÄOMAN PANDEMONIUM

KAI KAURELL

PÄÄOMAN PANDEMONIUM

TALOUDEN YDINTALVI JA MUITA MAAILMANLOPUN ESSEITÄ

© Kai Kaurell 2021
Kustantaja: BoD – Books on Demand, Helsinki, Suomi
Valmistaja: BoD – Books on Demand, Norderstedt, Saksa
ISBN: 9789528035749
Ensimmäinen painos

*Jokaisella ajalla on oma jumalainen naiivisuuden laatunsa,
jonka keksimisestä toiset aikakaudet saavat sitä kadehtia.*

-   Friedrich Nietzsche

Sisällys

Prologi

Charles Ponzi oli paha mies. Nick Leeson oli paha mies. Bernie Madoff oli paha mies. Jeffrey Skilling oli paha mies. Jérome Kerviel oli paha mies. Aina kun televisioruuduista tulvii kuvia käsiraudoissa kulkevista yritysjohtajista ja osakekauppiaista, maallisen papiston on pantava kaikkein parastaan selittäessään ongelmien johtuvan ahneista ja korruptoituneista yksilöistä eikä järjestelmästä sinänsä.

Todellisuudessa kaikki taloudelliset kriisit, katastrofit ja romahdukset syyt palautuvat kuitenkin piirteeseen, joka on yhteinen kaikille yhtiöille: pakkomielteiseen pyrkimykseen tavoitella taloudellista voittoa, valtaa ja jatkuvaa osakekurssin nousua. Tuo piirre puolestaan palautuu jo yhtiöiden perustehtävään: yhtiön lakisääteinen tehtävä on tuottaa voittoa omistajilleen.[1]

Vuonna 1916 itse Henry Ford joutui opettelemaan tämän periaatteen kantapään kautta. Samalla hän tuli puolittain vahingossa vakiinnuttaneeksi lainsäädäntöön Milton Friedmanin myöhemmin kanonisoiman moraalikäsityksen. Hän nimittäin halusi uskoa, että Ford Motor Company voisi olla muuta kuin hänen henkilökohtainen rahasamponsa. Hän päätti maksaa työntekijöille tavallista parempaa palkkaa sekä alentaa asiakkaidensa eduksi T-mallin hintaa – ja saada silti kohtuullisesti voittoa.

Kaikki olivat tyytyväisiä – paitsi Dodgen veljekset. He olivat auttaneet Fordia perustamaan yhtiönsä sijoittamalla siihen rahaa noin 10 vuotta aikaisemmin, ja heillä oli suuria suunnitelmia oman autotehtaan perustamisesta. Hanke jouduttiin jäädyttämään, kun Ford päätti olla maksamatta osinkoja alentaakseen hintoja.

Veljekset haastoivat Fordin oikeuteen. He katsoivat, ettei tällä ollut oikeutta käyttää heidän rahojaan asiakkaidensa eduksi hyvistä tarkoitusperistään huolimatta. Oikeus oli samaa mieltä – ja määräsi osingot maksettaviksi. Päätöksen mukaan yhtiön perustamisen ja tämän toiminnan ensisijainen tavoite onkin tuottaa voittoa omistajilleen, eikä yhtiöitä voida johtaa siten, että ne tuottavat vain sattumanvaraisesti hyötyä omistajilleen.[2]

Tuomioistuimen päätös asiassa *Dodge vs. Ford* on edelleen Yhdysvalloissa voimassa oleva oikeusperiaate: yritysjohtajilla on yhtiölaista tuleva velvollisuus asettaa yhtiön omistajien taloudelliset edut kaikkien muiden intressien edelle. Tämä yhtiön edun periaate tavallaan korjasi myöskin Adam Smithin jo aikoinaan havaitseman puutteen johdon lojaliiteettiin liittyen.

Periaate on jokseenkin sellaisenaan kirjattu useimpien läntisten oikeusvaltioiden yhtiölainsäädäntöön: johdon tehtävänä on varmistaa omistajien taloudellisten etujen toteutuminen. Erilaiset muut yhteiskunnalliset päämäärät voidaan ottaa huomioon vain tarkoituksessa edistää yhtiön taikka sen omistajien etuja – ja vain niitä.[3]

Luonnollisten henkilöiden kohdalla tällaista totaalista omaan etuun keskittymistä pidetään yleensä yhtenä psykopaattisen käyttäytymisen piirteenä. Yhteiskunnan vaikutusvaltaisimpien instituutioiden tapauksessa tätä pidetään taas täysin luonnollisena – mikä on tavallaan perverssiä.

Kapitalismi ei silti hirtä itseään ahneuteensa, kuten vasemmistolaiset kriisiteoriat ovat ennustaneet. Porvaristo on aina puolustanut kapitalismia siinä hengessä, että se on huono järjestelmä, mutta paras niistä, joita on jo kokeiltu.[4] Vasemmistolta taas ovat vuosikymmeniä uupuneet tehokkaat taktiikat eeppisessä köydenvedossa rahavaltaa vastaan: kapitalismi ei kaiva omaa hautaansa, vaan opettaa ihmiset omille tavoilleen sekä perii kovan hinnan niistä lapioista, jotka se myy ihmisille heidän hautojensa kaivamiseksi.[5]

Oikotietä onneen ei ole: vasemmiston on palattava piirustuspöydän ääreen pohtimaan tapoja taloudellisen oikeudenmukaisuuden ja todellisen demokratian toteuttamiseksi. Muuten mitään toivoa vasemmiston uudesta noususta ei juuri ole. Ensimmäisinä esteinä tällä tiellä ovat marxilaiset myytit. Myyteistä mahtipontisin onkin kriisiteorioiden tuottama usko siihen, että kapitalismi kaivaa oman hautansa ja hirttää itsensä ahneuteensa.[6]

Jos jumalainen ja niin voittoisa markkinakoneisto vähänkin yskähtelee, joku vallitsevaan finanssikapitalismiin kyllästynyt julistaa Jumalan kuolemaa. Talouden ydintalvi on toki teoriassa mahdollinen. Käytännössä on kuitenkin helpompaa kuvitella jopa maailmanloppu kuin kapitalismin loppu.

Niinpä vasemmisto on todellisuudessa tehnyt rauhan kapitalismin kanssa ja tyytyy haistattamaan tälle pitkät paskat vaikkapa poptaiteen keinoin. Kapitalismin kiroaminen kaikin keinoin on kuitenkin yhä oikein *cool* juttu. Vallankumous kyllä on peruutettu, ja pysyvästi – vai onko? Pandemian jälkeen kysymys voi olla aiheellisempi kuin pitkiin aikoihin.[7]

Pääoman vapauden pyhä oppi

Liberalismin petos on tämä: vain markkinoiden vapauden nimiin vannova ortodoksinen talousliberalismi etääntyy kovin kauaksi klassisen liberalismin yksilönvapauden ihanteesta, kiusallisenkin lähelle 1900-luvun totalitarististen liikkeiden ideologioita. Yksilönvapauden ihanteesta kasvaneesta opista on tullut pääoma- tai yhtiövapauden ideologiaa, joka painaa vähitellen vapaan yksilön takaisin orjuuteen.[1]

Klassisen liberalismin ytimessä oli syvä tietoisuus siitä, että yksilön elämä inhimillisen moninaisuuden keskellä on aina kivulloisten kompromissien sävyttämää. Ranskan vallankumouksen aateperinnön tragedia on sen ihanteiden sovittamattomat ristiriidat. Ei ole mahdollista luoda maailmaa, jossa vapaus, veljeys ja tasa-arvo toteutuisivat täysimääräisesti, kalvamatta ja tuhoamatta toisiaan.[2]

Kun tuo talousliberalismin äärimuotojen tapaan kielletään, kaikkein suurimmatkaan uhraukset tavoitteiden saavuttamiseksi eivät enää kuulosta aivan kohtuuttomilta. Maximilien Robespierre puhuikin välttämättömästä "vapauden despotismista". Jakobiinit eivät jääneet ainoiksi, joita tämä ajatus kiehtoo; jokaisella, joka omistaa absoluuttisen totuuden, on jo jumalainen oikeus pakottaa myös muut tähän maailmankatsomukseen.

Markkinafundamentalismi on oppi, jonka ytimessä on toki vapaus, kaupan vapaus – ja ennen kaikkea pääoman vapaus. Se on vapaakauppaa puolustava viimeinen suuri valistusutopia, joka jatkaa jakobiinien jalanjäljissä. Vapaakauppa sinänsä on jo vanhaa perua, mutta nimenomaan finanssimarkkinoiden erityisasema taikka valtava vaikutus oikeuttavat puhumaan kansainvälisestä finanssikapitalismista – ja juuri se on tämän jumalaisen uskomusjärjestelmä kivikova superydin ja suuri katedraali.[3]

Tässä järjestelmässä finanssimarkkinat samaistetaan hyödykemarkkinoihin: markkinat pyrkivät aina hakeutumaan tasapainoon tai korjaamaan omia virheitään, joten näiden sääntelyyn ei ole syitä kuin poikkeustilanteissa. Normaalitilanteessa yleistä etua edistetään parhaiten antamalla markkinoiden toimia niin vapaasti kuin mahdollista. Valtion puuttuminen markkinoiden toimintaan vain vääristää markkinamekanismia sekä johtaa huonompaan lopputulokseen kuin täydellisen vapauden olosuhteissa.[4]

1800-luvulla kuningasajatusta kutsuttiin nimellä *laissez faire*. 1980-luvulta alkaen on puhuttu markkinoiden magiikasta: markkinat tuottavat tavallisesti ilman mitään ohjausta parhaan mahdollisen kokonaistuloksen. Horjumaton usko tähän täysin vapaiden maailmanmarkkinoiden – ja varsinkin täysin vapaiden finanssimarkkinoiden – magiikan ihmeeseen onkin markkinafundamentalismin pyhä oppi, sen *sacra doctrina*.[5]

Yhden profeetan mukaan opiskelijoihin tuli "iskostaa" usko, jonka mukaan jokainen taloustieteen teoria on "järjestelmän pyhä osa" eikä vain väiteltävä hypoteesi. Toisen mukaan taas sen järjestelmän kokonaisuus on niin kaunis ja sopusuhtainen, että on oksettavaa, jos siitä löytyy rikka, joka pilaa sen. Kolmannen profeetan mukaan tämä kauneus voidaan saavuttaa vain palaamalla 1800-luvun kapitalismin kultaisen kauden ihanteisiin.[6]

Kansainvälinen finanssikapitalismi nojautuu markkinafundamentalismiin, joka puolestaan pohjautuu täydellisen kilpailun teoriaan. Tämän mukaan kilpailullisissa oloissa markkinat pyrkivät kohti tasapainoa, joka ilmentää kaikkein tehokkainta voimavarojen käyttöä. Periaatteessa kaikki vapaan kilpailun rajoitukset häiritsevät siten tuon tasapainon saavuttamista. Periaatteesta päädytään kuitenkin hyvin helposti fundamentalismiin.[7]

Käsitteenä fundamentalismi viittaa uskoon, joka viedään äärimmäisyyksiin. Tätä luonnehtivat muutamat tyypillisesti toistuvat piirteet kuten absolutistisuus, dualistisuus ja selektiivisyys sekä messianistisuus. Näitä on ensiksi uhatuksi mielletyn oikean opin ehdottomuus, erehtymättömyys ja täydellisyys. Toiseksi, maailma nähdään aina manikealaisena kamppailuna kahden leirin, hyvän ja pahan välillä.

Kolmanneksi, traditiosta valikoidaan luovuttamattomia ydinkohtia, jotka asemoidaan modernista ympäristöstä poimittujen ja pahojen voimien vastakohdiksi. Neljänneksi, kosmisen taistelun läpi tulkittu historia päättyy vapautukseen, lopulliseen voittoon ja historian loppuun. Näistä lähtökohdista fundamentalistinen yhteisö muodostuu sangen autoritaariseksi sekä tarkkarajaiseksi erityisesti valittujen yksilöiden eliittijoukoksi.[8]

Markkinafundamentalismissa voidaankin melko helposti tunnistaa monia näistä piirteistä lähtien täydellisen kilpailun teoriasta, kommunismia vastaan käydystä taistelusta sekä päätyen taloustieteelliseen mallinnukseen esoteerisena sisäpiiritietona sekä itävaltalaisen koulukunnan asemaan sisäpiirin sisäpiirinä. Ylipäätään myöskin se on vain valittujen uskonto, jonka olemassaolosta voi varmistua nousemalla sitä vastaan: roviot syttyvät, ovet piireihin sulkeutuvat ja harhaoppisen urakehitys vie ulko-ovea kohti.[9]

Markkinafundamentalismin kannattajiksi tunnustautuvia on varsin vähän sen rakenteellisen väkivaltaisuuden vuoksi. Se on vapaan markkinatalouden ja avoimen yhteiskunnan perusideoiden absolutismiksi vääristynyt irvikuva, joka valtiovihamielisyydessään uhkaakin viedä takaisin kohti feodaalista järjestystä sekä pettää liberalismin perusarvot. Tästä huolimatta se on saanut yhä vankemman aseman yhteiskuntapolitiikassa.[10]

Uskomusrakennelman leviämistä on ruokkinut nimenomaan pettymys politiikkaan – ja politiikan epäonnistumista puolestansa on edistänyt juuri tämän rakennelman saavuttama suosio. Seurauksena kansainvälisen finanssikapitalismin ja finanssimarkkinoiden arvot ovat tunkeutuneet kaikille elämänalueille, myös sinne minne ne eivät sovi.[11]

Markkinafundamentalismi onkin ideologista imperialismia. Tämän pohjalta käytännössä kaikki arvot ovat käännettävissä markkina-arvoiksi tai liiketoimiksi, joiden menestystä mitataan yhdellä yhteisellä mittarilla, siis rahalla; kaikkia tekoja ohjaa kulttuuristen sekä moraalisten kilpien suojassa vain oman edun tavoittelu ja kilpailun näkymätön käsi.[12]

Ajatus on saanut jo niin dominoivan aseman, että kaikki pyrkimykset vastustaa sitä leimataan epäloogisiksi tai naiiveiksi, "sydänten sosialismiksi", joka tarkoittaa hyvää – mutta ei näe totuutta. Kommunismi halusi päästä kokonaan eroon markkinoista, kun taas markkinafundamentalismi haluaa päästä eroon kollektiivisesta päätöksenteosta, jota ohjaavat politiikan hatarat ja naiivit arvot eivätkä markkinoiden objektiiviset arvot.

Sen kannattajat ovatkin nähneet valtavasti vaivaa päästäkseen eroon kaikista poliittisista arvoasetelmista. Samalla nämä ovat rakentaneet *laissez faire* perustalle niin kattavan "arvoasetelman" kuin vain kuvitella saattaa: parhaat mahdolliset tulokset saavutetaan kaikilla elämänalueilla aina vain vapaiden markkinoiden sivutuotteina, ja arvoista vain markkina-arvot tulee ottaa huomioon.[13]

Jakobiinien tapaan tämän ääriliikkeen kannattajat kokevat taistelevansa historiallisesti kestävien moraalisten totuuksien puolesta hyvinvointivaltion hemmottelevaa äidinsyliä ja kollektiivisen toiminnan toiveajattelua vastaan: markkinoilla tehtävien valintojen seurauksilta ei pidä suojata ketään. Hoitamisen, huolenpidon ja yhteisvastuun retoriikka on vain orjamoraalin peitetarina sekä yksityisen yritteliäisyyden jalkarauta.[14]

Valtio on aina vahvin markkinoiden vihollinen, jonka kimppuun on käytävä uusin käsitteellisin ritarinkilvin. Esimerkiksi uuden julkisjohtamisen ristiretkeläiset tähtäsivät koko kansakunnan mielialojen muuttamiseen voitontavoittelun vastaisesta tai bisnesvastaisesta velttoudesta yritysmyönteiseksi raa'an itsenäiseksi reippaudeksi sekä optimismiksi. Näin julistikin muun muassa rautarouvan hallinnon eräs edustaja ristiretken alkuvaiheissa ja uuden julkisjohtamisen etuvartiossa.[15]

Uusi julkisjohtaminen onkin ollut vain monimutkainen käsitteellinen peitetarina markkinamekanismin tuomiselle julkisiin palveluihin sekä liike-elämästä lainatuille johtamistavoille julkishallinnossa. Sen ideana on ollut siirtää keskustelun valokeila finanssivetoisen turbokapitalismin kolossaalisista keinottelu- tai veronkierto-ongelmista valtavaksi väitettyyn läskiin ja velttouteen julkisissa organisaatioissa.

Ideasta on tullut itseään toteuttava ennuste. Kansainvälisten finanssimarkkinoiden vapauduttua lähes täysin vanhojen kansallisvaltioiden kontrollista, ministerit tai muut päättäjät eivät enää ole oikeastaan voineet tehdä muuta kuin messuta jatkuvasta muutoksesta omassa hallintokoneistossaan näyttääkseen edes jotenkuten dynaamisilta. Pyhä sota byrokratiaa vastaan onkin puuttumattomuuden sekä saamattomuuden peitetarina.

Uusi julkisjohtaminen vetoaa radikaalissa retoriikassaan poliitikkojen taikka virkaeliitin pohjattomaan tarpeeseen *esiintyä* talousasiantuntijoina; samalla tuo vastaa populismin haasteeseen byrokratiaan kohdistuvalla halveksunnalla. Tätä taasen palvelee taloustieteestä lainattu teoreettinen silmukka: erilaiset ongelmat voi aina selittää puhtaiden mallien epätäydellisestä toteuttamisesta johtuviksi.

Matkalla maalliseen paratiisiin julkisjohtamisen muutokseen onkin yhdistetty hallinnossa tuntematonta hurmosta. Uskonnollista kääntymys-kirjallisuutta jo muistuttavissa oppaissa muutokset käsitteellistetään matkaksi paisuneesta, tuhlaavasta, tehottomasta tai byrokraattisten sääntöjen kahlit-semasta koneistosta kohti aitoa asiakaskeskeisyyttä, markkinaohjautuvuutta ja valintojen monimuotoisuutta.

Uuden julkisjohtamisen ristiretkellä on opittava etujoukon jäsenyy-den todistelemiseksi toistamaan muutoksen rituaalisissa menoissa asiakas-keskeisyyden, muutoshakuisuuden, verkostomaisuuden, innovaatiokyvyk-kyyden tai luovuuden iskusanoja. Kun johtamistyön asiasisällöllinen aukto-riteetti lepää lentohiekan päällä, syntyy loputtomasti kysyntää johtajuutta mystifioivalle konsulttiviisaudelle.

Kehittämisseminaarit tukevat enemmän näiden uusien julkisjohtajien identiteettityötä kuin kehittämistä: liike-elämästä lainattujen käytäntöjen ja käsitteistöjen ulkokohtainen apinointi lisää johtajien uskottavuutta edes heidän omissa silmissään. Kuvioihin kuuluu markkinakurin taloon tuovien muutosagenttien siirtäminen liike-elämän mallin mukaan suoraan johtamis-sopimusten sopimuspalkoille samalla, kun suoritusporras alistetaan jatkuvien arviointien ja kehittämiskeskustelujen kohteeksi.[16]

Vaiheittain alas ajettavan julkishallinnon olosuhteissa kehittäminen tarkoittaa käytännössä lisävastuun antamista alemmille portaille, tosin il-man lisävaltaa taikka lisäpalkkaa. Kulttuurinen tunnelma on maanis-dep-ressiivinen: konsulttien lietsoman hallintokiimansa vallassa managerikerros-tuma ryntäilee kuin orit kevätlaitumella, kun taas suoritusporras laahustaa pitkin pimeää tunnelia, jossa ei juuri valoa näy.[17]

Manageri-identiteetin liike-elämästä lainanneet ja kehittämissemi-naareissa täyteen mittaansa paisuneet uudet julkisjohtajat mieltävät itsensä dynaamiseksi muutosvoimaksi. Tuon messiaaninen tehtävä on tuoda uutta järjen valoa sääntöihin sidottuun sekä reviirejä yhä puolustavaan koneistoon kyseenalaistamalla totutut toimintamallit.

Jo oman uskonsa horjumattomuuden varmistaakseen ylin manageri-kerrostuma ottaa etäisyyttä arkipäivän epäkohtiin omaksumalla eräänlaisen strategia- ja kehittämisjohtajan roolin. Siinä voi olla vakuuttavampi uskossaan, jossa prosessit parantuvat ja toiminnot tehostuvat sitä mukaa, kun seuranta-ohjelmat tai arviointiraportit poikivat lisää seurantaohjelmia tai arviointi-raportteja. Kaikella tällä onkin vain vihityille avautuva salattu viisautensa, markkinoiden Zen.

Jotta simuloitu markkinakuri kannustaa julkisen sektorin suoritus-porrasta, hierarkkiset käskyt käännetäänkin kvasimarkkinoilla näennäisiksi sopimuksiksi, joissa palvelun toimittajat sitoutuvat tuottamaan tietyt pal-velut tiettyyn aikaan tai tiettyyn hintaan. Jatkuvien arviointien ja kehitys-keskustelujen idea on vain saada henkilöstö sitoutumaan suurempaan tuo-tokseen samalla, kun sen määrää vähennetään ja työoloja heikennetään.[18]

Kyse on yksinkertaisesti yrityksestä lisätä henkisen työn tuottavuutta Wal-Martin menetelmillä. Mittakaavaedut sekä työntekijöiden vaihdetta-vuus taikka keskitetty kontrolli ovat lääkkeitä julkisen sektorin krooniseksi miellettyyn "Baumollin tautiin", jonka perimmäinen aiheuttaja on ammatti-etiikka tilivelvollisuudelta suojaavana savuverhona.[19]

"Tieteellinen liikkeenjohto" tekee näyttävän paluun työnjaon syven-tämisen, työvaiheiden standardoinnin taikka suunnittelun ja toteuttamisen erottamisen kautta. Uuden julkisjohtamisen ikoniksi nousee akateeminen McDonald's, jonka avokonttoreissa sekä lasikuutioissa perinteiset profes-sionaaliset reviirit läpivalaistaan laatu- tai tuloskontrollin keinoin samalla, kun odotellaan julkisen sektorin kuihtumista kansantaloutta rasittamasta.

Sisältä ontoiksi koverretut palvelut ovat lopulta huonompia sekä te-hottomampia kuin entiset, mikä vain kannustaa ristiretkeläisiä jatkamaan matkaansa. Matkalla omaan maanpäälliseen paratiisiin mitkään uhraukset eivät koskaan ole olleet kohtuuttomia: aikaa tai vaivaa ei ole lupa säästellä laisinkaan silloin, kun on kyse ihannetodellisuuden rakentamisesta tilasto-numeroiden ja suurten sanojen tasolla.[20]

Yhä pienempi henkilöstö joutuu tuottamaan yhä enemmän hallinto-puhetta, joka liittyy esimerkiksi strategiatyöhön sekä muutosprosesseihin, toimintasuunnitelmiin, erityissuunnitelmiin, vaativuusarviointeihin, kehi-tyskeskusteluihin, tarkastuskertomuksiin tai laatustandardeihin. Kuvaan tietysti kuuluu, että edistyksen suuren kertomuksen nimissä suunnitelmia, standardeja ja muita jatkuvasti kehitetään ja muutetaan.

Kaikki nämä on aina kirjattava huolella, jotta arvioitsijat tai tarkastajat voivat verrata tuotettuja dokumentteja muiden yksiköiden vastaaviin dokumentteihin. Lopputulos on juuri se, mistä piti päästä eroon: kärjellään seisovat kolmiot, joissa kaikkein lupaavin tulevaisuus on paperinpyörittäjillä; useimmat puhuvat, ja vain harvat tekevät.[21]

Byrokraattisen kontrollin korvautumisen tulosohjauksella, tiimityöllä tai projekteilla piti lisätä työn palkitsevuutta ja tuottavuutta. Sen piti valtuuttaa suoritusporras käyttämään omia aivojaan tai hiljaista tietoaan sekä ottamaan vastuuta organisaation kokonaistehtävästä. Toisin kävi.

Byrokraattisten puitteiden pyörittäminen onkin entisestään korostunut sisällön kustannuksella; tulosvastuuseen asetut yksiköt "myyvät" sekä ulkoistavat kilpaa tehtäviä toisillensa taikka tuottavat numeroita, tilastoja tai raportteja. Tuottavuuden tärkein tunnusluku on mappirivien määrä.[22]

Uuden julkisjohtamisen oppi vaatii väistämättä paluuta vanhaan sekä vihattuun tayloristiseen hallintoteoriaan. Se edellyttääkin, että kaikki asiat ovat yksiselitteisesti mitattavissa ja että kaikista asioista voidaan pitää objektiivisesti tiliä. Työajat tai menot on kirjattava orjallisen tarkasti. Koska työntekijät voivat yrittää vilppiä, tarvitaan tarkastajia ja näiden yläpuolelle ylitarkastajia ja näiden yläpuolelle johtavia ylitarkastajia.[23]

Uudessa julkisjohtamisessa tämä taantuminen nimetään kuitenkin Franz Kafkalle kunniaa tehden kehittämiseksi, jossa palvelujen heikennykset korvataan laatuhankkeilla. Mitä etäämmälle arkipäivästä simuloitu olemassaolon taistelu liukuu, sitä enemmän tarvitaan seremoniallista strategiatyötä muutosuskon vahvistamiksi.

Tahtomattaan julkinen sektori tuottaakin Salvador Dalin maalauksia muistuttavan surrealistisen karikatyyrin finanssimarkkinoille alistetusta tuotantoelämästä. Tässä unenomaisessa keinotodellisuudessa vain muutos on pysyvää, managerikerros laulaa kuorossa. Muutos onkin näiden papukaijojen tärkein ydinpätevyys, sillä kolmion kärki on sen koko filosofia.[24]

Muutoksen tunnistaminen tai organisoiminen oikeuttavat managerikerrostuman vallan. Markkinamytologiassa muutos tai edistys on jo elämän luonnonlaki, johon on iloiten alistustuttava. Muu olisi vailla mieltä: se, joka vastustaa muutosta, vastustaa unelmaa paremmasta maailmasta.[25]

Kerran kehittämisseminaareissa käytyään managerikerrostuma jatkaa niissä juoksemista kuin Pavlovin koirat jo konsanaan. Ajan tasalla oleminen osoitetaan puhumalla amerikkalaista bisnesjargonia, tuota maailmankieleksi muuttunutta managementeseä. Tässä munkkilatinassa kukaan ei ikinä tee mitään konkreettista: siinä kehitetään, mahdollistetaan sekä laajennetaan; siinä vaikkapa syväjohdetaan osaamisen hallinnan ydinprosessia.

Strategioiden, visioiden ja missioiden kaltaiset muovinmakuiset käsitteet eivät yhdisty elettyyn todellisuuteen eikä tämä ole niiden tarkoituskaan; niiden tarkoitus on muuttaa todellisuutta – ei kuvata sitä. Managerikieli ammentaa voimansa viestinnän estämisestä eikä tämän edistämisestä; managerikieli mykistää muutosvastarinnan.[26]

Kielillä puhuva manageri tuo taloon raikkaan tuulahduksen markkinoilta sekä oikeuttaa siinä sivussa oman ylenemisensä. Managerille yleneminen onkin elämäntehtävä riippumatta siitä, missä ja minkä kustannuksella yletään. Substanssista riisuttu työ on heille tiimipalavereissa istumista ja tilastonumeroiden kokoamista.

Managerit halveksivat maanisesti vanhoja käytäntöjä: työn uudelleenorganisointi on tälle uudelle virkarälssille täysin itsetarkoituksellista reviirin merkintää. Siinä, missä jatkuvan muutoksen prosessiin liittyvät päättymättömät kokoukset ovatkin työntekijöille jo täyttä tuskaa, managereille ne ovat oman mahdin rituaalista näytteillepanoa.[27]

Näitä rituaaleja tarvitaan, sillä suoritusporras on jämähtänyt muutosvastarintaan, jossa työ ei kehity, ellei sitä väkisin kehitetä. Managerikerrostuma haluaa siirtää konsulteilta hankkimansa viisauden linjaan jatkuvina kehittämishankkeina. Muutos nähdään strategian maastouttamisena, valmiin ratkaisun valuttamisena hierarkian tasolta toiselle prosessissa, jossa mallien puhtaus ja kirkkaus korvaavat resursoinnin puutteet.

Jos tavoitteet eivät toteudu, on aina toimeenpanossa, ei teoreettisissa malleissa: joku on kieltäytynyt pelaamasta joukkueessa ja joukkueen eteen. Kollektiiviseen lavastukseen aivan kaikkien *on* osallistuttava. Iskulauseiden arvosteleminen on kapinaa sekä muutosvastarinta murskataan, managerikerrostuma viestittääkin kaikkialla, missä muutoksen nimissä työyhteisöjä terrorisoidaan uustayloristisilla hallintokäytännöillä.[28]

Kehittämisseminaareissa omaksutussa konsulttikielessä tällaiset ristiriidat ovat vain ratkaisua odottavia haasteita, joista selviäminen ei edellytä muuta kuin innovaatioita, luovuutta sekä reipasta yhteishenkeä. Illuusion säilyttämistä auttaa suuresti se, että kärjellään seisovan kolmion yhä harvalukuisemmat tekijät oppivat kohta saman läksyn kuin tehtaanjohtajat ikihanien viisivuotissuunnitelmien kultakaudella entisessä Neuvostoliitossa: arvioitsijoille on parasta antaa, mitä nämä haluavat.[29]

Markkinaideologian mukaisesti tulosmittauksen mekanismit onkin vietävä myös niille alueille, joilla ei tosiasiassa esiinny taloudellista kilpailua. Seurauksena näille niin kutsutuille kvasimarkkinoille pakotetuissa organisaatioissa toimivien ihmisten työtä ohjaa vain entistä vähemmän näkemys organisaation yhteiskunnallisesta tehtävästä ja entistä enemmän arvio siitä, mikä kulloinkin tyydyttää keskushallinnon byrokraattien asettamat tuloksellisuuden mittarit.

Kun ammattietiikka on jo alennettu tilivelvollisuudelta pakenemisen tekosyyksi tai kun hyvän työn palkaksi saa vain entisestäkin kasvavan työtaakan, moraaliset pidäkkeet numeroiden tai tulosten väärentämiseltä on poistettu. Oikeaoppisten arviointikulissien tai rahoitushakemusten rakentelu on kaiken a ja o. Tämä on jo hyvin sisäistetty: todellisilla tuloksilla ei ole enää väliä. Ilman rapistuvia kouluja tai leikkausjonoihin kuolevia potilaita Potjomkinin kulissit voisivat pysyä pystyssä ikuisesti.[30]

Jos George Orwell eläisi, hänkin olisi epäilemättä hämmästynyt siitä, miten todellisuus voi olla tarua ihmeellisempää sekä miten markkinausko voi palauttaa niin hyvin entisen Moskovan mieliin. Suurta sarkasmia sisältyykin siihen, että juuri se ideologia, joka julisti sodan keskusjohtoisuutta vastaan, alisti aikaisemman julkishallinnon ennennäkemättömälle keskusjohtoiselle kontrollille ja byrokratialle.

Koko Euroopan yllä leijuu taas aave – ei tosin kommunismin aave, vaan entisestään paisuneen byrokratian aave. Silmänkantamattomiin riittää sekavia organisaatiohimmeleitä, joiden kantaisä on komission oma organogrammi. Komissio on myös suoraan tai epäsuorasti siittänyt suurimman osan politiikka- ja strategiaohjelmista, tuottavuus- ja kehittämisprojekteista, jalkauttamishankkeista ja muusta sekasotkusta.[31]

Komissiota yksin on turha syytellä: sillä on ollut varsin aulis, halukas ja himokas kumppani. Hallintokiima on tosin peitetty kalliisiin konsulttivaatteisiin. Tuloksena on toinen toistansa elämälle vieraampia kehittämishankkeita, jotka vievät todellisuudessa yhä vain kauemmaksi oikeiden ongelmien oikeista ratkaisuista. Niinpä nämä polkumyllyt polkevat vimmatusti, mutta matka ei silti edisty minnekään, kun väline on tiukasti byrokratian perustuksiin pultattu kuntopyörä.[32]

Myös julkishallinnossa voidaan epäilemättä soveltaa joitakin markkinoilta lainattuja mittareita, mutta näitä on lopulta varsin vähän. Lisäksi kun aito markkinakilpailun paine puuttuu, mikään ei pakota korjaamaan mittareita tai estä vääristelemästä niitä. Myös markkinoilla monet yhtiöt kaunistelevat lukujaan, mutta siellä kuka tahansa voi kohdata noutajansa, lopulta kirjaimellisesti.[33]

Julkishallinnon ytimessä on julkinen valta, joka on yksi ja jakamaton; se ei voi lopettaa itseään tai syödä itseään. Siksi sitä ei pidä kurissa mikään muu kuin sisäinen moraali. Historiallisesti virkamiehet ovatkin sitoutuneet vain ammattietiikkaan, eivätkä taloudellisiin tuloksiin; tällainen sitoutuminen työhön voi olla vain vapaaehtoista.[34]

Tämä tarkoittaa myöskin mahdollisuutta olla antamatta panostaan, jos sitä käytetään johonkin väärään, eikä ammattietiikkaa ole ilman tällaista vapautta. Taylorismi tai työntekijöiden vapaudet taasen jo yksinkertaisesti sulkevat toisensa pois; taylorismi tuhoaakin tilivelvollisuuden suojakilpenä pidetyn ammattietiikan, joka horjuvuudestaan tai hämäryydestään huolimatta on aina ollut etenkin hallintovirkamiehen ainoa ohjenuora.

Eräs 1700-luvun suuriin liberaaleihin lukeutunut yritti selittää tätä suunnilleen seuraavasti: oppi, kokemus ja hyve ovat aina olleet virkamiesten tärkeimmät ominaisuudet; siellä, missä niitä on, kansa virkistyy kuin kuihtunut kasvi leppoisassa iltasateessa, ja onnellisia ovat ne seudut, minne tämä sade ulottuu. Sitä, mihin suurin huomio pannaan virkoja täytettäessä, virkojen haltijat enimmäkseen harrastavat.[35]

Jos nämä ominaisuudet ovat esivallan silmäterinä, kun nimityskirjoja jaetaan, näitä ei puutu maallisen kunnian houkuttelemalta virkakunnalta. Jos taasen huomio pannaan johonkin muuhun, nämä ominaisuudet käyvät hiljalleen yhä harvinaisemmiksi. Pian pimeys, itsekkyys, laittomuus ja väkivalta työntävät päänsä esiin kaikista valtakunnan kanslioiden ikkunoista. Kirjatiedosta tulee kohta kalliisti ostettu turhuus, ilman ansioitakin tulee hyvin toimeen, ja herranpelko muuttuu vain herjan kohteeksi.

Valtakunta on vaarallisella tiellä, kun oppineet, kokeneet ja hyveelliset virkamiehet, jotka hakevat virkaylennyksiä, joutuvat valittamaan heidän kohtaamiaan vääryyksiä. Myös rahvas panee tämän pian pahalla merkille ja ottaa heidän kohtalostansa oppia. Jos usko oikeudenmukaisuuteen loppuu, millään ei ole pian enää mitään väliä: kaikkinaisesta keinottelusta, väärinkäytöksistä ja välinpitämättömyydestä tulee maan tapa.

Jos tollot saavat talloa oppineet jalkoihinsa, onnenonkijat korvaavat kokeneet tai moraalinen selkäranka päätyy pilkkalaulun kohteeksi, valtakunta vajoaa pian pimeyden aikaan. Tämä johtuu siitä, että alemman virkamiehen yläpuolella on valvomassa korkeampi virkamies, mutta kaikkein korkeimman virkamiehen yläpuolella on vain ylin valta, jolle ei ole mitään kunnollista mittatikkua.[36]

Ylin valta määrittelee itse itsensä, ja tämän määritelmän kuvia kaikki muut koneiston osat lopulta ovat. Siksi on niin tärkeää, että tämän määritelmään sisältyvät oppineisuus, kokeneisuus sekä hyveellisyys; ilman näitä ominaisuuksia valtiovallasta todellakin tulee Thomas Hobbesin tarkoittama *Leviathan* – raamatullisesta kuvastosta poimittu hirviö.

Valtiovalta onkin niin vahva, että sen on pakko olla aina byrokratia: valtio ei koskaan voi olla konserni, jossa markkinoiden väkivaltaiset tuulet puhaltavat tai jossa virkamiehet eräänlaisina meklareina käyvät vain kauppaa erilaisilla intresseillä; sellainen valtio, jossa väkivalta- tai lainsäädäntömonopolista – joka on jo tämän syvimmässä ytimessä – ei päätä byrokratia, on vain tyrannia.[37]

Byrokraattinen valtio onkin ainoa todellinen vastavoima yhtiöiden vallalle. Valtiolla on suuremmassa määrin kuin millään muulla instituutiolla käytössään kaikki vallan välineet: sillä on väkivaltamonopolin tai lainsäädäntömonopolin ansiosta runsaasti pakkovaltaa, sillä on edelleen verotuksen ja omaisuuden kautta runsaasti rahavaltaa sekä sillä on koulutuksen ja tiedotuksen kautta mittavasti myös suostutteluvaltaa.[38]

Valtiolla onkin enemmän valtaa kuin kenelläkään muulla: valtio on instituutio, joka perustaa kaikki muut instituutiot. Vain valtio voi perustaa yhtiön myöntämällä niille niiden keskeiset oikeudet, kuten aseman oikeushenkilönä sekä rajoitetun vastuun; vain valtio voi myös muuttaa tai kumota näitä oikeuksia. Ilman valtiota yhtiö ei ole mitään, kirjaimellisesti ei yhtään mitään; vain valtio voi kulkea vastavirtaan – myös markkinoilla, jos se niin haluaa.[39]

Siksi kaikki haluavat niin kovasti vaikuttaa valtioon, suostutella sen suurta koneistoa. Tällä on kuitenkin perin pirullinen sivuvaikutus, joka on byrokratian vahvistuminen. Suostutteluvallan välineitä on paljon ja ne ovat edullisia. Siksi näitä käytetään yhä enemmän seurauksella, että ne kärsivät inflaation. Tulkintavalta taas siirtyy vähitellen kasvottomille byrokraateille, jotka luovat oman agendan. Tämä kuitenkin kätketään mykkyyden mikropolitiikkaan ja risteävien intressien sovittelemisen retoriikkaan.[40]

Tällaisessa asetelmassa tuo, mikä näyttää esimerkiksi ministerin vallalta, on vain vastakkaisten valtapyrkimysten sovittelua joko hallinnon sisäisten voimakenttien välillä tai hallinnon sekä ulkoisten vaikutusryhmien välillä. Lopputuloksena ei ole niinkään ministerin tahto, vaan jonkun tai molempien kilpailevien valtapyrkimyksien tahto. Ministerin vallan harhaa kaikilla on kuitenkin kannusteet ruokkia, vaikka lopputuloksen muotoutumisen kannalta olennaisinta on hallintokoneiston oma näkemys asiasta.

Tätä hallintokoneiston autonomisuutta ja omien agendojen ajamisen mahdollisuutta helpottaa huomattavasti valtion tehtävien jatkuva laajeneminen sekä monimutkaistuminen. Tämän kehityskulun takia edes valveutuneimpien kansalaisten on vaikea pysyä perillä hallinnon pyrkimyksistä, menettelytavoista tai aikatauluista. Ainoan poikkeuksen tähän pääsääntöön tekevät juuri kurinalaisesti organisoidut etujärjestöt, jotka tehtävänsä puolesta ovat jatkuvasti tekemisissä hallinnon kanssa.[41]

Etujärjestöt tai hallintokoneisto taas pyrkivät aktiivisesti antamaan suurelle yleisölle sen kuvan, että näiden asiat ovat aivan liian laajoja sekä monimutkaisia vihkiytymättömien käsitettäviksi. Minkä tahansa ministeriön taikka viraston valta perustuu paljolti uskoon siitä, että hallinnon asiat ovat aivan liian hienovaraisia ja monitahoisia tavallisten ihmisten tai poliitikoiden ymmärrettäväksi; ulkopuolisten olisi parasta pysyä erossa asioista, eikä ainakaan uhmata niitä, joilla vain on tarvittavat tiedot ja taidot.

Byrokratia taas palkitsee näillä tiedoilla tai taidoilla vain niitä, jotka ovat kyseenalaistamatta valmiit edistämään byrokratian päämääriä; rajoittamaton pääsy tietoon on vain suppean uskollisten palvelijoiden sisäpiirin etuoikeus, mikä yhdessä kaiken jo edellä todetun kanssa siirtää vallan vähälukuiselle virkaeliitille. Tämä taas valikoi vastakkaisista valta- tai vaikuttamispyrkimyksistä ne, jotka samalla palvelevat myöskin byrokratian omia etuja; hallintokoneiston toiminta-ajatus *on* hallinnon kasvattaminen.[42]

Nimenomaan tämä hallintokoneiston omalakisuus on se, mikä ärsyttää elinkeinoelämää tai miksi tämä hyökkää nykyisin niin voimakkaasti valtiota vastaan. Työväenluokka ei koskaan ole ollut todellinen uhka elinkeinoelämälle; todellinen uhka on aina ollut valtio, jolla on sekä väkivalta- että lainsäädäntömonopoli. Valtio ei vain ole Saatanasta vaan se on Saatana, jota vastaan käytävään Harmageddonin taisteluun taivaallisten sotajoukkojen seuraajat ovat ryhmittymässä.[43]

Markkinafundamentalistit eivät ole kiinnostuneita valtiofilosofiasta, koska he eivät ole kiinnostuneita valtion johtamisesta, vaan tämän asteittaisesta alas ajamisesta sekä valtiovallan yksityistämisestä. Heidän päämääränään on ulottaa tavanomaisten toimintojen yksityistämisen ja ulkoistamisen jälkeen kaupalliseen omien etujen tavoitteluun perustuva valtionhallinnon malli myös tämän ytimeen; kuningasajatus on yksityistää koko valtionhallinto ja samalla muukin julkinen hallinto.[44]

Pallo pyörii jo kovaa vauhtia tuohon suuntaan. Poliitikkojen päätös ulkoistaa joitakin kansan heille määräämiä tehtäviä vaikuttaa vielä kauan kulloisenkin hallituksen jälkeen. Milloin markkinat on kerran luotu, näitä täytyy tuon jälkeen suojella – julkishallinnolta. Yhtiöt ovatkin alkaneet pitää valtiota, kuntia tai järjestöjä kilpailijoinaan, jotka syövät markkinoilta tuottoisaa kaupallista työtä; yhtiöt ovat oivaltaneet, että vain mielikuvitus on rajana sille, mitä kaikkea voidaan yksityistää.

Yhdysvalloissa rikkaat yksityishenkilöt sekä monikansalliset yhtiöt ovat esimerkiksi alkaneet palkata puolisotilaallisia yksityisyrityksiä suojelemaan kotejaan ja toimitilojaan. Eräät yhtiöt taas myyvät osa-aikaisia lentokoneiden käyttöoikeuksia. Näistä kehittyy vähitellen kokonaisia rinnakkaisia liikenne-verkkoja, jotka siirtelevät varakkaimpia asiakkaita hyvin varustellun ankka-lammikon yhdeltä lumpeenlehdeltä turvallisesti toiselle.[45]

Yhdysvalloissa terveydenhuolto on jo pitkäänkin ollut käytännössä kokonaan yksityistetty, ja peruskoulutuksessa kokeillaan palvelusetelimalleihin perustuvia charterkouluja. Kehitys ei rajoitu vain näihin, vaan myös kokonaisia kuntia on ovelaa kiertotietä pitkin yksityistetty.

Esimerkiksi yhdessä varakkaassa esikaupungissa Atlantan lähistöllä Yhdysvalloissa asukkaat kyllästyivät siihen, että heidän kiinteistöveroillaan rahoitettiin kouluja sekä poliiseja köyhissä kaupunginosissa. Kansanäänestyksellä he erottivat oman nukkumalähiönsä omaksi kaupungikseen,

Perustamismuodollisuuksien jälkeen kaupungin nimeksi tuli Sandy Springs. Tämä sujui kuin tanssi, mutta mutkia matkaan toikin se, ettei tällä uudella kaupungilla ollut lainkaan hallintokoneistoa hoitamaan kaavoitusta, verotusta, liikennejärjestelyjä ja niin edelleen.

Muuan konsultointijätti teki kaupungille ainutlaatuisen tarjouksen: yhtiö voisi hoitaa aivan kaiken; yhtiö rakentaisi tyhjästä kokonaisen kaupunginhallinnon. Jo muutamia kuukausia myöhemmin siitä tuli ensimmäinen kokonaan ulkoistettu sekä urakoitu kaupunki, jonka palveluksessa oli vain neljä vakituista työntekijää.

Siitä tuli kauan kaivattu kirjoittamaton lehti, joka sai pian seuraajia samassa piirikunnassa. Tässä esimerkissä toteutuu markkinafundamentalismin maallinen unelma: kokonaan ulkoistettu julkishallinto, jonka oloissa pääoma saisi vihdoin olla täysin vapaa.[46]

Talousteoreettinen Baabelin torni

Jos tavoitteeksi asetetaan valtiosta ja myös muusta julkishallinnosta vihdoin vapautettu maanpäällinen paratiisi, suurimmatkaan uhraukset tuon saavuttamiseksi eivät enää tunnu kohtuuttomilta tai mitkään keinot liian kovilta. Klassisen liberalismin korostamat kivulloiset kompromissit saavat jäädä, jos on edes pieni mahdollisuus toteuttaa täydelliset markkinat. Tätä tarkoittaa markkinafundamentalismi.

Kompromisseista kieltäytyessään se kulkee kunniakkaasti jakobiinien jalanjäljissä vapauden despotismin sekä täydellisten markkinoiden utopian kautta eräänlaiseen totalitarismiin. Yhtiövapauden vaatima yksilönvapauden ihanteiden murskaaminen markkinakoneiston telaketjujen alle onkin tämän ajan liberalismin petos, joka tehtiin heti, kun ihanteiden toteutuminen näytti yhä mahdollisemmalta yhä useammille.[1]

Puutteen ja kurin luoma vanhan sukupolven sosiaaliluonnetyyppi oli suuntautunut työn tekemiseen riippumatta siitä, saiko työssä toteuttaa itseänsä vai ei; vaatimuksia tämä tyyppi oli tottunut esittämään ennen muuta itse itselleen. Se oli ikään kuin protestanttisen etiikan haamu muutoin täysin maallistuneeksi muuttuneessa yhteiskunnassa.

Kaiken tämän pilasi hyvinvointivaltio, joka avasi sotien jälkeen sylinsä suurille ikäluokille. Silloin vahva valtio resursoi yksilöitä samalla, kun nämä ulosmittasivat poliittisella joukkovoimalla osuutensa tuottavuuden kasvusta. Kun aineellinen odotushorisontti oli näin kohtuullisen turvattu, työntekijöille tuli ensimmäistä kertaa mahdolliseksi vaatia myös materiaa jalompia asioita.[2]

Raadannan, uhrautumisen ja lykätyn tarpeentyydytyksen arvot saivat vähitellen väistyä todellisen minän tavoittelun tieltä. Hyvinvointivaltion kultaisella kaudella eläneillä oli ensimmäistä kertaa varaa vaatia elämältään enemmän kuin vain henkiin jäämistä päivittäisessä raadannassa. Abraham Maslowin tarvehierarkiasta tuli hyvinvointivaltion suunnittelutieteen perusteksti ja sen kuvaamista itsensä toteuttajista uusi ihmisihanne.[3]

Itsensä toteuttajilla on taitoja sekä tulla toimeen seurassa että viihtyä myös yksin; he eivät ole yksinäisiä, vaan aidosti itsenäisiä ja mieleltään vapaita – ja tästä vapaudesta nauttiminen tuo heille suunnatonta tyydytystä. Silti heillä on myös vahva velvollisuudentunne: he omistautuvat vaikeiden ongelmien ratkaisemiselle osana jo suurempaa kokonaisuutta täyttäen siten paikkansa maailmassa. He täyttävät tuon kuitenkin eri tavalla kuin muut: he etsivät ja tunnistavat uusia asioita, jotka muut sivuuttavat.

Kun tavallisen ihmisen ainoa työkalu on vasara, hänellä on taipumus nähdä kaikki ongelmansa nauloina. Itsensä toteuttajat sen sijaan operoivat omaperäisyyden ja mielikuvituksen kautta raivaten siten tilaa uusille vaihtoehdoille ja visioille; he eivät tee tätä itsensä tehostamisen tai sisarkateuden takia vaan aidosta halusta auttaa ihmiskuntaa. Ylipäänsä he eivät ole alentuvia ihmissuhteissaan, joita heillä on verrattain vähän – mutta nämä ovat sitäkin syvempiä.[4]

Itsensä toteuttajien vakaumus on usein niin vahva, että se antaa heille rohkeutta kohdata myöskin epäonnistumiset, vastustaa valtavirtauksia sekä kulttuurista sopeuttamista. Silti he eivät ole kapinallisia käsitteen perinteisessä mielessä, vaan heillä on myös huumorintajua, taitoa nauraa puutteilleen tai elämän järjettömyyksille. Vaikka heidän ajattelussaan on voimakas eettinen lataus, he eivät halua hyökätä muita vastaan tai ottaa yleisen syyttäjän roolia. Sen sijaan he yrittävät etsiä ratkaisuja.

Maslowin mallista tuli ennen muuta koulutetun keskiluokan idealisoitu omakuva. Sen henki alkoi kuitenkin kaikua tai kummitella myös tehdassaleissa. Tämän pohjalle syntyneen työelämän laatuliikkeen tavoitteena oli, että työ ei typistäisi, uuvuttaisi taikka nöyryyttäisi tekijäänsä, vaan tarjoaisi siedettävän palkan ohella tunteen oppimisesta ja oman elämän hallinnasta; vieraantumisen voittaminen edellytti muun muassa osallisuutta päätöksentekoon sekä mielekkäitä tehtäviä ja oppimismahdollisuuksia.[5]

Johtamiskirjallisuuden kaanonissa romanttinen idea itsensä toteuttamisesta olikin 1980-luvulle tultaessa demokratisoitunut kaikkien töiden antropologiseksi normiksi. Tunnetuimmat teokset tarinoivat siitä, miten hierarkia ja liivipuvut olivat tekemässä tilaa projekteille, välittömälle puhetavalle sekä sinuttelulle; antaumuksellinen osallistuminen puolestaan oli korvaamassa kohta paksut ohjekirjaset. Erinomaiset yritykset loivat kohottavan kulttuurin, joka sai ihmisen venymään ainutlaatuisiin suorituksiin.[6]

Vaikka yksilöiden ominaisuudet ovat objektiivisesti ottaen normaalijakautuneita, erinomaiset yritykset olivat jo oivaltaneet, kuinka tärkeää on ymmärtää ihmisen irrationaalista puolta: hänen tarvettaan saada tunnustusta, toteuttaa itseään tai löytää elämälleen tarkoitus. Ne loivat järjestelmiä, jotka vahvistivat näitä tunteita sekä tarpeita näiden estämisen tai kiistämisen sijasta. Kyse oli Pygmalion-efektin positiivisesta hyödyntämisestä: jos ihmisiin uskotaan, he venyvät uskomattomiin suorituksiin.[7]

Näin julisti johtamiskirjallisuuden kaanon 1980-luvun alussa. Muun muassa Maslowin mallin kautta se liitti itsensä liberalismin lupaukseen tai amerikkalaiseen unelmaan. Suunnilleen samaan aikaan – eikä vain sattumalta – tämän antropologisen normin vakiintumisen kanssa saavutettiinkin jo saturaatiotaso sen suhteen, kuinka elintason kohoamisen koettiin lisäävän ihmisten onnellisuutta.[8]

Tällainen näkymä olemassaolon taistelun taukoamisesta ei tietenkään voinut olla kauhistuttamatta niitä, joiden mielestä tehokkailla markkinoilla elämän piti olla aina vaakalaudalla taikka vaatia äärimmäisiä ponnistuksia. Amerikassa ihmisen ahneutta, laiskuutta ja raadollisuutta korostanut konservatiivinen ajattelu on aina alleviivannut hyvinvointivaltion vahingollisia vaikutuksia moraalille.[9]

Siellä tietynasteinen "sopiva puute ja kurjuus" on nähty välttämättömänä markkinakurin tai työnetiikan edellytyksenä. Tämä oli jo yksi Ronald Reaganin hallinnon keskeisiä opinkappaleita sen noustessa valtaan vuonna 1981.[10] Työelämästä oli tulossa kuhnurien kerho, joka olikin hajotettava – ensin Yhdysvalloissa sekä myöhemmin koko maailmassa. Vastaisku oli siten varsin odotettavissa.[11]

Juuri samalla kun joukkomittainen nousu Maslowin tarvehierarkian ylemmille portaille oli päässyt vauhtiin, yksilöllisempien tarpeiden perustana ollut turvallisuus alkoi horjua. "Vuorovesi on kääntymässä", profetoi tuolloin mies, joka oli taloudellisen edistyksen nimissä kääntävä historian pyörää taaksepäin, kohti kypsän kapitalismin kultaista aikaa – ei yksinään mutta yhdessä ystävänsä Ronald Reaganin ja kumppaneiden kanssa.[12]

Mies oli Milton Friedman, jonka mielestä vain sosiaaliapu ei ole sosialismia: jo julkinen opetustoimi löyhkää ajatuksena sosialismilta. Markkinataloudessa valtiovallan tehtävä on vain "suojella meidän vapauttamme sekä porttien edustalla olevilta vihollisilta että toisilta oman maamme kansalaisilta: valvoa lain ja järjestyksen säilymistä ja yksityisten välisten sopimusten noudattamista ja edistää vapaata kilpailua markkinoilla."[13]

Käytännössä kyse on yövartijavaltiosta, johon päästään purkamalla ja yksityistämällä pala palalta koko julkinen hallinto aina sen ytimiä myöten. Myös Ronald Reaganin kaltaiset vapaan markkinatalouden ristiretkeläiset joutuivat varsin pian myöntämään Milton Friedmanin radikaalien ajatusten äkkinäisen toteuttamisen demokratian oloissa perin vaikeaksi.

Milton Friedmanin vision täydellinen toteuttaminen vaatii tosiasiallisesti jo autoritaarisia olosuhteita. Tuollaisten olosuhteiden koelaboratorioksi tarjoutuikin tunnetusti kenraali Augusto Pinochetin johtama 1970-luvun Chile, minne Friedman oppilainensa palkattiin diktaattorin taloudelliseksi neuvonantajaksi.

Friedmanille juuri Chile tarjosi korvaamatonta kokemusta ja uskonvarmuutta, jonka hän kehittikin kolmen vuosikymmenen aikana tilaisuuttaan odottavaksi taloudelliseksi filosofiaksi. Sen ydin on taktinen taikaloitsu, joka on sittemmin nimetty sokkiopiksi.[14]

Friedman muotoili aikoinaan tuon oppinsa ytimen näin: "vain kriisi, joko todellinen tai kuviteltu, johtaa todellisiin muutoksiin. Kriisin puhjetessa riippuu vallalla olevista aatteista, millaisiin toimiin ryhdytään. Minä katson, että meidän perustehtävämme on juuri se: kehittää nykyiselle politiikalle vaihtoehtoja, pitää ne elossa ja tarjolla, kunnes poliittisesti mahdoton kääntyy poliittisesti väistämättömäksi."[15]

Myöhempinä vuosikymmeninä sokkioppi on eri versioina ollut monissa maissa suosittu menetelmä, kun eliitti on toteuttanut laajoja vapaan markkinatalouden edistämisen ohjelmia. Äärikapitalismi onkin tarvinnut kriisejä tai katastrofeja voidakseen levitä niin nopeasti kuin se on levinnyt; siksi kapitalismia voidaan kutsua tuhokapitalismiksi.[16]

Tuhokapitalismille mikä tahansa kriisi kelpaa, kun tarkoituksena on kääntää kokonaan uusi sekä kirjoittamaton lehti, aloittaa rohkeasti alusta, kuten eräs profeetta vaati tunnetuimmassa teoksessaan. Esimerkiksi New Orleansin tulvakatastrofissa Milton Friedman näki heti tilaisuuden uudistaa radikaalisti koululaitosta, kun taas rakentajat iloitsivat siitä, että luonnonvoimat olivat vihdoin siivonneet köyhien korttelit.[17]

Tähän tarkoitukseen kelpaavat myöskin keinotekoiset kriisit. Oikean opin seuraajat oivalsivat jo kauan sitten, että esimerkiksi hyperinflaatio tai pörssiromahdus simuloi sodan vaikutuksia: ne aiheuttavat velkaantumista tai levittävät pelkoa sekä sekasortoa. Täysin esteetön oman edun tavoittelu taas johtaa käytännössä keinotteluun ja kohta myös velkaantumiseen.

Velkariisistä tuli tätä kautta sokkiopin sisarpuoli. Tämä tosin myönnettiin vain taloustieteen salakielellä ja teknokraateille tarkoitetuissa suljetuissa seminaareissa. Suurelle yleisölle rakennemuutos myytiin prosessina, joka kaikkien velkamuurin taakse jääneiden maiden on käytävä läpi pelastaakseen taloutensa uhkaavalta kriisiltä.[18]

Radikaaleja markkinoiden vapauttamiseen pohjautuvia uudistuksia on erittäin vaikeata toteuttaa demokraattisesti, koska äänestäjiä on aina enemmän kuin maksajia. Ihmisten enemmistö taasen äänestää heille etuja jakavia poliitikkoja tai pitää itsepintaisesti kiinni saavuttamistaan eduista. Milton Friedman ymmärsi jo varhain, että vain laaja kriisitunnelma tarjosi välttämättömän verukkeen äänestäjien suuren enemmistön tahdon kumoamiselle sekä maan luovuttamiselle talouselämän teknokraattien johdettavaksi.

Tämä vaatimus johtuu juurikin opin fundamentalistisesta luonteesta. Opin kannattajat vaativat itsellensä oikeutta toteuttaa oma täydellinen järjestelmänsä, ja siksi vallitseva maailmanjärjestys on pyyhittävä pois heidän puristisen utopiansa ja parhaan mahdollisen maailman mallin tieltä.[19]

Tällaisten utopioiden toteuttaminen on historiallisesti lähes aina johtanut väkivaltaan, jonka korvikkeita kriisit tietyssä määrin ovat. Kriisinarkomaaneille kriiseissä on kyse vain luovasta tuhosta – tuhosta uuden luomisen esivaiheena. Sokkiopin kannattajat uskovat, että vain suuret katastrofit kuten tulvat, terrori-iskut, sodat ja pörssiromahdukset tarjoavat heidän kiihkeästi havittelemansa kirjoittamattoman lehden, *tabula rasan*.[20]

Niinä suuren toivottomuuden sekä voimattomuuden hetkinä, jolloin ihmisten enemmistö on henkisesti irti ankkurista, nämä savenvalajat käyvät kiireesti työhön sekä alkavat muovata maailmaa uuteen uskoon. Juuri tämä jumalaisen luomisvoiman tavoittelu muuttaa Adam Smithin idean näkymättömästä kädestä markkinafundamentalistisen opin kulmakiveksi, jonka päälle suuret savenvalajat oman katedraalinsa rakentavat.

Oppimestarin sekä oppipoikien ongelmana oli kuitenkin todistaa, että markkinat todellakin ovat uusi taivasten valtakunta, joka täyttää hurmioituneet odotukset maallisesta pelastuksesta tai lunastuksesta. Koska maailmassa ei ole missään ollut valtion kahleista täysin vapaita täydellisiä markkinoita, taivasten valtakunnan kuvaamisessa oli tyytyminen monimutkaisiin matemaattisiin tietokonemalleihin.

Fundamentalististen uskontojen tavoin tällaiset mallit ovat kuitenkin talouden tosiuskoville suljettu silmukka. Tuon lähtökohtana onkin oletus, että täysin vapaat markkinat ovat jo täydellinen järjestelmä, jossa omien itsekkäiden etunäkökohtiensa pohjalta viisaita valintoja tekevät yksilöt luovat valintojensa sivutuotteena parhaan mahdollisen maailman.[21]

Tästä seuraa väistämättä, että jos vapaassa markkinataloudessa on jotakin vikaa, sen syyn täytyy olla siinä, että markkinat eivät ole vielä täysin vapaita; järjestelmässä on jokin vääristymä, joka häiritsee vapaita markkinoita. Markkinafundamentalismin ratkaisu on käytännössä aina sama: taloustieteen perusasioista on pidettävä entistä tiukemmin kiinni ja näitä on sovellettava entistä aukottomammin.[22]

Taloustiede ei tarkastele vain taloudellista vaihtoa – vaan ihmistä sekä hänen valintojaan ylipäätänsä. Näin ymmärrettynä tuo, mitä usein sanotaan suppeasti taloustieteeksi, onkin itse asiassa metateoria ihmisestä: teoria niistä teorioista, joita ihmiset ovat kehittäneet sen selittämiseksi, miten ihmiset löytävät tai käyttävät mahdollisimman tehokkaasti erilaisia välineitä erilaisiin tarkoituksiin.[23]

Tästä kulmasta taloustieteilijät ovat pohjimmiltaan enemmän filosofeja kuin tutkijoita. Tämän vuoksi tämä ”metateoria” pitäisi myös nimetä uudelleen esimerkiksi erään 1800-luvulla eläneen arkkipiispan ehdotuksen mukaisesti katallaktiikaksi. Alkuperäisessä kreikankielisessä merkityksessä se ei tarkoita vain vaihdantaa vaan myös yhteisöön vastaanottamista sekä vihollisesta ystäväksi kääntymistä.[24]

Näin ymmärrettynä taloustiede lähestyy teologiaa. Profeetaksi nostetun oppi-isänsä tavoin Milton Friedman oli taloustieteen tosiuskovia. He ovat aina olleet vakuuttuneita siitä, että talous on itseänsä säätelevä taikka omia "luonnonlakejaan" noudattava järjestelmä, jota ihminen ei voi peukaloida loukkaamatta korkeampien voimien tahtoa.[25]

Tosiuskoville talous on eräällä tavalla muusta yhteiskunnasta eristetty automaatti, jonka "liikelait" muistuttavat fysiikan lakeja. Markkinavoimat on Jumalan paikan ottanut "sokea kelloseppä" tai taivaallinen kellopeli; se on taideteos, joka on yhtä täydellinen kuin Apelleen maalaama rypäleterttu, jota jopa linnut erehtyivät nokkimaan.[26]

Vaikka kysynnän ja tarjonnan lakien sokea kelloseppä taipuu myöskin taloustieteellisessä ajattelussa poliittisiin voimasuhteisiin jo paljonkin jousta-vammin kuin luonnonlait, se ei koskaan ole riistänyt ekonomistien harrasta uskoa opinalansa omimpaan perustaan. Kun yhteiskunnallisen suunnittelun ja markkinatalouden epäpyhä allianssi oikeutti itsensä yleisellä hyvinvoinnilla, oikeaoppisia taloustieteilijöitä ei välitetty kuunnella.

Kun koneisto alkoi yskähdellä, oikeaoppisille tuli heidän odottamansa tilaisuus esittää valtio ongelmien syynä – eikä siis näiden ratkaisuna. Heidän mukaansa juuri julkinen sääntely jäädytti markkinat, se esti innovaatiot ja institutionalisoi inflaation estämällä palkkojen alentamisen ja julkisen sek-torin supistukset.[27]

Oikeaoppiset ajattelivat ajan olevan kypsä paluulle yövartijavaltioon, jonka tehtävänä on vain turvata omistusoikeus taikka fyysinen koskemat-tomuus estämällä himokasta massaa ottamasta itselleen enemmän kuin se kilpailun pohjalta ansaitsee. Demokratia onkin tätä periaatetta loukkaavaa enemmistön tyranniaa ylitse valistuneen vähemmistön – tyranniaa, jossa kaikki katastrofit ovat aina olleet demokratian nimissä tehtyjen poliittisten päätösten seurauksia.[28]

Uskonvarmuutta oikeaoppisille antoivat taas syntymässä olleet maa-ilmanmarkkinat, jotka tekevät kilpailusta vihdoin oppikirjamaisen täydel-listä – sekä kehittyvä informaatioteknologia, joka läpivalaisee kaiken viisaiden valitsijoiden vertailtavaksi. Oikeaoppisten näkökulma on modernin tieteisus-kon abstrahoiva lintuperspektiivi, josta käsin katsottuna monimutkainen, erilaisten tilanteiden ja kulttuuristen merkitysten maailma voidaan pelkistää kaikkialla yhtä vertailukelpoisiksi tunnusluvuiksi.[29]

Jos teoria ja käytäntö ovat ristiriidassa, se on käytännön aina vika, nämä nykyajan malliplatonistit ajattelevat. Vaatimuksiin jalkautua abstraktin taloudellisen ihannetodellisuuden maailmasta elävään elämään, oikeaoppiset vastaavat, että rationaalisen valinnan teoriaa ei voida kumota konkreettisella yhteiskuntatutkimuksella tai psykologialla: ihminen on vain matemaattisten mallien edellyttämä pelkistys, ja konkreettista tavaratuotantoa harjoitetaan vain yhtenä omaisuuden sijoittamisen muotona.

Rationaalisen valinnan teorian "turhista taustoista" puhdistettu minä avaa tien ajattelulle, jonka mukaan yksilön vapaan valinnan rajat suhteessa toisten valintoihin asettaa lopulta vain hänen menestymisensä kilpailussa. Samalla se tekee oman edun tavoittelusta ainoan yksilöidyn motiivin, jolla on merkitystä tai joka voidaan paljastaa myös vastustajassa; kaikki itsensä uhraamisen muodot ovat irrationaalista käyttäytymistä.[30]

Omasta edusta tulee näin itsensä toteuttava oppi, sekä kyynisestä realismista normi. Kun kapitalistit tekevät päätöksiä investoinneista, tehtaiden lakkauttamisista tai työpaikkojen viemisestä halpatuotantomaihin, he toimivat jo yhtä puolueettomasti kuin korkeimman oikeuden tuomarit, eivätkä ota tunteellisesti kantaa yhden työntekijän puolesta tai toista syrjien; kun kapitalisti siirtää omaisuutensa veroparatiisiin, kyse on vain pääoman luonnollisesta pyrkimyksestä etsiä parasta mahdollista tuottoa.

Pääoman vapaus onkin ajattelutavan pyhintä ydintä: kyse on aina vain pääoman vaihtoehtoisten sijoitusmuotojen vertailusta. Markkinoilla tuotto-odotuksia vertailtaessa talouden reaalipohja ei olekaan mitenkään ratkaisevassa asemassa. Kauppaa käydään pohjimmiltaan vain riskeistä, jotka puolestaan määrittyvät sen mukaan, mitä muut mahdollisesti tekevät. Markkinoiden reaktiot määräytyvät markkinoiden ennakoidusta reaktiosta, ja johdannaiskaupan kautta finanssitalous erkaantuu väistämättä reaalitaloudesta.[31]

Tosiuskoville mukaan talous *on* eräänlaista kasinotaloutta, vain vedonlyöntiä riskeistä sekä riskikertoimista.[32] Tämä oikean opin kaikkein pyhin ydin ei kuitenkaan ole tarkoitettu kaikille – vaan ainoastaan Olympoksen jumalille ja heidän uskotuillensa: "Niin kuin Jumala koodaa yhteen olemisen ja olemattomuuden, niin keskuspankit peittävät paradoksin, että tietämättömyys rahatalouden toimintaedellytyksistä kuuluu rahatalouden toimintaedellytyksiin."[33]

Raha on aina ollut uskonasia, ja siksi mikään ei ole yhtä tärkeää kuin markkinoiden luottamus. Raha ei tosin enää tyydy asettumaan ikään kuin uskonnon rinnalle vaan pyrkii ottamaan tämän paikan viimeisiä totuuksia välittävänä järjestelmänä; se pyrkii ottamaan paikan suurimpana savenvalajana, joka sanelee omat lakinsa muille. Rahatalouden temppeleissä huokuukin sellainen uskonnollinen suuruuden aura, johon voi törmätä lähinnä viimeisiin totuuksiin vihityissä lahkoissa.[34]

Työhön ajaa ruumiillinen ylläpitopakko, mutta raha haluaa vain lisää rahaa. Vain tuo sovittaa yhteen kaikki vastakohdat: rahasta lähtevät kaikki tavarat – ja rahaan palaavat kaikki tavarat. Prosessin rationaalinen toiminta itsessään on rationaalista perustaa vailla. Finanssikapitalismi on faustinen projekti, jossa lähes absoluuttiseksi itseisarvoksi muuttunut raha mahdollistaa ihmisen asettumisen Jumalan asemaan, ja juuri tämä antaa yksilölle lupauksen saada käyttöönsä kaiken maailmassa.[35]

Teologien mukaan epäjumalan ja elävän Jumalan erottaa se, tuhoaako palvottu palvojat vai johdattaako tämä heidät vapauteen. Epäjumalan ajaa palvojien uhraamiseen sen tietoisuus oman loppunsa läheisyydestä. Koska rahan arvo säilyykin vain vaihtamalla, tuo muuttuu metaforaksi maailmasta, jossa vain liike, muutos, vaihto ja toisen korvaaminen toisella on todellista, kun taas kaikki substanssi vaikuttaa vain hetkelliseltä ja sammuu aikanaan kuin komeetta.[36]

Mitä epävarmemmaksi rahatalous tulee antamiensa lupausten suhteen, sitä kiihkeämmin se pakenee maaniseen liikkeeseen. Horjuva usko teoreettiseen ihanteeseen tuleekin todellisemmaksi, jos toteemille uhrataan jotain konkreettista, kuten ihmisiä. Ihmiskunnan lähes loppuun palanut tai työtä vaille jäänyt taikka ylivelkaantunut enemmistö näyttäytyy Moolokin kitaan kävelevinä lapsiuhreina, jotka ovat myös mammonalle aina mieluisia.

Raha ei siedä rinnallaan muita jumalia vaan valvoo mustasukkaisesti, ettei kustannustehokkuutta uhrata muille päämäärille kuten köyhien auttamisella tai työläisten henkiselle hyvinvoinnille; kautta läntisen maailman kaikuu luopumisvaatimusten kakofonia, jonka äänitorvet pitävät Ranskan vallankumouksen ihanteita vain kaupan esteinä ja holhouksena.[37]

Markkinakilpailun aikaansaama kipu tai kärsimys vain todistavat tosiuskoville, että ollaan oikealla tiellä, kieltäydytään tämän hetken houkutuksista ja hyvinvoinnista huomisen vaurauden hyväksi; kapitalistisen kvasiteologian vastaiset tulokset ainoastaan todistavat, että pelastukseen pyrkivät ovat poikenneet kaidalta tieltä.[38]

Puuttuminen näkymättömän käden toimintaan koetaan oikeaoppisten keskuudessa epäuskon osoitukseksi, melkein jumalanpilkaksi ja rienaukseksi. Markkinoiden magiikka on "ihme", joka edellyttää "nöyrää kunnioitusta".[39] Vain nuo valitut, jotka ymmärtävät talouden täten, muodostavat todellisen pyhien yhteyden, eikä tuota voi arvostella kuin enintään uskontokritiikin keinoin, jos sitenkään.[40]

Pyhien yhteys onkin nimittäin rakentanut itselleen sellaisen Baabelin tornin, että sen korkeuksien kylmää ilmaa eivät kuolevaiset kykene hengittämään. Tornin voi tuhota vain Jumala itse, sillä niin mustasukkaisesti ja väkivaltaisesti pyhien yhteys sitä vartioi. Tämän vartiokaartin valiojoukon muodostavat kaapin päälle kipsipatsaiksi nostetut kuolleet taloustieteilijät – nuo taivaalliset sotajoukot.

Elävät taloustieteilijät puolestaan piilottavat oikean opin matemaattiseen munkkilatinaan, kauaksi syvien kansakerrosten kritiikin ulottumattomiin. Taloustiede ei ole vain tiedettä. Se on eräänlaista teologiaa, ja sellaisena se on syvän uskon sekä vakaumuksen asia. Taloustieteilijä näkee itsensä aina veljensä vartijana, valittuna ja vihittynä. Tähän vartiokaartiin valitaan vain niitä, jotka osaavat sanoa *shibboleth*.[41]

Sanan osaavat oikein sanoa tai ääntää vain ne, jotka tuntevat ja tunnustavat sielujensa syvyyksiä myöten pyhän opin ytimen, finanssimarkkinoiden vapauden. Niitä, jotka eivät tätä sanaa tunne, tämä joukko kohtelee kuin jesuiitat: harhaoppisina, jotka on suljettava järjestön ulkopuolelle ja joiden väitteisiin vastataan vain korvia huumaavalla hiljaisuudella. Vain tästä joukosta voi tulla valituksi korkeisiin virkoihin.[42]

Täydellisten markkinoiden puristinen utopia on kerta kaikkiaan ottanut Jumalan valtakunnan paikan. Tämän utopian nimissä suuryritykset, etujärjestöt sekä taivaalliset sotajoukot ovat ryhmittyneet Harmageddonin taisteluun valtiota vastaan. Hyökkäyksen kohteeksi on jo alkuvaiheessa otettu tuo niin sanottu hyvinvointivaltio, joka on mielletty suurimmaksi syypääksi yhtiöiden vallan vähenemiseen ylipäänsä ja suostutteluvallan keinoarsenaalin tyhjenemiseen erikseen.[43]

Hyvinvointivaltion antelias sekä hellä äidinsyli sallii liian monien intressien vaikuttaa valtioon, ja näiden joukossa on jo paljon myös yhtiöiden intressien vastaisia pyrkimyksiä. Toiseksi tämä on luonut taloudellisen sekä psykologisen turvallisuuden puskurin, joka on suoraan vähentänyt yhtiöiden omistamiseen sekä palkitsemiseen perustuvaa valtaa. Elinkeinoelämän uudessa retoriikassa tuohon liittyvä turhautuminen naamioidaan kuitenkin valtion tarpeettomaksi taipumukseksi tunkeutua sen territoriolle.[44]

Turhautumista lisääkin osaltansa se, että hyvinvointivaltiosta on tullut laajuudeltaan sekä monimutkaisuudeltaan valtava organisaatio – byrokratia – joka on paljolti alkanut elää omaa elämäänsä. Se on tehnyt omista tavoitteistaan eräänlaisia itseisarvoja erotukseksi kypsän kapitalismin kaudesta, jolloin valtio oli vielä elinkeinoelämän etuja ajava liittolainen. Hyvinvointivaltiosta on sen sijaan tullut tämän vihollinen.[45]

Jumalaisten markkinavoimien valtuuttamina kapitalistit julistivatkin pyhän sodan hyvinvointivaltiota ja työnväenluokkaa vastaan – ja he myös voittivat sen, eräs tosiuskova on tunnustanut. Jesuiittajärjestöjen luonteen omaavia vapaakauppainstituutioita siedetäänkin vain vaivoin, mutta näiden vastustajilla ei yksinkertaisesti ole uskottavia vaihtoehtoja. Vapailla markkinoilla on päättäjien sielussa pysyvästi oma provinssinsa, jossa nuo hallitsevat mielin määrin.[46]

Markkinoiden mykkiä asiapakkoja ei vain yksinkertaisesti voi vastustaa aatteellisesti taikka poliittisesti; ne tukehduttavat poliittisen mielikuvituksen ja tekevät lammasmaisesta sopeutumisesta hyveen. Tämän vuoksi mahdollisuus historian muuttamiseen poliittisella joukkovoimalla näyttää lakanneen, kriittinen journalismi väistyneen kaupallisuuden tieltä tai yliopistot muuttuneen tutkintoja tehtaileviksi innovaatiojärjestelmän osiksi.

Samalla, kun vapautetut markkinat etenevät voitosta voittoon, kuten Wehrmacht parhaina päivinään, olosuhteiden muuttamisen haaveesta on jo siirrytty itsensä muuttamisen eskapismiin. Myllerrysten keskellä minuudesta tulee ainoa todellinen turvasatama. Opportunistinen sopeutuminen tuntuu jo ainoalta vaihtoehdolta pitää edes jonkinlainen aloite omissa käsissään, käyttää tilannetta hyväksi ja välttyä tulemasta hyväksi käytetyksi.[47]

Mikään ei silti suojaa yksilöitä enää putoamisen pelolta. Edes korkein koulutus ei enää pelasta putoamiselta, vaikka tämä oikeuttaa pudotuspelin henkilökohtaisilla ominaisuuksilla. Samalla se estää inhimilliseltä pohjalta ponnistavaa protestia nousemasta, sillä koulutus on enää vain simuloitua peliä paikasta auringossa.

Teoriassa työväenluokka olisi helppo laajentaa käsittämään kaikki ne, jotka joutuvat myymään työtään kansainvälisen "hyperkilpailun" tai "turbokapitalismin" oloissa sen sijaan, että he ovat tehostamassa muiden työn tuottavuutta sijoittajina. "Olemassaolon taistelun" jatkuvasta kiristymisestä löytyy yhteinen nimittäjä niin terveyskeskuslääkärille ja toimistotyöntekijälle kuin tehdastyöläisillekin. Keskiluokka ei lopulta ole muuta kuin koulutettua työväenluokkaa.[48]

Vuosituhannen alussa onkin käynyt selväksi, että myös akateemisesti koulutetut ovat työväenluokan kanssa samassa veneessä suhteessa työpaikkoja tehostaviin pääoman omistajiin. Silti tämän esille ottava ajautuu pian kafkamaisen todistustaakan eteen, koska vallitsevat työmarkkinakäytännöt yksilöivät elämäntilanteet siten, ettei niistä juuri voi syntyä joukkoliikkeen ponnistuspohjaa: jokainen on yksin vastuussa kohtalostaan.[49]

Työntekijät on ehdollistettu oman onnensa sepiksi, jotka eivät pysty selittämään voittojaan tai tappioitaan rakenteellisilla tekijöillä, vaan hakevat selitystä synnynnäisten ominaisuuksien eroista. Markkinakohtalon yksilöityminen ei mahdollistakaan laajemman kumppanuuden tarjoamien etujen havaitsemista. Sen sijaan saalistuksen ja selviytymisen etiikassa kovaa kohtaloa vain pallotellaan nokkimisjärjestyksessä eteenpäin: koska meilläkin on ollut kovaa, myös teidän täytyy hyväksyä osanne.[50]

Kun omistamattomat saivat oikeuden nauttia yhteiskunnallisesta varallisuudesta, kapitalismin varhaiskauden aitauslait ikään kuin kumottiin: pakko myydä itseään nälkäpalkalla mihin työhön tahansa, milloin tahansa lieveni. Jatkuvat joukkoirtisanomiset, määräaikaistamiset, tehostamiset ja sosiaaliturvan heikennykset voidaan vastaavasti nähdä uusina aitauslakeina, joilla jälleen piiskataan suuria joukkoja palkkatyöhön samalla, kun bruttokansatuote jaetaan uudelleen sijoittajien eduksi.[51]

Polarisoituminen vie pohjan paitsi toimeentulolta ja turvallisuudelta myös yksilöiden identiteetiltä, jonka keskipiste on jo pitkään ollut palkkatyö. Raskaimmin ammatillisen autonomian sekä reviirin menetys on kohdannut varsinkin tavallista paremmin koulutettuja toimihenkilöitä. Pyhän sodan sankarihaudoissa lepää petetty keskiluokka.[52]

Toisin kuin työväenluokka keskiluokka pelasi pitkään uusien sääntöjen mukaan. Se sitoutui yhtiöön, teki tiimityötä, harjoitti elinikäistä oppimista, piti persoonallisuuspakettinsa muutenkin markkinakelpoisena ja omaksui kukoistuksen kauppiailta varman voittajan elämänasenteen. Palkaksi se sai yhä useammin potkut tai työuupumuksen, koska turbokapitalismin työmoraali vaatii kalvinistiseen tapaan *kaikkensa* antamista.[53]

Keskiluokan sosiaalista syöksykierrettä onkin vaikeaa ohittaa olankohautuksella yhtä helposti kuin perinteisten pudokkaiden kovaa kohtaloa. Siitä sydämensä paaduttaneet ovat aina syyttäneet vääriä valintoja: kesken jätettyjä kouluja tai kyvyttömyyttä lykätä lisääntymishaluja, ja niin edelleen. Keskiluokka on tehnyt kaiken oikein, kuten pitikin. Silti se on suurin häviäjiä vanhassa pelissä, jonka nimi on katteettomat lupaukset – lupaukset, joiden pettäminen on kuin keskisormi keskiluokan nenän edessä.[54]

Jopa silloinkin, kun taloustilanne näyttää jo vähän valoisammalta, irtisanomiset jatkuvat kuin jonkinlainen luonnonvalinnan vääristynyt muoto, joka karsii lahjattomien ohella myös lahjakkaat sekä keskinkertaiset. Tätä luonnonvalintaa simuloivaa seulontaprosessia on kutsuttu mitä moninaisimmin kiertoilmauksin. Yhä useammin tämä tarkoittaa myös valkokaulusväen työn ulkoistamista matalampien työvoimakustannusten maihin; myös valkokaulusväestöltä "juusto" on todellakin viety.[55]

Turbokapitalismin kauden hyperkilpailussa palkkatyöllä ei voi voittaa mitään: kaikki putoavat keskiluokasta tulojen tai työn jälkeen jäävän vapaa-ajan sekä energian osalta. Työn vaihtosuhde heikkenee armotta joka tapauksessa. Siinä mielessä palkkatyöllä ei voi voittaa mitään. Pääomaliikkeiden maailmanavaruuden muodostumisen jälkeen järjestelmän oikeuttaminen sen tuottamalla keskimäärällä hyvinvoinnilla kävi tarpeettomaksi, kun kansalaiset menettivät poliittisen joukkovoimansa.[56]

Kapitalismi käytännössä lopettikin suostuttelun ja ryhtyi jo vaatimaan: "Ellette luovu eduistanne, menetätte työnne!" Työn hintaa tai työelämän laatua polkemalla menestyvä Wal-Mart ei ole pahamaineinen poikkeustapaus, vaan omistaja-arvon autuuden filosofian suunnannäyttäjä. Suunnan seurauksena keskiluokka kuihtuu vähitellen pois, ja yläluokkaa vastassa on lopulta vain pelolla hallittu palkkatyöorjien enemmistö.[57]

Teoriassa tämän olisi pitänyt johtaa kapitalismin vakavaan legitimaatiokriisiin, ellei jopa väkivaltaiseen vallankumoukseen. Poliittinen demokratia on kuitenkin peruuttamattomasti taantunut vain talouden hienosäädöksi, jonka elävin osa on kansaa jatkuviin sopeutuksiin painostava imperatiivinen puhekoodi. Vallankumouskin on peruutettu, kun kapitalismista on tullut eräänlaista sosialismia: omistaja-arvon maksimointi kun on jo yleisen hyvän maksimointia – tosin erittäin pitkällä aikavälillä.[58]

Baabelin tornistaan maailmaa tarkastelevat markkinafundamentalistit ovat tämän ajan bolsevikkeja, jotka yksinkertaisesti pakottavat käytännön teoriansa muottiin, edellisen omaksi parhaaksi. Vapaista maailmanmarkkinoista on todella tullut viimeinen suuri valistusutopia, jonka ilosanoma on ottanut taivasten valtakunnan paikan ihmisten sieluissa – jatkuvaa kriisitunnelmaa lietsovan eliitin keskuudessa ainakin.[59]

Reformaatio – raha irti raudoista

Finanssimarkkinoiden vapautta vartioiva markkinafundamentalistinen liike tai lahko ei koskaan ole pitänyt marxismia pääasiallisena vihollisenaan. Sen sijaan suurimpia syntipukkeja kansantalouden ongelmiin ovat olleet sosiaalidemokraatit ja keynesiläiset.

Nämä uskoivat kyllä omalla tavallaan markkinatalouteen. He halusivat kuitenkin toteuttaa tämän selkeästi säännellyssä hyvinvointivaltiossa tai puitetaloudessa, joka oli markkinafundamentalistien mielestä ruokoton ja siivoton sekasikiö.

Myös markkinafundamentalistit kunnioittavat tavallaan enemmän jopa tinkimättömiä ateisteja kuin sunnuntaikristittyjä. Tässä hengessä uusi liike tai lahko julisti sodan hyvinvointivaltion tai puitetalouden puolestapuhujille; se ei vaatinut niinkään vallankumousta, vaan uskonpuhdistusta ja paluuta puhtaaseen 1800-luvun kapitalismiin.[1]

Sen mukaan puhdasta kapitalismia ei koskaan pilannut pahimmin Karl Marx – vaan John Maynard Keynes. Kaikille koululaisille opetetaan, että Keynes oli mies, joka kehotti lisäämään laman aikana julkisia menoja kasvun vauhdittamiseksi. Näin esitettynä on vaikea ymmärtää, miksi näin viattomia ajatuksia esittänyt mies on niin vihattu.

Vihan syy on se, että Keynesin opin takana oli kenties purevin kapitalismin kritiikki työnarvoteoriansa kanssa jonkinasteiseen umpikujaan päätyneen Karl Marxin jälkeen. Erityisen purevaksi Keynesin kritiikin tekee kuitenkin se, että hän käytti taloustieteen omia välineitä sekä otti etäisyyttä Marxin oppien ongelmallisimpiin kohtiin.[2]

Keynesistä onkin yritetty päästä eroon, milloin sulauttamalla hänet valtavirtaan, milloin taas tekemällä hänestä demoni. Kumpikin näistä keinoista osuu tavallaan harhaan. Keynes oli originelli ja intellektuelli, joka ei ole kovin helposti lokeroitavissa.

Yhtäältä hänen yleinen teoriansa oli kapitalismin murhaava kritiikki – eikä tuossa missään tapauksessa ollut kyse vain ”klassisen talousteorian” pienestä hienosäädöstä. Toisaalta Keynes ei sinänsä vastustanut kapitalismia, ja hän suhtautuikin sangen nuivasti Marxiin sekä moniin tämän myöhempiin seuraajiin.[3]

Marxilaisessa talousteoriassa häntä arvelutti erityisesti sen samanlaisuus klassisen talousteorian kanssa. Kummatkin pystyivät selittämään jotain 1700-luvun torikaupasta taikka alkeellisesta teollisuustuotannosta – mutta sisäsyntyisen rahantuotannon hallitsemasta finanssikapitalismista näillä oli varsin vähän sanottavaa.

Hänen mukaansa nimenomaan raha onkin kapitalismin suurin ongelma. Häntä kiinnosti Freudin näkemys rahan patologiasta eli neuroosista, joka tappaa kaikki mahdollisuudet tavoitella totuutta, suuruutta tai kauneutta missään asioissa. Rahan tekemisessä ei voida ajatella mitään muuta kuin rahan tekemistä.[4] Siitä tulee neuroosi, joka pakottaa kuvittelemaan, että väärin on oikein ja oikein on väärin, koska se on hyödyllistä.[5]

Häneltä vei vuosikausia jalostaa tämä ydinajatus yleiseksi teoriaksi, joka mahdollistaisi tämän neuroosin ylittämisen. Yleinen teoria ei pelkästään mullistanut taloudellista ajattelua, vaan loi myöskin täysin uuden politiikan kentän, talouspolitiikan. Ennen häntä hallitsi *laissez faire*: luottamus siihen, että talous toimii parhaiten, kun julkinen valta ei sotkeudu siihen.

Keynes yrittikin kumota tämän harhaisena pitämänsä opin. Hänen mukaansa kapitalismia luonnehtii sellainen rakenteellinen epävarmuus sekä irrationaalisuus, josta klassisella taloustieteellä ei tuntunut olevan kunnollista käsitystä. Nämä rakenteelliset piirteet taas johtavat ilman kysynnän ja etenkin rahoitusmarkkinoiden sääntelyä yhä uudelleen 1930-luvun laman kaltaisiin kriiseihin.[6]

Keynesin mukaan kapitalismin ydinongelma liittyy investointeihin. Hän aloitti oman analyysinsä jakamalla tuotannon yhtäältä kulutukseen sekä toisaalta investointeihin. Hänen mukaansa kapitalismin haavoittuvuus liittyy erityisesti tilanteeseen, jossa nimenomaan kulutuskysyntä syystä tai toisesta supistuu selvästi.

Klassisen talousteorian mukaan siitä ei seuraa ongelmia, koska Sayn sekä Walrasin lakien mukaan kulutuskysynnän supistuminen johtaa samalla investointikysynnän kasvuun. Keynesin mukaan tämä ei ole argumenttina pätevä, koska investoinnit ovat luonteeltaan hyvin epälikvidejä eli ne eivät ole välittömästi rahaksi muutettavia. Lisäksi investoinnit tehdään aina hyvin suuren epävarmuuden vallitessa.

Kulutuskysynnän elpymisestä sekä sen ajankohdasta ei ole koskaan varmuutta. Pitkän aikavälin talouskehitys on niin epävarma ja niin monista ulkoisista tekijöistä riippuvainen, että minkäänlaiset ennusteet taikka riskianalyysit eivät ole uskottavia. Näin ollen investointipäätökset perustuvatkin käytännössä nykyhetken suhdannenäkymiin. Se on ainoa suhteellisen varma "tieto" talouden kehityksestä jollakin järjellisellä aikavälillä. Pitkällä aikavälillä voimme olla varmoja vain siitä, että olemme kaikki kuolleita.[7]

Mahdollisia syitä tulevaisuudenodotuksien murenemiseen on lähes loputtomasti. Epävarmuus luonnehtii erityisesti arvopaperimarkkinoita, ja toisaalta juuri arvopaperisijoitukset ovat jo keskeisin talouden epävarmuustekijä. Esimerkiksi osakkeiden pitkän aikavälin osingonmaksukyky on aina enemmän tai vähemmän arvailujen varassa. Näin ollen vallitseva ilmapiiri vaikuttaa merkittävästi sijoituspäätöksiin sekä ruokkii laumakäyttäytymistä: uskottavia ennusteita voidaan tehdä lähinnä muiden odotuksista.

Tämä johtaa tilanteeseen, jota Keynes itse kutsui kolmannen asteen hulluudeksi. Siinä sijoittajan on ensinnäkin arvattava, mitä muut sijoittajat ajattelevat. Tämän lisäksi hänen onkin arvattava, mitä muut sijoittajat olettavat muiden sijoittajien olettavan. Keynesin tuomio on tyly: rationaalinen tai tuotantohakuinen toiminta on arvopaperimarkkinoilla tosiasiallisesti lähes mahdotonta, ja keinottelu vie lopulta kaikki mukanaan.

Kuten ajattelijoille usein käy, myös Keynesin yleisen teorian ajatukset pilattiin, vesitettiin tai vääristeltiin varsin pian sen julkaisemisen jälkeen. Esimerkiksi eräät tunnetut uusklassisen taloustieteen edustajat yrittivät väkisin yhdistää hänen ajatuksensa itsestään tasapainottuvien markkinoiden teoriaan taikka staattisiin matemaattisiin malleihin. Lopputuloksena oli vain uusklassisen taloustieteen hienosäätöä, jolla ei enää ollut juuri mitään tekemistä alkuperäisten ajatusten radikalismin kanssa.

Käytännössä Keynesin radikalismin ydin on aluksi jopa perverssiltä kuulostava ajatus sääntelyn viemisestä kapitalismin ytimeen – kapitalismin pelastamiseksi. Koska juuri rahan itsetarkoituksellinen tuotanto on tärkein elementti, joka altistaa kapitalismin epävarmuudelle ja rahan patologialle, ilman tämän tuotannon sääntöjen muuttamista juuri mikään ei olennaisesti muutu kapitalismissa. Kriisit vain seuraavat toisiaan.[8]

Ilman kriisejäkin sääntelemätön finanssisektori pyrkii itse haukkaamaan leijonanosan niistä tehokkuushyödyistä, jotka saavutetaan luottojärjestelmää laajentamalla. Kun otetaan lisäksi huomioon iänikuisten kriisien aiheuttamat tehokkuustappiot, kokonaiskuva onkin jo lohduton: alisäännelty finanssisektori on yksinkertaisesti onnettomuus, joka vain odottaa tuloansa. Siitä taas seuraa vaatimus, jonka mukaan kuuma keinotteluraha on pantava rautoihin, jotta kapitalismi voisi muutoin olla mahdollisimman vapaata.[9]

Oli selvää, että näin radikaalit ajatukset kauhistuttivat pääomapiirejä; oli selvää, että jopa näinkin saastaisten ajatusten leviämisen jälkeen tarvittiin kapitalistista uskonpuhdistusta, jonka rovioilla poltettaisiin pian varmuuden vuoksi niin huonot kuin hyvätkin säännökset. Aluksi uskaliaat ehdotukset uskonpuhdistuksesta kiinnostivat kuitenkin vain pientä kourallista ihmisiä – mutta erittäin vaikutusvaltaista kourallista.[10]

Yhdysvaltojen monikansallisten suuryhtiöiden omistajille sodanjälkeisen nopean talouskasvun "kultaiset vuodet" olivat huolestuttavaa aikaa. Vastassa oli aikaisempaa vihamielisempi maailma ja vahvemmat ammattiyhdistykset: osakkaat ja omistajat joutuivat jakamaan talouskasvun oloissa nopeasti luodusta varallisuudesta yhä suuremman osan pois työntekijöiden palkkojen tai tulonsiirtojen muodossa. Tavallaan kaikilla meni hyvin, mutta vanhoilla pelisäännöillä eliitillä olisi mennyt vielä paremmin.

Klassisen talousliberalismin vastainen vallankumous oli tullut eliitille hyvin kalliiksi. Siksi tarvittiin vastavallankumousta, jota eräät hahmottelivat jo tuon varhaisessa vaiheessa: "moderni liikehdintä suunnittelun puolesta on sellaisenaan liikettä kilpailua vastaan, uusi tunnus, jonka taakse kaikki kilpailun vanhat viholliset ovat kokoontuneet – – Se, mikä todella yhdistää vasemmiston ja oikeiston sosialisteja, on yhteinen vihamielisyys kilpailua kohtaan sekä halu korvata se ohjatulla kansantaloudella."[11]

Aikakauden ilmapiirissä tällaista vastavallankumousta julkisesti vaatineet johtajat tai omistajat olisi armotta leimattu riistokapitalisteiksi, joiden aatteelliseksi kultakimpaleeksi osoittautuikin juuri Milton Friedman. Hän esitti samat asiat aikakauskirjoissa matematiikan kielellä sekä julkisuudessa taitavasti väitellen, jolloin nämä nähtiin jo aivan eri valossa; suuryhtiöille oli suunnattomasti hyötyä siitä, että näiden näkemykset suodatettiin akateemisen puolueettomuuden linssin läpi.[12]

Niinpä Milton Friedmanin tutkimuksia rahoitettiin avokätisin lahjoituksin, ja pian tämän oppilaiden ympärille muodostui kokonainen vastavallankumouksellisten sekä heitä tukevien ajatusmyllyjen verkosto. Milton Friedman naulasi vastavallankumouksen tai uskonpuhdistuksen teesit kirjassaan *Capitalism and Freedom*, josta tuli myöhemmin markkinafundamentalismin *Summa Theologiae*.[13]

Friedmanin teesit kiteytyivät pyhään kolmiyhteyteen: Ensinnäkin, valtioiden on karsittava kaikki määräykset tai säännökset, jotka rajoittavat vapaita markkinoita tai niillä tapahtuvaa yhtiöiden voitontavoittelua. Toiseksi, valtioiden on myytävä kaikki omistamansa toiminnot tai varallisuus, josta yhtiöt voivat huolehtia kaupallisesti. Kolmanneksi, valtioiden on leikattava reippaasti työnteon kannusteita heikentäviä sosiaalitukia.

Friedmanin antoi runsaasti yksityiskohtaisia ohjeita kolmiyhteyden käytännön toteuttamiseksi. Näitä olivat muun muassa verotuksen keveys, tasaverotus, lainsäädännöllisten kaupan esteiden purkaminen tai paikallisen tuotannon suosimisen kieltäminen sekä vähimmäispalkkojen poistaminen. Hän esitti asiansa aina matematiikan tai tieteen kielellä mutta hänen teesinsä sulivat yhteen suuryhtiöiden intressien kanssa: nämä janoavat luonnostaan uusia, entistä laajempia ja täysin rajoituksettomia markkinoita.[14]

Friedmanin kolminaisuusopista tuli kohta myös käytännön talouspolitiikan kulmakivi useimmissa länsimaissa. Ronald Reaganin sekä rautarouvan noustua valta-asemaan heidän hallituksensa voivat varsin helposti kaapata vallan myös IMF:ssä, OECD:ssä sekä Maailmanpankissa. Näissä ei jaettu valtaa maa ja ääni -periaatteella vaan etenkin Yhdysvalloilla oli suurin vaikutusvalta ja jopa jonkinlainen veto-oikeus.

Kyseisten instituutioiden piirissä muodostui vähitellen käsitys siitä, mikä on kaikkien asiansa osaavien ekonomistien hyväksymää ydinviisautta. Tämä teknisiksi uudistusvaatimuksiksi verhoiltu ydinviisaus on käytännössä aivan sama kuin Friedmanin opin pyhä kolmiyhteys. Tämä on sittemmin opittu tuntemaan Washingtonin konsensuksen nimellä, ja sen nimiin valtiot ovat vain hieman poikkeavin painotuksin tämän jälkeen vannoneet.[15]

Kaikille mahdollisimman vapaiden maailmanmarkkinoiden oppirakennelman inkarnaatioille monissa maissa on yhteistä pyhä kolminaisuus, joka koostuu yritystoiminnan täydellisestä vapauttamisesta, julkisen sektorin eliminoimisesta sekä minimaalisista sosiaalimenoista; opin ytimessä on vapauttaminen, yksityistäminen ja leikkaaminen. Opin monista nimityksistä mikään ei silti tunnu täysin osuvalta.[16]

Friedman itse esitti oppinsa yritykseksi vapauttaa markkinat valtion kahleista. Käytännössä hänen puristisen utopiansa toteuttamisen seuraukset ovat varsin toisenlaiset. Kaikkialla, missä tämän opillisen lahkon suosituksia on sovellettu käytäntöön, on muodostunut varsin vaikutusvaltainen liittouma suurimpien yhtiöiden tai voimakkaimpien etujärjestöjen sekä keskeisimpien poliitikkojen eliitin välille.

Poliittiset ja taloudelliset eliitit eivät suinkaan ole vain vapauttaneet markkinoita, vaan fuusioituneet samalla keskenään lehmänkauppoja tekeväksi korporatiiviseksi kaverikapitalismiksi.[17] Siinä toteutuukin melkeinpä täydellisesti jo Marxin näkemys siitä, että moderni valtiovalta on "vain toimikunta, joka hoitaa koko porvariluokan yhteisiä asioita."[18]

Korporatiivisessa kaverikapitalismissa valtio on vain liukuhihna, jota pitkin julkisia varoja siirretään yksityisille. Tämä työ ei edellytä tekijöiltänsä kilvoittelua tiedossa, taidossa tai hyveessä vaan syvää opillista antaumusta.[19] Räikeimmillään valtio on siinä valmis itse organisoimaan esimerkiksi kansainvälisen alumiinikartellin, rikastetun uraanin tuotantomonopolin taikka massiivisen keinottelurahaston pelastusoperaation, kuten markkinatalouden pikakurssia muille pitänyt Yhdysvallat on tehnyt.[20]

Kaverikapitalismin miedommissa muodoissa päättäjiltä vaaditaan ensin kaikkien sääntöjen kumoamista, jos vain tästä on itselle hyötyä. Jos sääntöjen kumoamisesta aiheutuu itselle haittaa, päättäjille maalaillaan maailmanlopun visioita kansainvälisistä jättiläisistä, joiden kvartaaliliikevoitto on suurempi kuin kotimaisen alan yhteenlaskettu liikevaihto ja jotka vievät isänmaalta pian rahat, työpaikat, kielen, kulttuurin ja identiteetin; tukiaisille taikka sopiville säännöille löytyy aina joku pätevä perustelu.[21]

Jotkut säännöt sentään pitää olla, tosin meille sopivat säännöt. Sitten Adam Smithin aikojen oikeastaan mikään muu ei ole muuttunut kuin nimilappu: merkantilismin tilalle on vain tullut kaverikapitalismi ja suurkauppiaiden tilalla systeemin pyörittäjiksi pankkiirit tai muut monimiljonäärit. Historian suuntaa ei ehkä sittenkään osoita Yhdysvallat vaan Kiina, tuo komentotalouden ja markkinatalouden kombinaatio, jossa yksi ja sama eliitti on jo pitkään hallinnut kaikkia vallan lähteitä.[22]

Markkinafundamentalismi johtaa väistämättä keinotteluun ja korruptioon reaalimaailmassa, joka ei ole fundamentalistien tavoittelema täydellisen kilpailun taikka täydellisten markkinoiden maailma. Kun suuressa mitassa harjoitettu omien etujen ahne ajaminen vakiintuu normiksi, kaikki omakohtaiset rikastumishankkeet voidaan selittää kapitalismin kiehuvaan pataan lisätyiksi kauhallisiksi.

Koska maallinen pelastus tulee aina vain ahneuden avulla, mikä tahansa likainen liiketoimi on vain väline polkaista vauhtia talouteen, jonka kasvusta hyötyvät kaikki. Etenkin kaikki se, mikä on hyväksi finanssimaailmalle, on lopulta hyväksi koko maailmantaloudelle. Ahneuden pyhittämiseen pyrkivällä opilla on ilmiselvästi vetovoimaa, erityisesti äkkirikkaiden ja rikastumisesta haaveilevien piirissä.[23]

Sillä on silti yllättävän paljon vetovoimaa myös tavallisen torikansan keskuudessa. Tämä vetovoima kansan keskuudessa perustuu tietyllä tavalla marxismin käänteiseen peilikuvaan, joka on yhtä yksinkertainen, idealistinen tai radikaali. Siinä, missä marxistit lupasivat työläisille vapautuksen omistajista ja johtajista, uusi ääriliike lupaa heille vapauden valita.[24]

Esimerkiksi työelämän huonontuminen sosiaalidarvinismiin saakka ei ole ongelma, koska kapitalismin kiistatta tärkein etu on aina tämän tarjoamat taloudelliset vapaudet – kaikille. Kapitalismissa jokaisella on vapaus valita, mitä hän tekee itsellään sekä omaisuudellaan. Taloudellinen vapaus vapauttaa solmimasta itselle huonoja sopimuksia.[25]

Työntekijöiden tai työnantajien taloudellisten vapauksien välillä ei ole mitään ristiriitoja, kunhan työsopimus on solmittu olosuhteissa, joissa vallitsee kilpailutilanne. Kilpailun paineessa kenenkään ei ole pakko työskennellä kenenkään palveluksessa tai palkata ketään tiettyä. Taloudellisen vapauden oloissa on työntekijän oma valinta, työskenteleekö työnantajan palveluksessa vai työllistääkö itse itsensä.

Jopa yksinkertaiset taloudelliset mallit osoittavat kuitenkin, että vain pääoman täysin tasaisen jakautumisen oloissa henkilökohtaiset arvostukset määräisivät sen, kenestä tulee työnantaja tai kenestä työntekijä. Pääoman jakautumisen ollessa epätasaista ne, joilla on pääomaa, päätyvätkin yleensä työnantajiksi – ja päinvastoin – riippumatta siitä, miten juuri nämä ihmiset yksilöinä arvostavat esimerkiksi työn itsenäisyyttä.

Pääomien epätasaisen jakautumisen oloissa työntekijät eivät valitse kohtaloansa siksi, että heillä olisi vähäisempi halu itsenäisyyteen kuin niillä, joiden palvelukseen he ovat menossa. Varallisuuden epätasainen jakautuminen vain kallistaa jo koko pelikenttää siten, että jotkut hyötyvät toisia enemmän ryhtymällä työnantajiksi taikka toiset työntekijöiksi riippumatta siitä, mitä he henkilökohtaisesti pitävät parempana.[26]

Uusklassisen taloustieteen vastaus ongelmaan ovat jälleen finanssimarkkinat: jokainen, joka haluaa työnantajaksi tai yrittäjäksi, voi vapaasti lainata luottomarkkinoilta sen, mitä hän tähän projektiinsa tarvitsee. Kun *oletetaan* luottomarkkinoiden olevan täydelliset se, jolla on hyvä liikeidea, saa siihen kyllä tarpeeksi rahaa. Tämä perustelu kuitenkin olettaa enemmän kuin kapitalismi voi antaa: jopa kilpaillut markkinat vaativat köyhältä korkeamman korvauksen lainasta kuin rikkaalta, riskin takia.[27]

Mitä enemmän maailmassa on epävarmuutta tai epätäydellisyyttä, sitä suurempi tämä ero on. Lisäksi myös silloin, kun kaikki saisivat luottoa samanlaisilla ehdoilla, köyhät maksavat varakkaille velkojilleen oikeudesta itsenäisyyteen, jonka pitäisi taas olla yhtä luovuttamaton kuin äänioikeuden. Tyhjästä aloittavien on kuljettava ylämäkeen myös silloin, kun markkinat ovat täydelliset – ja edessä oleva ylämäki on sitä jyrkempi, mitä epätäydellisemmät markkinat ovat.[28]

Tosiasiat puhuvat puolestansa: ryysyistä noustaan harvoin rikkauksiin. Tavallisesti nämä tarinat ovat myyttejä, joissa on sivuutettu nousukkaan aivan poikkeukselliset lahjat taikka aivan poikkeuksellinen tilaisuus. Yhden myytin mukaan ohjelmistomonopoli Microsoftin perustaja oli matemaattisesti lahjakas nuori, joka jättikin opintonsa kesken perustaakseen tietokoneohjelmia valmistavan pienen yrityksen yhdessä parhaiden ystäviensä kanssa. Tarina on osapuilleen tosi, mutta peittää toisen puolen.[29]

Nörttien nörtin isä oli nimittäin varakas asianajaja, ja äiti taas varakkaan pankkiirin tytär. Vanhemmat havaitsivat heti varhaiskypsän lapsensa levottomuuden tavallisessa koulussa, ja he lähettivät hänet alueensa arvostetuimpaan yksityiseen oppilaitokseen. Vanhempien lahjoitusvaroilla oppilaitokseen hankittiin ensimmäinen tietokone sekä sinne perustettiin tietokonekerho. Tämä ei tänään kuulosta ihmeelliseltä, mutta vuonna 1968 se oli ihmeellistä, koska edes kaikilla korkeakouluilla ei ollut tietokonetta.[30]

Lähes aina myyttien takana väijyykin Matteus-vaikutus: "Jokaiselle, jolla on, annetaan, ja hän on saava yltäkyllin, mutta jolla ei ole, siltä otetaan pois sekin mitä hänellä on." Tunnettu sosiologi on tiivistänyt näihin Matteuksen evankeliumin sanoihin sen niin ikävän tosiseikan, että mahtavia tilaisuuksia menestymiseen tarjoutuu todennäköisimmin niille, jotka menestyvät jo muutenkin.[31]

Erään toisen sosiologin mukaan Amerikassa 1830-luku olikin ainoa olennainen poikkeus siihen pääsääntöön, että liike-elämässä johtohahmot tulevat hyväosaisista perheistä. Uutena pelastusoppinakin esitetty finanssimarkkinoiden vapaus palauttaa väistelemättä tämän pääsäännön voimaan. Markkinafundamentalismi on markkinoinut tämän vapauksien vapauden äärimmäisen taitavasti yleisellä valinnanvapauden idealla. Ilman tuota uskonpuhdistuksesta ei olisi tullut mitään.[32]

Valinnanvapaus on ideana vastustamaton: vain sen avulla myöskin pieni ihminen voi jo nousta kaikkien kollektiivisten ponnistelujen yläpuolelle sekä saada vapauden ilmaista rajattomasti omaa yksilöllisyyttänsä kulutusta koskevilla valinnoillaan. Markkinafundamentalismi on oppinut ratsastamaan jakobiinien jalanjäljissä hyvin taitavasti yksilön omien etujen ajamisen sekä holhouksesta vapauttamisen fantasialla.

Se on oppinut ratsastamaan tuon kanssa niin taitavasti, että kielestä ovat jo surkastumassa käsitteet, jotka kuvaisivat jotakin muuta maailmaa. Siitä haaveilevan ainoaksi toivoksi jääkin, että uusi Jumala osoittautuu epäjumalaksi, joka voi kuolla.[33]

Markkinoiden magiikan ihme

J os jumalainen sekä voittoisa markkinakoneisto vähänkin yskähtelee, joku finanssikapitalismiin kyllästynyt julistaa jo Jumalan kuolemaa. Ajatuskoe Jumalan kuolemasta on tunnetusti peräisin jo Nietzscheltä. Suoraviivaisesti sanoen hän ajatteli, että ihmisen uskomukset tuottavat käytännössä kaiken luonnonlakien ulkopuolisen todellisuuden, myös ajatuksen Jumalasta.[34]

Jumala on olemassa, jos tarpeeksi monet uskovat häneen. Jumalan kuolema tarkoitti Nietzschelle yksinkertaisesti irtautumista tästä uskosta, minkä jälkeen ihminen itse ryhtyy tietoisesti luomaan todellisuutta. Jumalan käsitteestä ei kuitenkaan kokonaan päästä eroon, sillä monien muidenkin filosofien mukaan se on ontologisena eli olemassaolon perusteita koskevana kategoriana välttämätön.[35]

Teokratialla on tarkoitettu jumaluusoppineiden johtamaa Jumalan valtakuntaa maan päällä. Talouden teokratiassa markkinavoimat ovat siirtäneet jumalaiset voimat syrjään, ja ne ovat ottaneet paikan uutena armon lähteenä sekä tuomiopäivän viimeisenä tuomarina. Siinä maailmassa täydelliset markkinat taikka markkinoiden täydellistäminen ovat ainoat visiot, jotka vallanpitäjillä on tarjota.[36]

Siinä maailmassa erityisesti finanssimarkkinat ovat suuri katedraali, jonka pyhyys on vain sen käsittämättömyydessä; se on salattua viisautta, joka on näytetty avoimesti vain valituille, kun taasen muille puhutaan vain vertauksin. Vain salattuun viisauteen vihityt muodostavat talouden todellisen pyhien yhteyden, jumaluusoppineiden joukon, joka johtaa vain heille paljastetun oikean opin nimissä koko kansaa ja valtakuntaa.[37]

Jotkut ovat kutsuneet tätä myös uudeksi *Imperiumiksi*, joka nousee rapistuvien kansallisvaltioiden raunioille. Tämä on kirkkoisä Augustinuksen *De Civitate Dein* maallinen vastinpari siinä mielessä, että myöskin tuo on olemukseltaan transsendentti tai virtuaalinen, tuonpuoleinen tai näkymätön. Se on olemassa vain ihmisten mielissä. Se on silti olemassa; se on olemassa kaikkialla eikä missään.[38]

Se ei rajaudu mihinkään maahan, vaan ihmisten mieliin sekä rahan sähköisiin verkostoihin. Siinä imperialistisen ajan vanhan maailmankartan selkeät värit ovat sulautuneet uuden imperiaalisen ajan sateenkaareksi, jossa taloudelliset, poliittiset tai kulttuuriset ainekset lomittuvat toisiinsa. Siinä oikean opin ytimen pohjalta ohjaillaan joustavilla järjestelyillä monenkirjavia identiteettejä ja monimuotoista kanssakäymistä; myös jumaluusoppineiden joukko on kirjava ja alati muotoaan muuttava.[39]

Talouden teokratia ei ole vain vertauskuva vaan uuden valtakoneistojen verkoston metafyysinen olemus, joka luonteeltaan rajatonta ja jonka valta ulottuu kaikkialle. Sen tavoitteena on vakiinnuttaa vallitseva ihanne ikuisiksi ajoiksi; siinä asiat ovat niin kuin niiden on aina pitänytkin olla.

Siinä talous ja kulttuuri sulautuvat yhteen – ja pääoma kolonialisoi viimeisetkin koskemattomat saarekkeet. Tämä toimii tässä pyrkimyksessään yhteiskunnan kaikilla tasoilla aina sen pohjia myöten ohjaamalla – ei vain käyttäytymistä tai ihmiskäsitystä vaan – itsessään ihmisluontoa; se ei tuota vain uutta maailmanjärjestystä vaan myös kokonaan uuden elämäntavan, joka tietämättään palvelee niitä voimia, jotka sen ovat synnyttäneet.[40]

Se on todeksi tulleen vapaan pääoman maailmanavaruuden filosofinen ilmaus ja ideaalityyppi. Finanssivetoisen turbokapitalismin teologinen perusluonne houkuttelee kerettiläiset ajattelemaan, että myös tuon kaikkivoipainen olemassaolo onkin totta vain, jos riittävän monet uskovat niin. Platonin tarkoittamalla ideoiden taivaalla tähdet sammuvat kuitenkin hyvin, hyvin hitaasti – kuolevaisen kulmasta ei koskaan.

Varsinkin viimeisin finanssikriisi – kuten tosin myös melkein kaikki muutkin kapitalismin lukuisat kriisit – ovatkin houkutelleet harhaoppiset julistamaan Jumalan kuolemaa: kriisi pakottaa pohtimaan uutta, kun käytetyt keinot eivät toimi. He kuitenkin unohtavat talouden taivasten valtakunnan perimmäisen vallan lähteen.[41]

Käytetyt keinot legitimoidaan nimenomaan kriisiin liitetyllä poikkeustilalla, josta on tullut ainoa pysyvä tila – ja samalla mielentila. Tuhatvuotista valtakuntaa ei johdeta päivänpolitiikalla vaan ylihistoriallisilla periaatteilla: juuri aatteet antavat arjen kaaoksen keskellä kamppailevalle yksilölle eheän minäkokemuksen ja maailmanselityksen.[42]

Kaikki kerettiläisten harhaopit puolestaan pohjautuvat kapitalismin sisäiseen ristiriitaan, jonka Karl Marx oli tunnistavinaan: talouskasvun ylläpitäminen edellyttää palkkojen samanaikaista nousua sekä laskua. Palkkojen on noustava, jotta kulutuskysyntää olisi riittävästi. Toisaalta palkkojen on laskettava, koska se parantaa yritysten kannattavuutta sekä kilpailukykyä. Tämän ristiriidan ratkaisemiseksi kapitalismi on aina tarvinnut avukseen halpatuotantomaita, siirtolaisuutta ja tulonsiirtoja.[43]

Ennen muuta yhteiskuntarauhaa on kuitenkin ylläpidetty massiivisella yksityisellä taikka julkisella velkarahoituksella. Kerettiläisten mukaan nimenomaan tämän keinon käyttäminen tuli finanssikriisin myötä mahdottomaksi. Jos yrityksille annetaan valtavia summia tukirahaa, nuo vain kääntävät nämä rahat uusiksi voitoiksi, jolloin julkinen sektori velkaantuu yhä pahemmin. Rahaa ei enää riitä mihinkään, eikä markkinoiden luottamus ehkä koskaan enää palaa entiselleen.

Jopa valtavirran oppienkin mukaan on muutettava ainakin joitakin talouden rakenteita tämän tuhonäkymän torjumiseksi tai edes pahimpien ylilyöntien estämiseksi. Käytännössä tämä tarkoittaisi paratiisisaarien sulkemista, ja markkinoiden valvonnan lisäämistä. Perusristiriita jää kuitenkin ratkaisematta, ja siksi kriisi pakottaa kerettiläisten mukaan pohtimaan myös kokonaan uusia keinoja, kun vanhat eivät toimi.[44]

Kerettiläiset unohtavat jälleen pyhän opin suljetun silmukan luonteen: täydelliset markkinat ovat jo täydellinen järjestelmä, jossa omien etunäkökohtiensa pohjalta viisaita valintoja tekevät yksilöt luovat näiden valintojen sivutuotteena parhaan mahdollisen maailman; ja mikäli vapaassa markkinataloudessa on jotakin vikaa, syyn täytyy olla siinä, että markkinat eivät ole täysin vapaat. Markkinafundamentalismin ratkaisu onkin aina sama: taloustieteen perusasioista on pidettävä entistä tiukemmin kiinni.[45]

Kerettiläiset eivät kerta kaikkiaan ymmärrä, että tämän luonteeltaan teologisen opin ydin on kumoamaton – ja juuri siksi se on talousviisaiden tuhatvuotisen valtakunnan kivikova perustus. Tässä uskossa eläville kriisit ja poikkeustilat vain vahvistavat eliitin mahdollisuuksia runnoa läpi uudistuksia, jotka vievät kohti entistä täydellisempiä markkinoita ja vauraampaa yhteiskuntaa.

Ikuisesti jatkuva kriisi kerta kaikkiaan on harvainvallan välttämätön veruke, joka toimii itsensä toteuttavan ennusteen tavoin. Esimerkiksi tätä kirjoitettaessa onkin jälleen kerran herätetty henkiin erilaisten akronyymien taakse piilotettu läntisten talousblokkien välinen sopimus, joka mahdollistaa kansallisen lainsäädännön sivuuttamisen, kun ylikansallisen pääoman edut sitä vaativat.[46]

Kansa ei tätä sopimusta kannata, mutta mikään muu kuin markkinatalous ei enää kykene tarjoamaan yksilölle yhtä eheää minäkokemusta sekä kiinteää maailmanselitystä. Siksi tämä on voitolla jo kaikissa väittelyissä. Tätä kerettiläiset eivät kerta kaikkiaan käsitä, ja siksi puhe Jumalan kuolemasta on hyvin hätiköityä, ennenaikaista ja jopa täysin turhanpäiväistä.

Asiaa valaisee osaltaan niin sanottu Davosin dilemma. Aikaisemmin ajateltiin, että markkinatalous edellyttää rauhaa tai verrattain vakaita oloja. Koko 2000-luku on kuitenkin ollut yhtä sokkien sekä kriisien sarjaa. Silti taloudessa meni pitkään hyvin. Selitys on siinä, että markkinat ovat mukautuneet jatkuvien sokkien ja kriisien sarjaan siten, että ne ovat oppineet jo ennakoimaan tämän kehityksen. Vakautta onkin nykyisin se, että tilanne on jatkuvasti epävakaa.

Ikävä uutinen Davosin dilemman selitys on niille, jotka ovat toivoneet kriisien johtavan muutoksiin. Suuri enemmistö on ehkä jo menettänyt uskonsa täydellisten markkinoiden mallin tarjoamaan pelastukseen, mutta mitään muutakaan maailmanselitystä eheän minäkokemuksen pohjaksi ei ole enää tarjolla, ei ainakaan järjellisellä puolella.[47]

Neuvottelemiseen ja suostuttelemiseen kyllästynyt kapitalismi julisti sokkiopilla luokkasodan, ja tuo myös voitti sodan – lopullisesti.[48] Itse asiassa kahleeton kapitalismi ennusti tämän voittonsa jo etukäteen. Tämä tapahtui vaiherikkaana vuonna 1989 eräässä Chicagon yliopistossa – totta kai – järjestetyssä herätyskokouksessa.[49]

Sittemmin hyvin tunnetuksi tullut puhuja kertoi kuulijoilleen, ettei reaalisosialismin romahdus johda vain vanhojen poliittisten ideologioiden kuolemaan vaan taloudellisen liberalismin lopulliseen voittoon, jonka jälkeen vapaat markkinat ja vapaat kansat ovat erottamattomia. Markkinoiden magiikan makuun voi päästä vain kerran – sen viimeisen.[50]

52

Talousliberalismin jo lopullisen triumfin jälkeen kenenkään ei ole tarvinnut Ronald Reaganin tavoin rukoilla televisiopuheessa totalitaristisessa pimeydessä elävien kanssaihmistensä puolesta. Edessä ei häämöttänyt vain eri ideologioiden manikealaisen kamppailun loppu, vaan kerrassaan Hegelin ennakoima historian loppu. Tämä tarkoittaa tuhatvuotista valtakuntaa, jossa tosiuskovat hallitsevat yhdessä korkeampien voimien kanssa.[51]

Kirkkoisä Augustinus sijoitti Jumalan valtionsa ennen muuta transsendentin alueelle; sen rauha on ennen muuta sisäistä mielenrauhaa. Myös markkinatalous tarjoaa sisäisen rauhan: markkinoita vastaan on turha taistella, koska markkinat olemme me kaikki; markkinat muodostuvat meidän omista valinnoistamme, joten markkinat ovat oikeastaan demokraattisempia kuin yksikään demokratia. Joka ikinen saakin äänestää valinnoillaan, eivätkä markkinat aseta mitään moraalisia rajoja näille valinnoille.[52]

Historian loppu tarkoittaa raudanlujaa luottamusta tätä koskevaan konsensukseen. Se tarkoittaa samalla kultaista pakkopaitaa vailla poliittisia vaihtoehtoja. Juuri kultaisen pakkopaidan käsitteen kautta markkinafundamentalismi kääntyy markkinapopulismiksi.[53]

Siinä markkinat eivät ole enää vain vaihdannan väline vaan ne ovat myös suostumuksen tuottamisen väline; ne ilmaisevat kansan tahdon tarkemmin kuin yhdetkään vaalit ja huolehtivat pienestä ihmisestä paremmin kuin kukaan poliitikko. Markkinoilla jokainen saa valinnoillaan ajaa omia etujaan, eivätkä mitkään byrokraatit tai portinvartijat voi siihen elitistisessä, moralistisessa ja aina alentuvassa ylemmyydentunnossaan puuttua.[54]

Markkinat ovat kerrassaan koko kansan asialla, eivätkä ne aseta vapaille valinnoille kuin yhden vaatimuksensa: markkinoiden hyväksymisen. Tämän jälkeen markkinat repivät rikki eliittien ylimielisyyden, markkinat vievät vanhalta rahalta rahat, markkinat paljastavat kaikki väärät profeetat, markkinat hajottavat pöhöttyneet hierarkiat tai markkinat murtavat kulttuuriset muurit ja markkinat hyväksyvät kaikki makuarvostelmat.

Sanoma on selvä: markkinat tarjoavat tasavertaisen mahdollisuuden kaikille, koska pohjimmiltaan kansa sekä markkinat ovat yksi ja sama asia. Markkinoiden tahto onkin aina kansan tahto, koska markkinoilla ei tehdä mitään, mitä asiakkaat eivät halua, sillä markkinoilla majesteetti on kansa.

Markkinapopulistinen retoriikka on kuitenkin vain tapa myydä markkina-fundamentalismi kansalle.[55]

Samalla kumpikin kääntyy kätevästi finanssikapitalismin palvelukseen; nämä ovat yhden tai saman kolikon eri kääntöpuolet, jotka vain vahvistavat toinen toisiaan. Kun esimerkiksi Yhdysvalloissa yritettiin kiristää sääntelyä sekä valvontaa orastaneen asuntolainakriisin oloissa, liukaskieliset lobbarit kehottivat ihmisiä kysymään kongressiedustajaltaan, miksi ihmeessä tämä vastustaa amerikkalaista unelmaa omasta kodista.[56]

Yhdysvalloissa havaittiin varhain, että oman kodin omistavat äänestävätkin todennäköisemmin oikeistoa, joka taas tukee markkina-ajattelua. Myös Euroopassa muuan pääministeri visioi, miten hänen maastaan tulisi "omistusasuntojen, varallisuuden ja rikkauden demokratia". Vapaiden valintojen ilosanoman ohella erityisesti omistusasumisen laajentaminen onkin ollut markkinapopulismin toinen tärkeä tukijalka.[57]

Tämä on perusteltu korkeimmalla tasolla näin: "Minun arvioni siis oli, ja on yhä, että asuntojen yksityisomistuksen laajentamisesta koituvat edut olivat hyvinkin väistämättä kasvavien riskien arvoisia. Omistusoikeuden suoja, joka on markkinatalouden olennainen osa, tarvitsee omistajien kriittistä massaa voidakseen saada poliittisen tuen."[58]

Näin lausuu finanssimarkkinoiden "maestroksi" kutsuttu emerituspaavi tunnustuksissaan. Käytännössä markkinatalous edellyttää siten yleisen mielipiteen manipulointia, mikä on onneksi helppoa, kuten profeettojen pergamenteilla on todettu: "Ei ole vaikeaa vieraannuttaa suurta enemmistöä itsenäisestä ajattelusta. Mutta vähemmistö, joka säilyy kriittisenä, on myös saatava hiljaiseksi."[59]

Markkinapopulismia markkinoivat porvaripoliitikot ovat jo aikoja sitten ymmärtäneet, että heillä onkin aina paremmat mahdollisuudet tulla valituiksi, jos he kertovat valitsijoille, mitä nämä haluavat kuulla, eikä sitä mitä he itse ajattelevat. He tutkivat tarkkaan yleistä mielipidettä ja pitävät kohderyhmäkokouksia saadakseen selville, mitä valitsijat haluavat kuulla, ja muokkaavat sitten viestinsä näiden toiveiden mukaan.

Tämän konsulteille ja muille ajatusmyllyille useimmiten ulkoistetun toiminnan tuloksena ehdokkaiden lausuntojen sekä valitsijoiden toiveiden välillä on tietty vastaavuus, mutta silti valitsijat eivät koskaan saa sitä, mitä he toivovat. Niinpä he pettyvät sekä menettävät uskonsa politiikkaan, jossa pyöröovet heiluvat ja joka toimii pelkkänä ponnahduslautana yhä parempiin asemiin.[60]

Tämä asetelma sopii hyvin talouden tosiuskoville, sillä politiikkaan pettyneet ihmiset panevat toivonsa markkinamekanismiin: politiikan epäonnistuminen on vahvin mahdollinen argumentti tuon puolesta, että valta pitää antaa markkinoiden näkymättömälle kädelle. Prosessin päästyä kerran käyntiin, sille on helppo antaa lisää vauhtia.

Markkinat nimittäin vaativat aina verojen alentamista ja sosiaalitukien leikkaamista – hyvinvointivaltion hiljaista tai asteittaista alasajoa, mikä on kansalaisille jälleen kerran yksi lisätodiste politiikan epäonnistumisesta. Markkinafundamentalismi saa poliittisen hyväksynnän juuri arkiajatteluun ujuttautuvan sekä politiikkaa halventavan markkinapopulismin kautta, eikä syytä ja seurausta voi lopulta erottaa toisistaan.[61]

Tämän takaavat poliittisten ajatusmyllyjen ohella suuret kaupalliset viestintävälineet. Näiden tehtävä on välittää tietoa tai tunnelmia, viihdyttää sekä iskostaa ihmisten mieliin arvoja tai uskomuksia, jotka sitovat heidät yhteiskunnan institutionaalisiin rakenteisiin. Tämän tehtävän toteuttaminen on aina edellyttänyt järjestelmällistä propagandaa, joskin moniarvoisuuden ja suvaitsevaisuuden sateenvarjon alla.[62]

Vastoin kuin kommunistisessa keskushallinnossa propagandajärjestelmän toimintaa on paljon vaikeampi tunnistaa silloin, kun viestintävälineet ovat yksityisessä omistuksessa – eikä virallista sensuuria ole. Erityisen vaikeaksi tunnistamisen tekee se, että keskenään kilpailevat viestintävälineet hyökkäävät säännöllisesti yritysten tai valtiovallan väärinkäytöksiä vastaan esiintyen sekä sananvapauden että yleisen edun puolestapuhujina.

Hyökkäykset peittävät näiden rajoittuneisuuden sekä yhteiskunnallisen varallisuuden jakautumisen välisen yhteyden. Tämä yhteys heijastuu monitasoisten ja julkilausumattomien mekanismien kautta joukkoviestinten kiinnostuksen kohteisiin sekä valintoihin. Näitä voi ymmärtää paremmin, jos tuntee ne uutissuodattimet, joiden läpi yksittäisen sanoman on kuljettava päästäkseen ylipäätään esille valtamedioissa.[63]

Ensinnäkin, joukkoviestimet ovat kerrostuneet niin, että viestinnän asialistaa ja kulttuurista kenttää hallitsevat yleisradioyhtiöiden ohella vain muutamat suuret kaupalliset mediat, joita taas johdetaan kuten mitä tahansa osakeyhtiötä tarkoituksena omistajien varallisuuden kartuttaminen voittojen kautta. Toiseksi, nämä suuryhtiöt, kuten pienetkin kaupalliset mediat, ovat suuresti riippuvaisia mainostuloista.

Kolmanneksi, ne tarvitsevat varsin usein myös muiden kaupallisten yhtiöiden, elinkeinoelämän etujärjestöjen ja valtiollisen talouseliitin asiantuntemusta sekä pohjatietoja päivittäisen uutisvirtansa tuottamiseen. Neljänneksi, ne saavat jatkuvasti palautetta toiminnastaan, ja tämän palautteen merkityksen tulkitsijoina toimivat yritysjohtajien tavoin hyvin huolella valitut päätoimittajat ja muut ylimmät portinvartijat.[64]

Kaikki nämä seikat jo sinänsä karsivat osaltaan uutisvirtaa. Ne ovat keskinäisessä vuorovaikutuksessa ja vahvistavat toinen toisiaan: uutisvirran raakamateriaali kulkee perättäisten uutissuodattimien läpi siten, että jäljelle jää vain puhdistettu painokelpoinen aines. Tämä aines taasen vähitellen kivettyy keskustelun tai tulkinnan lähtökohdaksi, joka itse alkaa määritellä eri asioiden uutisarvoa.

Uutissuodattimet muodostuvat yhtäältä paineesta myydä viestintää aina suuremmalle ja suuremmalle asiakasjoukolle sekä toisaalta taloudellisen eliitin tai joukkoviestinten symbioottisesta suhteesta. On ilmiselvää, että nämä paineet ja suhteet sisäistyvät vähitellen erottamattomaksi osaksi viestintäalan organisaatiokulttuuria.

Parhaimmillansa kulttuuriset uutissuodattimet toimivat niin hiljaisesti sekä huomaamattomasti, että yksittäinen toimittaja voi tehdä työtään uskoen omaan ammatilliseen objektiivisuuteensa ilman identiteettiongelmia. Viestintävälineiden eliitti taasen tapaa taikka ennen kaikkea kuuntelee lähinnä samassa asemassa olevia ihmisiä, ja heidän arvonsa ovat paljolti vain heidän sosiaalisen verkostonsa heijastumaa.[65]

Puolustaessaan käsitetaiteen kaikin keinoin sananvapautta yksityiset joukkoviestimet puolustavat sitä vain voidakseen tehdä itse mahdollisimman paljon rahaa tavalla millä hyvänsä. Ne eivät kaupallisen luonteensa vuoksi voi muuta kuin myötäjuoksijoina kirittää kulutuskulttuuria.

Joukkoviestinnän melkoisesta monenkirjavuudesta huolimatta uutissuodattimet kallistavatkin jo kaikessa hiljaisuudessa kaupallisten valtamedioiden määrittelemää viestinnän kulttuurista pelikenttää markkinapopulismin puolelle. Ajatusmyllyt, poliitikot tai pörssiyhtiöt taas ovat oppineet jo ymmärtämään viestintävälineiden myynninedistämisen tai toiminnan tehostamisen tarpeita tarjoilemalla kultaisia omenoita hopeamaljoissa.[66]

Helppous on ajan henki, eikä siihen sovi tutkiva journalismi tai yhteiskuntakritiikki vaan varmat valinnat ja kansansuosikit; pinnallisuus käy kaupaksi kaikkialla. Pelkästään jo pommittamalla kansaa lähinnä vallanpitäjien tulkinnoilla talouden tapahtumista viestintävälineet asettuvat markkinapopulismin palvelukseen ja kirittämään kulutuskulttuuria. Totuus on aina se tulkinta, joka käy hyvin kaupaksi.[67]

Tämä ilosanoma taas on se, että markkinoilla ei tehdä mitään, mitä asiakkaat eivät halua. Siksi ne tuottavat aina vain hyvää, ja yhtiöt ovat ylilyönteineenkin pelkkiä välikappaleita tässä prosessissa. Markkinoiden ansiosta jokainen meistä voikin ostaa ecuadorilaisia banaaneja, matkustaa vaikkapa Malesiaan taikka asioida amerikkalaisessa verkkokaupassa; jokaisella meistä on McDonald's, Microsoft ja Hollywood ulottuvillamme.[68]

Markkinoiden ansiota ei ole vain tavaroiden taikamaailma; markkinoiden ansiosta meille on tarjolla mielettömästi lainarahaa, sähköisiä palveluita ja uusia kommunikaatiokanavia; voimme huvittaa itsemme hengiltä tai uuvuttaa itsemme ranskalaisella filosofialla, miten vain me itse milloinkin haluamme.[69]

Markkinapopulismin ytimessä on kulutuskulttuurin, postpolitiikan ja talousliberalismin timantinkova kolmiyhteys, joka tuottaa talouskasvun ihmeen. Valinnanvapauden ilosanoman, velkaloukun ja asuntomarkkinoiden mikrokapitalismin kautta kaikki onkin pakotettu palvelemaan tätä toteemia, jota huudetaan ja rukoillaan apuun kuin Jumalaa.[70]

Jobin kirjan Jumalasta poiketen tämän luvataan vastaavan ihmisten hätähuutoihin, eikä edistyksen ihme koske vain jo kehittyneitä maita. Myös alikehittyneissä maissa orjuus on paljolti poistunut, nälänhätä vähentynyt, eliniänodote noussut sekä koulutus kehittynyt; tyranniat ovat kaatuneet, elintasoerot kaventuneet ja sosiaalisen liikkuvuuden padot murtuneet.

Kaikki nämä voidaan lukea markkinoiden eli kehittyneen työnjaon ja vaihdannan ansioksi, meille vakuutetaan. Markkinoilla jokainen voi etsiä omaa parastaan ja olla mahdollisesti seuraava Madonna taikka mitä ikinä; omien etujen etsiminen onkin yksinkertaisesti kaiken kehityksen moottori. "Markkinatalous on onnistunut melkein kaikessa", meille vakuutetaan.[71]

Koska markkinat tuottavat aina vain hyvää, markkinoiden arvosteleminen merkitsee kansan tahdon arvostelemista – suorastaan halventamista. Tämä on kaikkien byrokraattien suurin synti.

Kohtalokas ylimieli on juuri heidän perisyntinsä:[72] he eivät ymmärrä markkinoiden salattua viisautta vaan he haluavat estää, kieltää tai rajoittaa eri yksilöiden täysin vapaita valintoja, jotka vain ja ainoastaan varmistavat edistyksen kohti parasta mahdollista maailmaa.

Siksi valtiolla ei tule olla oikeastaan mitään valtaa toimivien markkinoiden yli. Ei ole juuri mitään, mitä markkinat eivät voi tehdä tehokkaammin, koska niiden on yksinkertaisesti pakko, kun vapaat kansat niitä valinnoillaan käskevät; markkinoilla majesteetti on kansa.[73]

Vanhojen pergamenttien perusteella markkinapopulismin käänteispsykologia on tämä: "Ihmiset on saatava siirtämään kuuliaisuutensa vanhoilta jumalilta uusille sillä verukkeella, että uudet jumalat ovat todella sitä, mitä heidän terve vaistonsa on heille aina kertonut mutta minkä he aikaisemmin olivat havainneet vain hämärästi." Vanhat profeetat ovat olleet aina kovin arvoituksellisia ja monisanaisia.[74]

Nykyisin näiden profeettojen pohjustamaa uutta uskontoa, kilpailun ja muiden mätkimisen etiikkaa markkinoidaan täysin avoimesti kaikkialla. Jopa viihdeohjelmat on muutettu arvostelu-, kilpailu- tai kiusaamispelien katkeamattomaksi ketjuksi, johon kansa on ikihyvikseen ihastunut. Koska markkinoilla "majesteetti" on kansa, miljoonat eivät voi olla väärässä. Jos joku väittää muuta, hän on elitisti![75]

Kyse on eloonjäämiskamppailun simuloimisesta, jolla ihmisille iskostetaan alitajuntaan ajatusta kaikkien sodasta kaikkia vastaan. Tämä sota ei kuitenkaan ole mitä tahansa sotaa, vaan se on pyhää sotaa edistyksen puolesta – markkinoiden magiikan puolesta.[76] Tuo jumalallinen markkinoiden magiikka on todella "ihme", joka edellyttää "nöyrää kunnioitusta".[77]

Vain valitut, jotka ymmärtävät talouden näin, muodostavat todellisen pyhien yhteyden; vain heille kapinointi markkinoita vastaan on jo oikeastaan kapinointia Jumalaa vastaan – Jumalaa, joka ei ole lopulta muuta ihmisen objektivoitu kuva itsestään, kuva kansasta.[78]

Tämä Jumala taas ei kuole koskaan. Se, joka vastustaa markkinoita, vastustaa kansaa ja siten myöskin Jumalaa; se, joka vastustaa markkinoita, vastustaa unelmaa paremmasta maailmasta. Jumala *ei* ole kuollut.

Talouden ydintalvi ja jumalaiset voimat

J umala voi kuolla vain, jos se osoittautuu epäjumalaksi. Tähän voi kuitenkin kulua hyvin paljon aikaa. Markkinafundamentalismin looginen lopputulos on finanssikapitalismi. Sen luoma velkaloukku on se kultainen pakkopaita, joka sinetöi oikean opin tuhatvuotisen valtakunnan.

Paradoksaalista kyllä, tunnettu pyramidihuijari on tämän aikakauden toteemi: ikuisesti lisääntyvän rahan ja tyhjästä taiotun varallisuuden toteemi. Tämä aikakausi on alkemistien aikakausi: rahaa tehdään tyhjästä paketoimalla sekä myymällä velat monikymmenkertaisesti – johdannaisina, joilla rahasta johdetaan uutta rahaa.[1]

Johdannaiset ovat virtuaalista rahaa, jota saadaan aina lisää kierrättämällä rahaa mielipuolista vauhtia ympäri maapalloa ja jota on olemassa vain niin kauan kuin sen olemassaoloon sekä ikuiseen kasvuun uskotaan. Ennen viimeisintä finanssikriisiä virtuaalista rahaa pyöri jo johdannaisina ympäri maapalloa tuhansia miljardeja dollareita.

Jos usko ikuiseen kasvuun loppuu, koko korttitalo uhkaa romahtaa. Koska korttitalo taas ei saa romahtaa, valtiovalta tukee tuota markkinoiden luottamukseksi kutsuttua uskoa ikuiseen kasvuun veronmaksajien miljardeilla, jotka kietovat lopulta kaikki kultaiseen pakkopaitaansa: markkinat todella olemme me kaikki.[2]

Ikuisesti lisääntyvän rahan aikakaudella markkinat kiihtyvät kiihtymistään, ja ne liikkuvat taukoamatta digitaalisena pyörremyrskynä ympäri maailmaa, jossa jokainen sekunti kymmenet miljoonat vaihtavat omistajaa. Kyse on virtuaalisesta vedonlyönnistä, joka harppaa hyperavaruuteen jättäen maan ja tavaratuotannon tavallisille kuolevaisille.

Finanssimaailma irtoaa materiaalisesta laajeten digitaalisena spiraalina jo kohti äärettömyyttä; se hylkää kaiken käsin kosketeltavan – tuotannon, tavarat, työpaikat – ja siirtyy operoimaan omassa keinotodellisuudessa loihtien rahasta yhä lisää rahaa, joka edelleen laajenee, leviää tai mutatoituu tuottaen enemmän ja enemmän, miljoonia, biljoonia – fantastiljoonia.[3]

Tämä Roope Ankan ääretöntä omaisuutta mittaava rahayksikkö on ainoa oikea rahayksikkö kuvaamaan virtuaalisen maailman viraalisesti kasvavaa rahaa: käsittämätön ja kuvitteellinen. Tällaisessa maailmassa markkinoiden luottamus on kaikki kaikessa, eikä mikään muu merkitse mitään. Luottamus on uskoa, ja usko tietää luottoa.[4]

Opillisesti pätevin selittämään maailmantaloutta ei ole taloustieteilijä vaan teologi: fantastiljoonat pyörivät puhtaasti uskon varassa, ne ovat rahaksi uskottua uskoteltua rahaa. Tämän vuoksi tarvitaan juuri sitä, mitä eräs teologi on vaatinut uskovilta: *Man muss nur ein absolutes Grundvertrauen haben*, pitää olla absoluuttista perusluottamusta.[5]

Jos tätä luottamusta on, alkukertomukset tulevat todeksi, ja pian mannaa sataa jälleen taivaan täydeltä – joskin pankkien yksityisiin laareihin. Maailman suurimpiin investointipankkeihin kuuluneen Lehman Brothersin konkurssi taasen osoitti, mitä voi tapahtua, kun tuota absoluuttista perusluottamusta ei enää ole.[6]

Monumentaalisen konkurssin myötä avautuneista pankkiholveista levisi hirvittävä löyhkä, jonka aiheutti velkakirjojen kaikkein kelvottomin sedimentti, "myrkkyjäte". Pian kaikki pelkäsivät kuolemaa ja tuomiopäivän pasuunat soivat Wall Streetilla. Vielä samana päivänä Merrill Lynch myytiinkin Bank of Americalle; asuntolainapankit Fannie Mae ja Freddie Mac oli varmuuden vuoksi sosialisoitu jo pari päivää aikaisemmin.

Verenvuodatus muualla maailmassa alkoi vasta vähän myöhemmin, ja yhdessä viikossa tapahtui paljon: nurin menivät muiden muassa Glitnir, Kaupthing, Landsbanki, Halifax Bank of Scotland sekä Yamato Life, pienemmistä puhumattakaan. Sijoittajien paniikki levisikin digitaalisissa verkoissa valon nopeudella kaikkialle maailmaan, koko kansainvälisen talouden katastrofiksi. Tuonti ja vienti supistuivat, tuotanto romahti ja tuhansittain työntekijöiltä potkittiin porteista kohti kilometritehdasta.[7]

Tohtori tuho, moni muu taloustietäjä tai tähtienselittäjä väitti pian varoittaneensa finanssikatastrofeista etukäteen. Kukaan ei kuitenkaan halunnut kuulla mitään varoituksia, sillä pessimisti on ilon sekä pelinsä pilaaja: ikuisesti kasvavan rahan aikakaudella alisuorittajilta katoaa pelikassa perin nopeasti, kun vain ennätysmäiset tuotot ovat tarpeeksi.

Sitä paitsi sijoittajat olivat sentään suojautuneet mahdollista kuplan puhkeamista vastaan. Monet sijoittajista olivat ottaneet vakuutuksia velallisten konkurssin varalta, monet myös voidakseen lyödä vetoa entistä suuremmilla summilla. Pahaksi onneksi vaan vakuutusjätit, jotka olivat myyneet näitä vakuutuksia sijoittaaksensa myyntituotot takaisin finanssimarkkinoille, ajautuivat myös vaikeuksiin.

Esimerkiksi amerikkalainen AIG käytännössä kansallistettiin liittovaltion ostettua ainakin 80 prosenttia sen osakekannasta. Tästä masentuneet AIG:n johtajat vetäytyivät kahdeksan päivän retriittiin ylelliseen kalifornialaiseen kylpylään, jossa paloi yli 300000 dollaria perusjenkiltä vipattua verorahaa. Seuraavana vuonna yhtiö lohdutti masentuneita johtajiaan vielä 175 miljoonan dollarin bonuksilla.

Johtoportaan porsastelu on aina ollut erottamaton osa finanssikapitalismia. Kyse on postmodernista potlatch-rituaalista, jossa muinaiset intiaanipäälliköt jo yrittivät osoittaa mahtiansa taikka nöyryyttää kilpailijoitaan tuhoamalla mahdollisimman paljon maallista omaisuuttaan. Tänään tuota rituaalia ruokkii finanssikasinon virtuaalinen ikiliikkuja, joka ei ymmärrä mitään mittasuhteita eikä tunnusta mitään rajoja.

Omia rajojaan tuo maailmatalouden Minotaurus ei ole vielä koskaan tunnustanut – eikä tunnusta. Juuri tämän vuoksi tunnettu pyramidihuijari on ikuisesti lisääntyvän rahan aikakauden toteemi: hänen rakennelmassaan alemmat kerrokset ehtivät rahoittaa ylempien kerrosten ylenpalttisen elämän ennen sen matematiikan lakien mukaista romahdusta.[8]

Järjestelmän kukistaminen on vaikeata, koska se ei ole – ehkä onnekseen – saanut yhtäänkään valtiota varsinaisesti johdettavakseen missään. Rahavalta on virtuaalinen suurvalta, joka sijaitsee sähköisissä verkoissa ja ihmisten mielissä kaikkialla eikä toisaalta missään. Sitä ei ole koskaan toteutettu täydellisenä missään – ei edes Yhdysvalloissa. Niinpä tosiuskovat eivät olekaan koskaan joutuneet pettymään uskossaan. Juuri tässä kumoutumattomuudessa piilee talouden pyhän opin loputon lumovoima.[9]

Mikään uskonto ei toimi ilman ideaa tuonpuoleisesta. Kaikkia uskovia kuljettaa unelma paratiisista, joka ei ole saavutettavissa tässä elämässä – olkoonpa tämä taivasten valtakunta taikka täydelliset markkinat. Usko tuonpuoleiseen sekä siellä tulevaan palkintoon auttaa kestämään maalliset koettelemukset, vääräuskoisten pilkan sekä joskus jopa väkivallan. Pyhistä pyhimmät tekstit keskittyvät kuvaamaan tuonpuoleista ja tietä sinne; niitä ei voi osoittaa oikeiksi tai vääriksi vaan ne ovat uskon asioita.[10]

Teologian ydintä onkin dogmatiikka, joka tutkii oppia itseään sekä sen pyhiä tekstejä – eikä näiden suhdetta ympäröivään todellisuuteen. Ympäröivässä todellisuudessa on helppo havaita kaikkien yhtiöiden toimivan täydellisten markkinoiden oppia vastaan omaksi edukseen samalla, kun ne muinaisten fariseusten tapaan kuitenkin ylistävät vapaiden markkinoiden ja kilpailun mahtia.[11]

Liiketalouden logiikkaan ei vain kuulu rehti ja kova kilpailu: sen sijaan jokainen yhtiö pyrkii monopoliin tai maltillisemmin markkinajohtajaksi. Tämän aseman tuomat mittakaavaedut, neuvotteluvoima, juristiresurssit, tekijänoikeudet, patentit ja muut ovat välttämättömiä voiton edellytyksiä. Markkinatalouden munkinkammioissa tätä ei tunnisteta, koska markkina-dogmatiikka tutkii omaa oppiaan ja sen pyhiä tekstejä.[12]

Jopa taloustieteessä monet arvostelevat uskonkappaleita purevasti.[13] Mitä vakuuttavammin he osoittavat, että tosielämässä ei toimita niin kuin teoreettiset mallit olettavat, sitä itsepintaisemmin ortodoksit inttävät, että vika on aina käytännössä eikä teoriassa ja että tulee vain pyrkiä kohti entistä täydellisempää maailmaa; oppikirjat ja opinkappaleet pysyvät ennallaan, ja ajatusmyllyt jauhavat aina vain uutta uskontunnustusta.[14]

Markkinafundamentalismi on myös sikäli hankala oppijärjestelmä kenenkään kritisoitavaksi, ettei sitä kannata kukaan julkisesti eikä se koskaan voita vaaleja virallisesti. Poliittinen kääntymys tapahtuu aina kaikessa hiljaisuudessa vaalien jälkeen, eivätkä pankkiirit pahemmin soita kirkonkelloja rahamaailman pyhätöissään. Tästä uskosta ei edes tarvitse olla tietoinen; on melkeinpä parempi, jos ei ole.[15]

Se on kärsivällisellä käännytystyöllä luotu mielentila, jonka ansiosta eliitti ymmärtää oikean opin hiljaa sisimmässään ja jättää talouden tämän osaajille, kuten hengelliset asiat jätetään kirkolle. Nämä taas upottavat pyhä opin ytimen niin syvälle matematiikan kieleen sekä monimutkaiseen ammattitermistöön, ettei se avaudu muille enempää kuin munkkilatina.[16]

Talouden teokratiassa pyhä oppi on kuitenkin yhtä yksinkertainen kuin rakkauden kaksoiskäskyssä tiivistyvä kristillinen oppi: *sacra doctrina* onkin siellä nimenomaan finanssimarkkinoiden täydellinen vapaus. Tämän opin ytimessä ei ole mitään monimutkaista tai mitään uutta: pääoma on pantava poikimaan. Tämä tapahtuu yksinkertaisesti niin, että ne, joilla on pääomaa, antavat sitä lainaksi niille, joilla ei ole pääomaa.

Finanssimarkkinoiden ytimessä on aina ollut velka sekä velkavipu. Ensimmäinen pankki perustettiin noin neljäsataa vuotta sitten. Kului kuitenkin kymmeniäkin vuosia ennen kuin Ruotsissa Riksbanket oivalsi, että pankki voi jakaa luottoa ainakin kaksi tai kolme kertaa sen hallussa olevan kultavarannon verran, koska kaikki asiakkaat eivät kuitenkaan tule hakemaan kultaansa samaan aikaan.

Tätä tarkoittaa velkavipu. Velkavipu on ainoa merkittävä keksintö, joka finanssimarkkinoilla on koskaan tehty. Kaikki nykyiset sijoitustuotteet ovat tavalla tai toisella tämän innovaation johdannaisia, kirjaimellisesti; mittakaava on vain nykyisin mielipuolinen, mutta väline on ytimeltään edelleen sama.[17]

Jo tavallisen pankkitalletuksen velkavipu on melkoinen: noin kympin talletusta vastaan pankki voi jo jakaa suunnilleen satasen luottoa. Jos pankki maksaa talletuksista kolme ja perii lainoista kuusi prosenttia korkoa, pelikassa vain kasvaa. Toisaalta myös tämä kasvanut pelikassa pitäisi sijoittaa johonkin kohtuullisella riskillä. Juuri tähän saumaan iskikin investointipankki Salomon Brothers markkinoiden magiikan alkuhämärissä.

Sen liikeidea oli neronleimaus: "tavallinen pankki" myy omat luottonsa eteenpäin investointipankille, joka kokoaa luotoista aivan uuden arvopaperin – eli johdannaisen. Näin alkuperäinen pankki vapautuu luottoriskistä, joka siirtyy jonnekin kauas johdannaismarkkinoille. Pankeista tuli pian portsareiden sijasta sisäänheittäjiä, jotka alkoivat haalia kaikin keinoin uusia velallisia etenkin asuntomarkkinoilta.[18]

Tuloja tai takauksia ei juuri tarvinnut kysellä, koska riskit myytiin eteenpäin investointipankeille, jotka taas saivat silkasta luomisen riemusta kehitellä kummallisin kirjainyhdistelmin nimettyjä johdannaistuotteita. Ideana olikin, että paketoimalla luotot suureen nippuun sekunda hukkuu priiman sekaan, eikä kukaan huomaa mitään. Sekunda ei hukkunut priiman sekaan, ja myrkkyjätettä oli pian kaikki virtuaaliset varastot täynnä.[19]

Markkinoiden jano johdannaisille oli kuitenkin kyltymätön. Niinpä investointipankit ryhtyivät kehittämään niin sanottuja synteettisiä johdannaisia: mallintamalla monimutkaisilla ohjelmilla tuhansia uusia markkinainstrumentteja ja näiden käyttäytymistä luotiin keinotekoinen uusi kokonaisuus, jonka pohjaksi ei tarvittu enää asuntoluottoja lainkaan.

Synteettiset johdannaiset olivat virtuaalista rahaa, jota luotiin kirjaimellisesti tyhjästä. Tätä rahaa luotiinkin pilkkomalla yksi ja sama omaisuuserä johdannaisiksi ja ketjuttamalla näitä johdannaisten johdannaisiksi niin, että sama omaisuuserä omistetaan moneen kertaan.[20]

Pitkissä omistusketjuissa alkuperäisen omaisuuden arvo pilkkoutuu niin minimaalisiin osiin, ettei ketjujen loppupäähän jää oikeastaan mitään omistettavaa. Siksi synteettisillä johdannaisilla on vain kuvitteellinen arvo. Tämän vuoksi virtuaalista rahaa voitiin luoda biljoonakaupalla. Oman aikansa virtuaalinen raha tai velka toimivatkin talouskasvun katalysaattoreina, kunnes kiinailmiö uhkasi sulattaa koko systeemin kasaan.[21]

Jos joku maallikko erehtyy kysymään, mitä hyötyä on siitä, että tuhannet pelurit ympäri maailman istuvat päivät, illat ja yöt lyömässä vetoa korkojen tai kurssien abstrakteista liikkeistä, hänelle vastataan kuin Vatikaanista: "Se lisää likviditeettiä!" Siispä mitä hurjempaa vauhtia raha pyörii ympäri maapalloa, sitä paremmin rahoitus toimii sekä sitä halvempaa rahakauppa on. Raha taas ei pyöri hurjaa vauhtia, jos kaikki pitävät arvopapereitaan piironginlaatikossa entisten aikojen malliin.[22]

Siksi niin sanottu lyhyeksi myynti on olennainen osa johdannaiskauppaa. Siinä kuningasajatus on tehdä rahaa myös jo laskevilla kursseilla: jos on vakuuttunut siitä, että tietyn yhtiön kurssi laskee, voi lainata yhtiön arvopaperin ja myydä sen saman tien korkeaan kurssiin. Kun kurssi sitten on laskenut, voi oikeasti ostaa arvopaperin ja palauttaa sen alkuperäiselle lainaajalle – ja kääriä voitot välistä.[23]

Lyhyeksi myyjät etsivät siten toisten epäonnea, jonka löydettyään he antavat sille lisää vauhtia parhaassa tapauksessa konkurssiin saakka; he ovat veren haistavia kapitalismin hyeenoja, jotka tuomitaan moralistisin äänenpainoin; heitä esimerkiksi presidentti Herbert Hoover syytti vuoden 1929 suuresta pörssiromahduksesta.[24]

Lyhyeksi myynti olikin pitkään kielletty julkisilta sijoitusrahastoilta. Kielto osoittautui kuitenkin vieläkin pahemmaksi katastrofiksi. Tämän kiertämiseksi perustettiin viranomaisten valvomattomille paratiisisaarille niin sanottuja suojarahastoja, joiden tarkoituksena on tuottaa teoriassa kaikissa olosuhteissa, myös laskukaudella. Siksi ne suoltavat volatiliteettiarbitraasia tai muuta keinotekoista terminologiaa riskien peitteeksi.[25]

Näiden rahastojen, kuten johdannaisten yleensäkin, käyttöä rajoitti pitkään näiden hinnoittelun valtava vaivalloisuus, ja jopa matemaatikoille oli ylivoimaista ottaa huomioon kaikkien mahdollisten tekijöiden keskinäiset vaikutukset. Kaikki muuttui, kun pari neropattia julkaisi kuuluisan kaavansa johdannaisten hinnoitteluun. Siitä myös suojarahastot saivat tarvitsemansa lopullisen sysäyksen yhdistämällä äärimmäisen monimutkaisen matematiikan ja raa'an markkinavoiman.[26]

Näiden liikeideana on rahastaa markkinoiden mikroskooppinenkin muutos valtavalla sijoituspanoksella. Tällainen strategia on täysin järkiperäinen tai kylmän ultramoderni kuten ydinvoimalaitos, jonka systeemissä mikään ei saa mennä pieleen. Kun kaavat ovat oikeita, ja mammonat on hajautettu sadoille markkinoille tai tuhansiin sijoituskohteisiin, mikään ei voi mennä pieleen. Paitsi että kaikki menee pieleen, sillä suurin uhka tässä aukottomassa systeemissä on ihminen.[27]

Tehokkaiden markkinoiden teorian mukaan kaikilla markkinaosapuolilla on käytettävissään yhdenvertainen tieto, jota on sähköisessä maailmassa saatavilla melkein rajattomasti. Kun rationaaliset markkinatoimijat soveltavat kaikkea tuota tietoansa sijoituksiinsa, muodostuu määritelmällisesti aina oikea hinta, markkinahinta. Kaikki tämä perustuu ajatukseen taloudellisista lainalaisuuksista. Paradoksi on, että luonnontiedettä ihaileva taloustiede on täysin tietämätön tieteen viimeisimmistä virtauksista.[28]

Niinkin hiljattain kuin 1700-luvulla Immanuel Kant esittikin, että ymmärrys ei ammenna lakejaan luonnosta vaan asettaa ne sinne.[29] 1930-luvulla kuuluisat kvanttifyysikot vakuuttivat, että havaitsevaa subjektia ei voida ilman ongelmia erottaa havainto-objektista. Sodan jälkeen silvottiin jo kappaleiksi idea objektiivisesta yhteiskuntatutkimuksesta, johon tutkijan arvot, ennakkokäsitykset tai intressit eivät mitenkään vaikuta.[30]

Taloustieteelle tätä ajatusta on vuosikausia kaupannut muuan miljardööri, joka avoimesti myöntää ansainneensa miljardinsa hyödyntämällä sitä, etteivät markkinat toimi kuten teorioissa, vaan virheellisten oletusten sekä odotusten pohjalta: markkinat eivät toimi vain tosiseikkojen valossa, vaan vaikuttavat jatkuvasti ja merkittävästi itse itseensä.

Miljardööri sanoo tätä refleksiivisyydeksi eli heijastusvaikutukseksi: ostajat, myyjät, välittäjät tai analyytikot vaikuttavat toinen toisiinsa, toistensa odotuksiin sekä arvostuksiin. Tämä heijastusvaikutus tai peiliefekti muokkaa talouden pelikenttää, joka muuttuu koko ajan. Tämä osapuolten toinen toistensa tarkkailu ei siis perustu pelkkään järkeen vaan psykologisiin vaikutelmiin, jotka lietsovat vuoroin hurmosta, vuoroin paniikkia.[31]

Jos jääräpäisesti uskotaan, että finanssimarkkinat korjaavat itseänsä, sekä nousut että laskut jyrkkenevät entisestään. Kuplat saavatkin paisua aina siihen saakka, kunnes tuomiopäivän pasuunat soivat, ja vihattu valtio veronmaksajineen kutsutaan taas kerran kapitalismia pelastamaan.

Talousviisaiden valiojoukko tyrmääkin miljardöörin vähintään yhtä kiivaasti kuin Keynesin. Professoreiden pilkkaaman miljardöörin lohtuna on tehdä omalla teoriallaan rahaa – paljon rahaa. Orastanut finanssikriisi kannusti hänet palaamaan pelipöytään sekä lyömään vetoa amerikkalaisia osakkeita, obligaatioita sekä dollaria vastaan. Hän voitti vedossa häikäisevät 2,9 miljardia dollaria – Wall Streetin valopäiden selkänahoista. "Tämä on tavallaan elämäntyöni huipentuma", hän hekumoi.[32]

Mitä ikinä tapahtuu, tämän ajan todelliset jumaluusoppineet jatkavat kerran valitsemallaan tiellä. Niinpä Nobelin palkinto annettiin myös miehelle, joka vei taloustieteen suljetun silmukan loogiseen loppuun. Hänen mukaansa markkinahinnoissa heijastuu kaikki, mikä tiedetään tai mitä on tiedettävissä, joten sijoittajien ei kannata yrittää voittaa markkinoita vaan seurata suosiolla pörssi-indeksiä.[33]

Silti jokainen sijoitusstrategia maailmassa perustuu täysin päinvastaiseen oletukseen; juuri sijoittajat ovatkin pahimmanlaatuisia juorukelloja, jotka tiristävät kullankallista sisäpiirin tietoa, milloin äänenpainoista, milloin rivien välistä ja milloin pitkiltä lounailta. Virallisesti kaikki haluavat katkoa markkinahuhuilta siivet samalla, kun kaikki puhuvat kaikkialla tai kaiken aikaa kursseja omaksi edukseen.

Sisäpiirin pienetkin vihjeet tai kuiskaukset liikuttavat neuroottisia, vainoharhaisia sekä alati epäluuloisia rahakauppiaita. Kun digitaaliset miljoonat sinkoilevat eri suuntiin joka sekunti, rentoutua ei voi edes silmänräpäyksen ajaksi; todelliset päätökset on tehtävä sekunneissa selkäytimestä, ja sijoittajat – jos jotkut – käyttävät työssään tunneälyä.[34]

Juuri tämän erikoisen tunneälynsä takia sijoittaja on selvästi joukkosielu, joka kykenee kadottamaan todellisuudentajunsa kokonaan. Esimerkiksi johdannaisista ei jo ylipäätänsä voinut saada mitään pätevää markkinainformaatiota, koska nuo kaupat tehtiin suurimmaksi osaksi niin sanotusti tiskin yli kahden osapuolen välisinä kauppoina.

Myöskään mitkään volatiliteettiarbitraasit eivät estäneet riskirahastoja haalimasta mielipuolista määrää myrkkyjätettä eli korkeimman riskiluokituksen johdannaispapereita. Syy oli yksinkertaisesti se, että korkean riskin korvauksena maksetut voitot sai lunastaa heti, ja myöhemmät tappiot voi jättää muiden maksettavaksi.[35]

Riskirahastot toki tajusivat sisäänvyöryvään myrkkyjätteeseen liittyvän valtavan kuolemanvaaran. Vaaraa vastaan olikin otettava vakuutuksia, joiden antajat taas sijoittivat myyntituottonsa – takaisin johdannaismarkkinoille. Pian riskirahastot puolestansa ryhtyivät lyömään uusia vetoja ostamalla sekä myymällä itse näitä vakuutuksia.

Riskirahastot jo kaksinkertaistivat oman kuolemanvaaransa ostamalla ja myymällä myös itse niitä vakuutuksia, jotka oli alun perin luotu näiden omiin holveihin kertyneelle myrkkyjätteelle. Lopulta riskirahastot omistivat ainakin kolmanneksen kaikista johdannaisista taikka puolet näiden riskien eliminoimiseksi tarkoitetuista vakuutuksista.[36]

Kaikki kuvittelivat olevansa vakuutettuja, vaikka kenelläkään ei ollut niitä kosmisia rahasummia, eikä ollut mitään vastuuseen vedettävää vastapuolta. Riskit saivat kuitenkin kasvaa kasvamistaan, koska jättimäiset voitot voi kuitata välittömästi. Riskirahastot myivät katkeraan loppuunsa saakka vakuutuksia kaikkein epätoivoisimmillekin johdannaisjärjestelyille.[37]

Johdannaisia ja varsinkin synteettisiä johdannaisia on verrattu vety-pommeihin, koska kukaan ei täysin tiedä, miten ne toimivat käytännössä. Paljon mitään sääntelyä ei ollut, ja kaikki vähäinenkin valvonta kierrettiin kylmäverisesti. Kauppaa käytiin pääosin paratiisisaarille rekisteröityjen rahastojen kautta tai kahden osapuolen välisinä kauppoina.

Nykyisin tiedetään jo paljon siitä, miten nämä pommit laukeavat: esimerkiksi lyhyeksi myyntiä harjoittavat niin sanotut suojarahastot ajavat vaikeuksiin aina seuraavaksi huonoimman yhtiön kampitettuaan kumoon ensin kaikkein huonoimman. Johdannaiset ja johdannaisten johdannaiset todella ovat talouden massatuhoaseita, kuten joku on ne nimennyt.[38]

Näitä ei käytetty vain taloudellisen väkivallan kauneuteen liittyvistä taiteellisista syistä. Talouden ydintalven uhalla pelaaminen oli virtuaalisen kasinon peliammattilaisille äärimmäisen tuottoisaa; taitavimmat tienasivat jopa miljardeja. Tässä pankkiirin taivaassa moni riskirahasto oli välillisesti vain monimutkainen pyramidihuijaus.[39]

Kahdenkeskisten sopimusten vuoksi kukaan ei voinut tietää, kenelle myrkkyjäte päätyy tai ketkä jättitappiot joutuvat joskus maksamaan, kun kuvitteellisen rahan virtuaalinen pyramidi matematiikan lakien mukaisesti joskus luhistuu. Epäluulo alkoi levitä markkinoille, ja sen perässä tuli suoranainen pelko ja paniikki.

Vain niitä talouden tosiuskovat pelkäävät: kun ne leviävät joukkomittaan, mitään ei ole enää tehtävissä. Siksi he saarnaavat hyvin hartaasti markkinoiden luottamuksesta, ja siksi dollarin setelissä lukee edelleen: *In God We Trust,* siis Jumalaan me luotamme. Finanssimarkkinoilla kyse on aina uskonasioista, ja pankit täytyykin pelastaa ennen pelkoa tai paniikkia. Käytännössä keinotteluraha on korvattava veronmaksajien rahalla.[40]

Jos verovaroilla pelastetaan itsensä henkihieveriin keinotelleet pankit, seurauksena onkin väistämättä moraalikato: katumusharjoituksien jälkeen kasinopeli pannaan kohta uudelleen käyntiin, kun julkisuuden janoamat uhrit on uhrattu. Mikään ei palvele tätä tarkoitusperää paremmin kuin se, että pankeista on tehty jo liian suuria kaatumaan; mikään ei palvellut tätä paremmin kuin Lehman Brothersin uhraaminen – uhri kuin Ilmestyskirjan verinen karitsa, jota ei enää koskaan haluta tai voida uhrata.

Siksi pankit voivat vaatia mitä vain; siksi pankit myös saavat mitä vain. Paloittelemalla, paketoimalla tai ketjuttamalla riskit pankit onnistuivat verkottamaan samaan kohtalonyhteyteen kaikki maailman pankit, valtiot tai veronmaksajat. Sotkussa pelivoitot päätyvät aina ammattipelurille, ja pelivelat kuittaa veronmaksaja. Jos koko järjestelmä toimii näin, banksterit erottaakin gangstereista parhaiten kuuluisan kirjailijan kysymys: mitä onkaan pankin ryöstäminen verrattuna pankin perustamiseen?[41]

Moraalikatoon sairastunut systeemi suorastaan kannustaa ottamaan kuolemanriskejä. Hyvä uutinen on, että systeemin suurin ongelma tunnetaan; huono uutinen onkin, että ongelmat ovat systeemisiä; vieläkin huonompi uutinen on, että systeemi uhkaa jäädä voimaan, ehkä aina tuomiopäivään saakka.[42]

Tämän turvaa jokseenkin järkkymätön usko jumalaisiin markkinavoimiin ja näiden kykyihin korjata omat puutteensa. *Täydellisillä* markkinoilla hintamekanismi on kuin taivaallinen kellopeli, joka kykenee mihin tahansa. Epätäydellisessä maailmassa tuon tulokset on tosin nähty jo moneen kertaan. Puuttumattomuus on kuitenkin olennainen palanen pyhää oppia, jonka peitetarina on lähinnä näennäinen puuttuminen.[43]

Tähän pyhän opin olennaisimpaan osaan perustuu pyhä viha Keynesiä kohtaan – miestä, joka yritti perustella, miksi kuuma keinotteluraha on pantava rautoihin, jotta kapitalismi voi muutoin olla vapaata. Viha on niin pyhää, että Milton Friedman kutsui Richard Nixonia "Yhdysvaltojen 1900-luvun sosialistisimmaksi presidentiksi", kun tämä oli mennyt myöntämään, että "me olemme kaikki nyt keynesiläisiä".[44]

Pyhän vihan vuoksi finanssimarkkinoihin puuttuminen on epäkiitollista puuhailua toisarvoisten kysymysten parissa. Lisäksi suuri osa virtuaalisesta finanssikasinosta sijaitsee puuttumisen ulottumattomissa paratiisisaarille perustetuissa sähköisissä verkostoissa, käytännössä kaikkialla taikka toisaalta ei missään; kapitalismi onkin järjestelmä, jota ei hallitse kukaan, ei edes itse kapitalisti, Karl Marx huomautti.[45]

Marxin ennustus kävi varsin nopeasti toteen: kapitalismista todella tuli suuri taikurimestari, joka ei enää itsekään kyennyt hallitsemaan esille manaamiaan voimia. Keynes ymmärsi kapitalististen finanssimarkkinoiden kansainvälistyneen niin voimakkaasti, että näiden sääntely kansallisvaltioiden tasolla on melkein mahdotonta, koska nämä ovat ylikansallinen sekä tietyllä tavalla virtuaalinen verkko.[46]

Tehokkaan talouden sääntelyn olisi siksi aina oltava ylikansallista. Erityisesti haaste koskee rahan liikkeitä. Keynes halusi luoda tarkoitukseen Kansainvälisen valuuttarahaston, ja sen perustamisen taustalla oli havainto siitä, että markkinat eivät todellisuudessa toimi täydellisesti. Siksi nämä aiheuttavat myös ongelmia; siksi taloudellinen vakaus edellyttää kollektiivista sääntelyä kansainvälisellä tasolla.[47]

Kansainvälinen valuuttarahasto on kuitenkin muuttunut paljon perustamisensa jälkeen: nykyisin se puolustaa vapaita maailmanmarkkinoita suurella paatoksella. Dramaattisin muutos tapahtui Ronald Reaganin kaudella. Tuolloin Yhdysvallat käytännössä jo kaappasi vallan valuuttarahastossa. Tämän jälkeen tehty valuuttarahaston mandaatin muutos oli hiljainen mutta vähemmän hienostunut: maailmantalouden etujen palvelemisesta siirryttiin finanssimaailman etujen palvelemiseen.[48]

Saman hallinnollisen hegemonian alle alistettiin myöhemmin myös Maailmanpankki sekä Maailman kauppajärjestö. Nämä kolme taas verkostoituivat tärkeimpien maiden talousministeriöiden sekä finanssimaailman valtakeskusten kanssa virtuaaliseksi hallintokoneistoksi. Sen enemmän tai vähemmän salaisiin päätöksiin niillä, joihin päätökset jo vaikuttavat, ei ole juuri mitään sananvaltaa. Näistä kolmesta kehittyi vuosien varrella markkinafundamentalismin tärkeimmät lähetyssaarnaajainstituutiot.[49]

Tämän roolin takia päätöksentekoa näissä ei ohjaa taloustiede, eikä edes politiikka. Pikemminkin päätökset pohjautuvat sekoitukseen huonoa taloustiedettä sekä markkinapopulistista politiikkaa – dogmeihin, jotka usein vain vaivoin verhoilevat vaikutusvaltaisten eliittiryhmien edut. Siksi näille instituutioille on vain yksi vaihtoehto: amerikkalaistyylisen finanssikapitalismin riemuvoiton hyväksyminen – edistyksenä. Nämä instituutiot käyttäytyvät tässä uskossaan kuin ne olisivat erehtymättömiä.[50]

Usko on niin vahva, että dogmien testaamiseen ei ole tarvetta; uskon kanssa ristiriidassa olevat tosiseikat voidaankin hylätä jo summittaisesti vain markkinoiden epätäydellisyydestä johtuvina anomalioina. Ne korjaantuvat itsestään aina sitä varmemmin, mitä vapaampia ja täydellisempiä markkinat ovat; uudistukset pitää vain viedä tarpeeksi pitkälle. Usko onkin niin vahva, että se suorastaan pakottaa painostamaan muutkin siihen.[51]

Uskonkappaleiden mukaan on itsestään selvää, että pääomamarkkinoiden vapauttaminen vauhdittaa talouskasvua ja tätä kautta yleistä etua. Epävakaus on vain osa väistämätöntä kipuilua tiellä todelliseen markkinatalouteen, jonka määrittelevä osa on juuri finanssimarkkinoiden täydellinen vapaus. Finanssikriisi pakotti puhumaan "kansainvälisen rahoitusarkkitehtuurin uudistamisesta". Tuon mahtipontisen termin takana oli kuitenkin vain näytös, jossa nimissä *status quo* haluttiin todellisuudessa säilyttää.[52]

Finanssimaailma on verkostoitunut kansainvälisiin instituutioihin, ja varsinkin Yhdysvaltain keskushallintoon, jopa niin tehokkaasti, että finanssimarkkinoiden massiivinen pelastusoperaatio tuotti väistämättä vain lisää rahaa pyramidihuijareiden taskuihin, ja vaikka valtio ostikin enemmistöosuuden monista yhtiöistä, tätä ei silti saanut kutsua "kansallistamiseksi". Perusasetelma oli sama myös muissa maissa, mittakaava vain vaihteli.

Markkinafundamentalismi elää yhä päättäjien sieluissa, ja finanssikapitalismin kuolemansynnit rehottavat edelleen aivan kuin ennen kriisiä. Finanssikasino käynnistettiin heti uudelleen valtiollisella velkarahalla. Myös tämä on vain uutta virtuaalista velkarahaa, joka on lainattu tulevaisuudelta. Olennainen kysymys onkin, miten ja kenen hyväksi se käytetään.[53]

Optimismiin ei ole erityistä aihetta. Kriisin jälkeen finanssimaailma on vain lisännyt valtaansa: se onnistui ajamaan itsensä niin heikkoon happeen, että se voi kiristää poliittisia päättäjiä melkein mielin määrin. Poliittisista päättäjistä on tullut rahavallan panttivankeja, ja jopa valtio on opetettu käyttämään velkavipua. Yhdysvalloissa valtio on paikannut moraalikatoa vielä massiivisemmalla moraalikadolla, vaikka pahimpia porsaanreikiä on tukittu, ja joitakin on jo avattukin jälleen.[54]

Euroopan Unionille ratkaisuksi riittää puolestaan byrokratia: lisätään valvontakomissioita, ristikkäisiä ja päällekkäisiä toimielimiä sekä lakeja ja sääntöjä; perustetaan pankkiunioni, kiristään pääomavaatimuksia ja edellytetään niin kutsuttuja keskitettyjä vastapuolia. Itse pyhään oppiin ei halua puuttua kukaan, ja rahavalta ostaa helposti itselleen lisäaikaa.[55]

Veronmaksajia finanssijärjestelmän pelastamisesta palkitaan toiseen tai kolmanteen polveen ulottuvalla velkavankeudella. Irvokasta onkin, että iloinen markkinahumu on osittain jo palannut pankkisaleihin samalla, kun muu maailma tuottaa tavaroita nälkäpalkalla sekä alati heikkenevissä työoloissa. Kaikki alkaa olla kuin kapitalismin kultaisella kaudella. Silloin rahan ansaitsemisella ei ollut turhia rajoja ja rahamyllyt pyörivät.[56]

Ihminen onkin aina ajatellut, että hänellä on Jumala ja kaikkea tarpeeksi, kunhan hänellä on rahaa tai omaisuutta; hän luottaa siihen täysin ja rehentelee sillä niin itsevarmana, ettei piittaa kenestäkään muusta yhtään mitään. Jumala hänellä onkin, nimeltään Mammona. Sille hän uskoo koko sydämensä, ja se onkin maailman yleisin epäjumala.

Se, jolla on jo rahaa ja omaisuutta, tuntee olevansa turvassa; hän on iloinen ja peloton aivan kuin istuisi keskellä paratiisia. Toisaalta se, joka ei omista mitään, epäilee ja vaipuu epätoivoon aivan kuin ei tietäisi Jumalasta mitään. Vain vähän on niitä, jotka myös mitään omistamatta ovat hyvällä mielin eivätkä sure tai valita. "Tämmöinen on ihmisluonto hautaan asti", muuan uskonpuhdistaja ennusti satoja vuosia sitten.[57]

Paratiisisaarten panttivangit

Kaikki uskonnolliset opit sisältävät aina ajatuksen paratiisista. Markkinafundamentalismin paratiisi on paikka, jossa on mahdollista ansaita entistä enemmän entistä pienemmällä riskillä, sen omien oppien tai lainalaisuuksien vastaisesti; se onkin paikka, jossa finanssimarkkinoiden ei tarvitse alistua siihen, että voitto on vain palkkio riskin ottamisesta ja että voitot ja riskit kasvavat väistämättä yhdessä.[1]

Finanssimarkkinoiden paratiisi on lupaus yhä suuremmista voitoista entisillä riskeillä tai yhtä suurista voitoista aikaisempaa pienemmillä riskeillä. Usko tähän ihmeeseen edellyttää raudanlujaa luottamusta, teräksestä tehtyjä hermoja ja joukkoa profetioita, jotka julistavatkin maailman muuttuneen niin, etteivät entiset lainalaisuudet enää päde.

Profeetat puhuvat taukoamatta yhä uusista innovaatioista: nousun huumassa paradigmaattisen murroksen kerrotaan aina tulleen tänne, ikuisesti kasvavan rahan tuhatvuotisen valtakunnan saapuneen. Palkkiot ja pelivoitot ovatkin finanssimaailmassa aivan toista luokkaa kuin reaalitaloudessa. Siksi tällä epänormaalin kannattavuuden saarekkeella on niin paljon kuhinaa, pyrkyreitä, pyramidihuijareita sekä muita siipeilijöitä.[2]

Finanssimarkkinoilla toteutuu kapitalismin kaikkein suurin lupaus: voittoa voi saada ilman todellista pääoman hyödyntämiseen liittyvää vaivaa. Silti voitot ovat siellä jo lähes vertailukelvottoman korkeita tuotannollisessa toiminnassa suurella työllä ja tuskalla saavutettuihin kannattavuustasoihin nähden. Niinpä finanssisektorista on tullut turbokapitalismin magneettinen pohjoisnapa, jonka vetovoima on vastustamaton.

Velkavipujen avulla pääoman tuottoasteet voidaan helposti moninkertaistaa – ja johdannaismarkkinoilla jopa satakertaistaa. Houkutus on vastustamaton, ja finanssimarkkinoilla korkea tuotto tarkoittaa vieläkin korkeampaa tuottoa; voitonhimoa ei voi tyydyttää kuten muita tarpeita – pikemminkin päinvastoin. Finanssimarkkinoilla voitosta muodostuu vain välietappi ja vertailukohta, jonka yli on päästävä yhä uudelleen.[3]

Tuotannollisessa toiminnassa tunnustetaan yleisesti, kuinka vaikeaa on ansaita keskimääräistä korkeampaa tuottoa. Finanssimarkkinoilla velkavipu lukuisine muunnelmineen mahdollistaa moninkertaiset tuotot, jos vain vedonlyönti riskikertoimilla onnistuu. Periaatteessa tuoton on vain oltava korkoa korkeampi, jotta vipu toimii – ja kasvavilla markkinoilla se toimii melkeinpä aina.

Laskevilla markkinoilla vipuvaikutus tosin valitettavasti moninkertaistaa myöskin tappiot. Niiden varalle on erilaisia suojauksia, jotka kuitenkin vain siirtävät riskin ensin yhdeltä toimijalta toiselle, sitten koko systeemiin ja lopulta veronmaksajille. Näin ollen ikuinen kasvu olisi kaikkein parasta kaikkien kannalta.

Finanssimaailma on kautta historian ollut kollektiivisen kultaryntäyksen taikka kolmannen asteen hulluuden ympäristö, jossa kaikki liikkuvat monimutkaisista laskelmistaan huolimatta samaan suuntaan yhtä varmasti kuin verikoirat. Tässä ympäristössä terve kilpailu on myrkkyä tuon kaikilla tasoilla: kilpailu on pyrkimistä pois kilpailusta, joka pienentää voittoja.

Tämä kilpailun "ympärikääntämisen filosofia" luonnehtii muitakin toimialoja, mutta finanssimaailmassa siihen on kuitenkin poikkeuksellisen vahvasti vinoutuneet kannusteet. Nämä johtavat niihin perversioihin, jotka luonnehtivatkin nimenomaisesti finanssimaailmaa. Näiden ymmärtäminen puolestaan edellyttää käytännön finanssikilpailun todellisten mekanismien ja konkreettisten seurausten tunnistamista.

Pörssisalissa yritysten välinen kilpailu heijastuu välittömästi tiimien taikka yksilöiden välisenä kilpailuna, jossa on aina omat sisäiset luokittelunsa sekä hierarkiansa. Tämän kilpailun mikrotasolla kaikki vertailevat toisiaan ennen kaikkea ansiotasojensa kautta. Tämän vertailun takia taas välittömistä voitoista tulee lopulta ainoa kulttuurisesti merkityksellinen kriteeri.[4]

Riskienhallinta tai muut vähäiset vastavoimat eivät voi juuri mitään sille, että kaikki muut rakenteet ruokkivatkin voittojen välittömän kotiuttamisen filosofiaa. Tehokkaasti tulevaisuuden riskeihin varautunut joutuu tinkimään tuotoistaan ja tyytymään alempaan asemaan kunniataulukoissa. Tästä taasen eivät finanssiammattilaiset eivätkä osakkaat pidä, sillä riski on vain virtuaalinen niin kauan, kun se ei toteudu.

Voitonhimon filosofia ja psykologia vievät mukanaan niin meklarit kuin osakkaat: voittoa tässä ja nyt on ainoa konkreettinen ja kivikova kriteeri. Finanssimaailmassa on toki yksinäisiä sieluja, jotka eivät ole täysin antautuneet voitonhimon filosofialle. He törmäävät urallansa aina lopulta suljettuihin lasioviin tai sosiaalisen paheksunnan muuriin; he ovat pahanilmanlintuja, pelin pilaajia, jotka eivät jo ymmärrä, että tietoisen sokeuden tarkoituksena on pitkittää kuplan dynamiikkaa – sanalla sanoen myydä.[5]

Yksinkertainen taloudellinen analyysi osoittaakin, että pitkällä aikavälillä tämän päivän voitot *voivat* kääntyä huomispäivän tappioiksi. Nimenomaan kilpailun psykologia tukahduttaa tällaiset analyysit silloin, kun yksinomainen mittapuu on tulos rahoituserien jälkeen; traagisella tavalla tuo kutistaa aikahorisontin vain nykyhetkeen. Kilpailuasetelman takia kaukokatseisillakaan ei ole juuri muuta mahdollisuutta kuin yhtyä hurmokselliseen ikuisen kasvun henkeen, jos he aikovat säilyttää asemansa alalla.

Edellytykset ikuiselle kasvulle luodaan finanssi-innovaatioilla. Näistä seuraa pian uusia ongelmia, joiden ratkaisemiseksi tarvitaan taas uusia innovaatioita. Finanssimarkkinat ovat Lego-linna, joka voi kasvaa loputtomiin liittämällä uusia palikoita runkoon. Näistä on tullut ongelmanratkaisijoiden onnela, jossa jatkuvasti monimutkaistuva järjestelmä ruokkii itseänsä sekä ongelmanratkaisijoita. Nimiksi näille innovaatioille annetaan kirjainyhdistelmiä, joista jopa Franz Kafka olisi kateellinen.[6]

Jo ennen finanssikriisiä Lego-linnassa luotujen synteettisten johdannaisten luettelo oli lähes loputon. Sen takia syntyi päihdyttävä tunne haavoittumattomuudesta, jopa kuolemattomuudesta: käytössä oli niin paljon päällekkäisiä suojakilpiä, että ainakin teoriassa kaikkien luottoriskien täytyi olla katettuja. On unelma kaunis, vaan se katoaa, huokaa enteellisesti myös Goethen kyltymätön Faust – tuo finanssinerojen elämänfilosofian kirjallinen esikuva ja kiteytymä.

Unelma uhkaa kadota, jos systeemiin jostakin syystä pääsee luikertelemaan paratiisin kyy – tappio, suuri tappio. Tarpeeksi suurten tappioiden paljastuminen herättää henkiin tuon myrkyllisistä myrkyllisimmän asian: epäilyn taikka epäluottamuksen. Maallisen papiston munkkilatinassa tällaista epäluottamusta kutsutaan muun muassa vastapuoliriskiksi. Haluttomuus tunnustaa tähän liittyvää pelkoa on aina sitä voimakkaampi, mitä suurempi asia on tunnustettavana.

Jos velkavipujen velkavipu kääntyy itseään vastaan, tuho on täydellinen; jos yhden biljoonan dollarin omaisuudella – joka ei kokonaan edes ole omaa pääomaa – hallinnoidaan sadan biljoonan dollarin johdannaisia, kyse on jostain, jota ei voida päästää kaatumaan tai tuloksena on talouden ydintalvi. Kunnia tuosta velkavivun käytön maailmanennätyksestä kuuluu pankkiiriliike JP Morganille. Se sai osallistua finanssikapitalismin pelastustalkoisiin ostamalla konkurssin partaalla hoippuneen kilpailijansa.[7]

Markkinafundamentalisteille todellinen finanssikriisi ei lopulta tarkoita niinkään tuhansien miljardien tappioita – vaan yhteisen uskomusjärjestelmän romahdusta. Tämä on kaikin keinoin pyyhittävä pois horisontista. Siksi finanssimarkkinoiden toimintaa kuvaavat paremmin antropologian kuin matematiikan käsitteet: niitä hallitsevat kilpailun, heimokäyttäytymisen ja uskonnollisuuden arkaaiset alkeismuodot, jotka vain häivytetään tieteellisen rationaalisuuden korkeampien muotojen kulisseihin.[8]

Kilpailu tässä myöhäismodernissa heimokulttuurissa muuttuu aina sitä kiihkeämmäksi, mitä lähemmäs huippua päästään. Siksi nimenomaan huipulla tarvitaan horjumatonta uskoa. Vain tuo kääntää kaiken huomion pois päätelmistä, jotka kyseenalaistavat järjestelmän kruununjalokivet eli finanssi-innovaatiot. Avuksi rientävät onneksi finanssimaailman omat orgaaniset intellektuellit, joiden hautakiviin voidaankin jo hyvällä syyllä hakata: "Oman nobelistimme muistolle, kiitollisuudella finanssimarkkinat."[9]

Nämä neuvokkaat mallinikkarit ovat valmiit epäröimättä tuomitsemaan finanssimarkkinoiden tukahduttamiseksi kaikki sellaiset rahoitusjärjestelmät, jotka eivät siis noudata kaikesta sääntelystä täysin vapautettujen markkinoiden ihannemallia. Ei ole olemassa mitään sellaista ongelmaa, jota he eivät onnistuisi ideaalimalleissaan ratkaisemaan.

Nuo profeetoiksi syntyneet professorit loihtivat muinaisten teologien tapaan suljettujen mallien maailman, jolla on oma logiikkansa, eleganssinsa tai jopa estetiikkansakin. Aivan kuten jotkut antoivat ennen vanhaan elämänsä puolueelle, he antavat elämänsä finanssimarkkinoille – ja sellaisina he ovat korvaamattoman arvokkaita kapitalismille.

He esittelevät kaikki rahoitusmarkkinoiden käyttämät välineet vain uusina finanssi-innovaatioina sekä liittävät nämä samalla edistyksen ideaan. Näiden finanssi-innovaatioiden tarkoituksena on kiertää turhaa sääntelyä, jota onkin kasattu täydellisten markkinoiden toteutumisen kuningastielle. Voitot ovat vain kompassinneula, joka osoittaa oikean tien. Suunnistamisessa sijoittajia auttaa myös Pohjantähti eli pyhä likviditeetti.[10]

Tämä tarkoittaa mahdollisuutta poistua markkinoilta milloin tahansa ilman, että tämä vaikuttaa käypään hintaan; likvidit markkinat ovat sellaisia, että niiltä voi poistua ilman lisäkustannuksia. Likviditeetti onkin sijoittajien Pohjantähti, sillä se tarjoaa lupauksen liiketoimien peruutettavuudesta: pois voi lähteä silloin, kun itse haluaa. Tämä on todellista käänteispsykologiaa: sijoittajat sitoutuvat markkinoille sillä ehdolla, että he voivat vetäytyä niiltä heti niin halutessaan.

Kuolemattomat filosofiat ovat kaikki vain virvatulia, jotka pakenevat horisonttiin heti, kun niitä yritetään arjessa lähestyä.[11] Myös markkinoiden likviditeetti haihtuu horisonttiin heti, kun kaikki yrittävät samanaikaisesti käyttää sitä. Likviditeettiä voi verrata Tantaloksen tuskiin: mitä kiihkeämmin tätä yrittää tavoitella, sitä vastustamattomammin se karkaa käsistä. Toisin sanoen markkinat ovat likvidit vain niin kauan, kun kukaan ei todellisuudessa pyri pois niiltä.[12]

Likviditeetti on orgaanisten intellektuellien kirjoittamien käsikirjojen kollektiivisista elämänvalheista se kaikkein suurin. Toiseksi suurin on näiden käsikirjojen tapa ammentaa finanssimaailman historian alaviitteistä luomiskertomus, jossa urheilla yrittäjähahmoilla oli oikeus suojautua käyttämiensä raaka-aineiden taikka toimittamiensa tuotteiden hintojen hyvin mielivaltaiselta vaihtelulta. Luomiskertomuksen mukaan tästä saivat alkunsa termiinikaupat, joiden jälkeläisinä syntyivät futuurisopimukset.

Asiallisesti ottaen tarina on osapuilleen tosi. Kun finanssi-innovaatio astuu sankarihahmona historian näyttämölle ojentaen uhrautuvan kätensä yrittäjäpoloisille, tarinasta tulee kuitenkin myytti. Käsikirjoissa alibina aikaisemmin käytetty kutsumus esiintyy enää alkusivuilla tehden nopeasti tilaa tuote-esittelyille, jotka on selvästi suunnattu finanssimaailman ammattilaisille – siis keinottelutarkoituksiin.[13]

Aina yhä uusin argumentein käsikirjat siirtyvät ikään kuin huomaamatta reaalitalouden riskien kattamisesta olosuhteiden luomiseen puhtaan spekulatiiviselle pelille. Tämä peli taas ei enää ole riskien kattamista, vaan näiden loputtoman siirtämisen nimissä harjoitettua keinottelua, jota ei saa kuitenkaan kutsua keinotteluksi.

Tässä keinottelussa tarvitaan aina uusia välineitä, joilla voidaan kattaa omat riskit. Tuloksena on noidankehä, jossa johdannaistuotteita tarvitaan kattamaan johdannaistuotteiden omia riskejä. Intuitio vahvistuu vertaamalla biljoonien dollareiden johdannaismarkkinoita maailman kansantuotteeseen, joka on pieni murto-osa johdannaismarkkinoiden arvosta.

Tämä ei estä orgaanisia intellektuelleja esittämästä intuition vastaisia väitteitään jopa vanhojen puoluevirkailijoiden vakaumuksella: jotta todellisia riskejä kantavat löytäisivät vastapuolia, pitää välttämättä olla myös riskeillä spekuloivia. Muutoin sopimuksia ei synny, ja urhea yrittäjäpoloinen joutuu kantamaan riskinsä yksin.

Näin keinottelu johdannaismarkkinoilla kääntyy lähestulkoon kutsumukseksi taikka finanssimarkkinat melkeinpä julkiseksi palveluksi; näin finanssimaailma pääsee pian uskonnolliseen hurmokseen, jossa rahoitusala puhuu enää vain rahoitusalalle itselleen. Vanhasta muistista hoettavia loitsuja lukuun ottamatta rahoitusala ei ole kiinnostunut reaalitaloudesta eikä sitä kiinnosta mikään muu kuin se itse.[14]

Tämän täydellisen egoismin mahdollistaa kaikkien riskien siirtäminen systeemisiksi riskeiksi, joiden takuumiehenä toimiikin lopulta veronmaksaja. Kun jokainen pienentää johdannaismarkkinoilla omia riskejään, kokonaisriski kasvaa niin massiiviseksi, että sen ei voida antaa toteutua. Ristikkäisten sitoumusten tiheän verkon kautta likviditeetin puute leviäisi ketjureaktiona kiinailmiöksi ja talouden ydintalveksi.

Tämä voi pyyhkiä pois koko markkinajärjestyksen ja sitä kannattelevan uskomusrakennelman. Finanssimarkkinat tietävät, että keskuspankit ottavat tämän uhan tosissaan ja luovat tarvittaessa lisää likviditeettiä, joten ne voivat keskittyä kokonaan siihen, minkä nämä parhaiten osaavat: uusien markkinarakojen hyödyntämiseen. Kaikkien aikojen rahamylly on valmis pyörimään ja tuhlaajapojan paluuta juhlitaan – ikuisesti.

Viimeisimmän finanssikriisin yhteydessä finanssimarkkinat saivatkin johtavilta keskuspankeilta koronalennusten kyytipoikana lähes käsittämättömät määrät lisää likviditeettiä lopulta suhteellisen vähäisten rahoitustappioiden vastapainoksi. Tämä ei silti ollut kaikkein parasta, mitä finanssimarkkinat saivat.

Parempaa oli, että ne onnistuivat taas kerran välttymään sääntelyn selvältä kiristämiseltä, "kuuman rahan" rautoihin panemiselta: teknisluontoisia tarkistuksia ja eräitä tiukennuksia lukuun ottamatta vapaat ja virheitään korjaavat markkinat saavatkin paljolti edelleen pitää huolen itsestään. Kaikkein parasta olivat kuitenkin ne institutionaaliset aluevaltaukset, joita finanssimarkkinat onnistuivat keskuspankeilta kiristämään.[15]

Keskuspankit päättivät nimittäin jälleenrahoituksen ehtojen ennennäkemättömästä väljentämisestä. Hätkähdyttävintä tässä oli kelpuutettavien vakuuksien kirjon huomattava laajentaminen: vakuuksiksi kelpuutettiin kriisin oloissa jopa kaikkein heikkolaatuisimmatkin arvopaperit, joita tuolloisessa markkinatilanteessa oli.

Näin pankit voivat muuttaa rahaksi myös ne arvopaperit, joita oli mahdotonta myydä markkinoilla ja joiden arvonalennuksen päätä ei ollut vielä edes näkyvissä. Nämä tappiot taas siirrettiin takaisinostosopimuksilla käytännössä keskuspankin taseeseen. Tämä tarkoitti sellaisen mittaluokan valehtelijan pokeria, jota edes Wall Street ei ollut aikaisemmin pelannut.

Keskuspankin taseen tukena on myös aineeton omaisuus, jota voidaan kutsua lyhyesti luottamukseksi. Aineettoman ja aineellisen omaisuuden yhdistelmästä voi tulla ongelma silloin, jos jälkimmäisen huono laatu uhkaa myös edellisen laatua. Ongelmallisinta tässä yhdistelmässä on kuitenkin se tapa, jolla tuo korruptoi keskuspankin: järjestely näyttää väistämättä siltä, että keskuspankki toimii tiettyjen intressiryhmien asiamiehenä – velkojien puolella ja velallisia vastaan.[16]

Keskuspankkien poikkeukselliset keinot, joihin ei ollut turvauduttu sitten suuren pörssiromahduksen, ruokkivatkin paradoksaalista tilannetta: pankkien uudet aluevaltaukset olivat sitä suurempia, mitä huonompi niiden tilanne oli. Tuossa tilanteessa jokainen uusi kriisi, joka ei johtanut lopulliseen perikatoon, oli pankeille jälleen tilaisuus puristaa uusi erityisjärjestely perikadon estämiseksi. Näin keskuspankit tekivätkin jotakin ennenkuulumatonta: ne tekivät poikkeuksen, joka muuttui pian uudeksi säännöksi.

Samalla keskuspankeista tuli jo finanssimarkkinoiden panttivankeja: koska kaikkien tuntemia turvaverkkoja voitiin aina vaatia uudelleen katastrofin estämiseksi, tämä rohkaisi finanssialan toimijoita ottamaan aina uusia riskejä edellisistä takaiskuista jo toivuttuansa. Mitä näkyvämpiä katastrofeja keskuspankit yrittivät torjua, sitä varmemmin nämä loivat samalla pohjan tuleville katastrofeille. Pandemia ei tätä muuksi muuttanut, päinvastoin.[17]

Finanssimarkkinoilla on erityisasema kapitalismin ytimessä: näiden paikallisilla vastoinkäymisillä on väistämättä laajoja seurauksia eikä rahoitusala voi koskaan romahtaa yksin. Panttivankipolitiikka on päässyt olennaiseksi osaksi kapitalismin läpinäkymättömiä rakenteita. Tämä politiikka voidaan lopettaa vain rakenteita radikaalisti muuttamalla. Tämä on paljon helpommin sanottu kuin tehty.[18]

Tämä on oikeastaan liikaa vaadittu, jos sen seuraukset ja vaihtoehdot ovat hämärän peitossa – erityisesti tällä postpolitiikan aikakaudella, jonka määrittelevin piirre on politiikan ja talouden eliittien tai etujen fuusioituminen yhdeksi korporatiiviseksi kaverikapitalismiksi. Siinä virallisetkin elimet ovat vain kumileimasimia, jotka siunaavat oikean opin sisäistäneiden pienessä piirissä, hiljaa sekä salaa suljetuissa seminaareissa, metsästysmatkoilla, golfklubeilla ja jazzjuhlilla tehdyt päätökset.[19]

Salaisten päätöksien perimmäisenä tarkoituksena on vain varmistaa tämän hyvin suppean eliitin omat edut tai valta-asemat. Vaikka Washingtonin konsensuksen henki elääkin, mitään suurta salaliittoa ei ole; on vain verkosto, jonka organisaatiomalli on otettu alamaailmasta ja joka luonnostaan ajattelee vain omia etujaan. Osana tätä verkostoa finanssimaailma saa jatkaa voittojen yksityistämistä ja tappioiden sosialisoimista.

Pankkimiehet ovat kuin leeviläisiä, joilla on oikeus saada aina omat kymmenyksensä, sillä he ovat omistaneet elämänsä korkeammille voimille eli markkinavoimille. Markkinarakojen strategista hyödyntämistä koskeva sanahelinä sekottuu finanssimarkkinoilla kristallinkirkkaaseen kutsumukseen; velkavivuista taikka johdannaistuotteista saatavia voittoja voidaan ylläpitää varmuudella vain, jos pelikenttä jatkuvasti laajenee.

Tässä on se paratiisi ja pelastus, joka finanssi-innovaatioissa kiteytyy ja josta finanssimarkkinat jatkuvasti puhuvat. Sisäänpäin kääntymistä sekä itselleen puhumista pidetään tavallisesti merkkinä henkisestä taantumisesta, mutta finanssimarkkinoille tämä merkitsee lähinnä lopullisen lunastuksen lähestymistä. Paratiisi odottaa saarilla, pääoman paratiisisaarilla.[20]

Paratiisisaaret eivät sijaitse vain Englannin kanaalissa tai Karibian-merellä vaan kaikkialla, missä sääntelystä ja verotuksesta vapaa varjotalous kukkii. Parasta paratiisisaarilla on salaisuus, pankkisalaisuus: vain se mah-dollistaa sääntelystä vapautumisen sekä veronkierron; salaisuus, sääntelyn puute ja nollaverotus ovat paratiisinsaaren määrittelevä pyhä kolmiyhteys.

Paratiisisaaret suorastaan kutsuvat seikkailuun; siellä voi ottaa suuria riskejä sekä kätkeä tappioita; siellä ainoat rajat ovat mielikuvituksen rajat. Testosteroni saa kerrankin virrata vapaasti tahkoten tuottoa tuoton päälle kaikkien aikojen velkavivuissa ja veronkiertojärjestelyissä.

Kuka voi vastustaa tällaista maailmaa: ikuista aurinkoa, yli yhdeksän-numeroisia lukuja, yksityiskoneita tai ylellisiä illallisia, täydellisiä pukuja, tummennettuja ikkunoita, panssaroituja autoja, jatkuvaa yöelämän sykettä sekä sireenien ulvontaa.

Moni mies ainakaan ei voi vastustaa tätä. Niinpä puolet maailman-kaupasta kulkee jo paratiisisaarien kautta; myös puolet suorista sijoituksista kulkee paratiisisaarien kautta, johdannaismarkkinat melkeinpä kokonaan. Suuryhtiöillä on käytännössä kaikilla tytäryhtiöitä paratiisisaarilla, samoin pankeilla on niin sanotut erityisrahoitusyhtiönsä. Pienistäkin puroista tulee biljoonia, kun myös yksityishenkilöt ovat oppineet viemään varallisuutensa verottajan ulottumattomiin, paratiisisaarille.[21]

Kukaan ei tiedä tarkkaan summia; pankkisalaisuushan on paratiisi-saarten parasta antia. Vain se tiedetään, että summat ovat suuria, lähes kä-sittämättömiä. Jotain kuvaa voi saada siitä, että yhdessä rakennuksessa voi toimia toistakymmentätuhatta yhtiötä.

Jotakin kuvaa voi saada myös siitä, että kaatuneiden pankkien kon-kurssipesistä on löytynyt jopa tuhansittain tytäryhtiöitä eri paratiisisaarilta; kuvaa voi saada myöskin siitä, että kymmenien biljoonien luottoja on piilo-tettu täysin kaiken yhtiölainsäädännön ulkopuolella oleviin trusteihin.[22]

Todellisuudessa näillä trusteilla ja tytäryhtiöillä ei tietenkään tarvitse olla mitään toimintaa paratiisisaarilla: vain nimi, kotipaikka, osoite, tili sekä asiamies, joka liikesalaisuuksiin vedoten kieltäytyy kertomasta juuri mistään mitään. Eräs englantilaisnainen ehti lehtitietojen mukaan toimia jo tuhannen yrityksen toimitusjohtajana kanaalisaarilla.

Paratiisisaaret ovat perverssi järjestelmä, joka on tuomittava tai jota on moralisoitava aina tilaisuuden tullen; paratiisisaaret palvelevat kuitenkin eliitin etuja jo niin hyvin, ettei niille voida tehdä mitään – muuta kuin moralisoiden tuomita ne. Paratiisisaaret ovat jo pitkään olleet julkinen salaisuus, johon puuttuminen on ollut perin ponnetonta sekä paljolti näennäistä: mustat listat lähinnä ammottavat tyhjyyttään.[23]

Syitä tähän auttaa ymmärtämään Elf-skandaali ja Gabon. Elf-skandaali sai alkunsa mitättömästä kauppaoikeudellisesta kiistasta, jota ranskalaisessa järjestelmässä tutkimaan määrätty tuomari löysikin aina uusia johtolankoja yhä laajemmista talousrikoksista. Lopulta tuo tuomari saikin tappouhkauksia ja postissa pienoisruumisarkun.[24]

Tästä huolimatta työtään jatkaneelle tuomarille tarkentui kuva korruptiovyyhdistä, joka yhdisti toisiinsa Elf Aquitane -öljyjätin ja maan taloudellisen tai poliittisen eliitin sekä Gabonin itsevaltaisen presidentin Omar Bongon. Bongo oli alun perin päässyt valtaan jo vuonna 1967 ranskalaisten sotilaiden ansiosta. Öljyvaroiltaan rikkaan Gabonin jo itsenäistyttyä Ranska tarvitsi uudelle valtiolle oikean afrikkalaisen johtajan, joka olisi karismaattinen, vahva ja täysin myötämielinen ranskalaisille.

Etniseen vähemmistöön kuulunut Omar Bongo sopi tuohon tehtävään täydellisesti. Vastineeksi vankkumattomasta tuesta Bongo antoi ranskalaisille yrityksille likipitäen yksinoikeuden hyödyntää Gabonin runsaita luonnonvaroja edullisin ehdoin. Hänestä tuli samalla keskushenkilö valtavassa korruptioverkostossa, joka kanavoi rahaa Ranskan, Gabonin ja veroparatiisien välillä.

Järjestelmä oli kehittynyt vähitellen jättiläismäiseksi lahjusrahastoksi, jonka ydin oli juuri Gabonin öljyteollisuus ja josta kanavoitiin rahaa koko Ranskan eliitille sekä suurimmalle oikeistopuolueelle. Kyse ei kuitenkaan ollut vain puoluepolitiikan rahoittamisesta vaan järjestelmän kautta kanavoitiin pimeää rahaa kaikkialle maailmaan, missä vain tarvittiin taloudellisen ja poliittisen koneiston rattaiden voitelua.

Jäljet päättyivät kuitenkin aina Omar Bongoon, joka taasen verkostoitui sekä ranskalaisten vapaamuurareiden että afrikkalaisten salaseurojen kanssa nousten yhdeksi tärkeimmistä ranskalaisen vallan välikäsistä. Järjestelmä antoi siihen osallistuneelle eliitille erittäin paljon valtaa, jota tuon ei kuitenkaan koskaan tarvinnut myöntää. Vain harvoilla oli kokonaiskäsitys järjestelmästä, jossa johtolangat katosivat veroparatiisien alati muotoansa muuttavaan labyrinttiin; paratiisisaari ei aina ole saari.

Gabon ei ole perinteinen paratiisisaari eikä tämä löytynyt yhteen aikaan yhdeltäkään mustalta listalta. Silti juuri se on paratiisisaaren vertauskuva, sillä se tarjosi nimenomaan niitä salaisuuspalveluita, jotka ovat aina paratiisisaaren määrittelevä perusominaisuus. Koko veroparatiisijärjestelmän tavoin Gabonin kuvio oli Ranskassa jo eräänlainen julkinen salaisuus, josta monet tiesivät mutta josta juuri kukaan ei halunnut puhua.[25]

Kyse ole vain veronkierrosta, vaan vakiintuneesta valtajärjestelmästä, joka on hiljaa hyväksynyt korruption tai sääntöjen kiertämisen taloudellisen toiminnan luonnolliseksi osaksi. Veroparatiisin laajan määritelmän mukaan esimerkiksi Euroopan sadasta suurimmasta yhtiöstä lähes kaikki käyttävät paratiisisaarille rekisteröityjä tytäryhtiöitä pelkästään veroja minimoidakseen mutta myös monista muista syistä.[26]

Kyse ei ole vain verojen välttelystä: paratiisisaaret tarjoavat pakotien esimerkiksi pankkisääntelystä tai monista muista juridisista velvoitteista. Tämän takia esimerkiksi johdannaiskauppaa käytiin ennen kriisiä melkein pelkästään paratiisisaarilta käsin. Näiden tiukan salaisuuspolitiikan ja löysän sääntelyn yhdistelmä mahdollisti keinottelun riskikertoimilla, joita perinteinen pankkisääntely ei olisi hyväksynyt.

Paratiisisaarilla tästä ei ole juuri pelkoa. Saari on sosiaalinen akvaario, jossa vastustajien on vaikea piiloutua vallanpitäjiltä ja jossa ryhmäajattelu ei salli politiikan sotkea tilin tekemistä. Esimerkiksi Caymansaarten yhtiölait ovat antaneet yritysjohtajille käytännössä syytesuojan. Jerseyn saarella taasen kuningattaren nimittämä henkilö on toiminut samalla sekä kuninkaallisen oikeuden ylimpänä tuomarina että parlamentin puhemiehenä.[27]

Lopputuloksena on kulttuuri, jossa hallitsevat intressit samaistetaan kansan intressiin. Valtaosa poliitikoista toimii myös liike-elämässä, jonka etuja tuo taas ajaa politiikassa. Samalla he toimivat portinvartijoina elimissä, joiden pitäisi valvoa elinkeinoelämää. Siksi varakkaimmat voivat neuvotella joskus jopa suoraan hallinnon kanssa omasta veroasteestaan. Pienillä saarilla politiikka ja talous sulautuvat siis luonnostaan yhteen.

Paratiisisaaret ovat vauraiden tai vaikutusvaltaisten eliittien utopia, joka mahdollistaa vapaamatkustamisen maksamatta mitään yhteiskunnan palveluista. Yhä useammin suuryhtiöt tai eliitti sanovat suoraan, että niiden ei edes kuulu maksaa veroja: ortodoksisen taloustieteen puristisessa utopiassa kaikki kustannukset siirretään joka tapauksessa hintoihin sekä kuluttajien maksettaviksi, joten veronmaksussa kyse onkin vain turhasta välivaiheesta puhtaassa markkinaprosessissa.[28]

Tämä eliitin omia etuja palveleva puhtaiden tai täydellisten markkinoiden puristinen utopia selittää suuressa määrin sen, miksi paratiisisaarien toimintaan puuttuminen on ollut niin ponnetonta. "Jersey or jail", Jersey tai jalkaraudat, Lontoon Cityn vanha sanonta kuuluu: rahanhimoiset hämäräpuuhat on parasta siirtää paratiisisaarille. Kun kuningaskunnan kansantuotteesta puolet kertyy finanssisektorilta, Cityn sanasta tulee laki, joka ulottaa sen vaikutusvallan paratiisisaarien kautta kaikkialle maailmaan.[29]

Seurauksena onkin kilpajuoksu, jolta välty kukaan – ei edes Yhdysvallat. Houkutellakseen ulkomaista pääomaan uusilla verokannustimilla ja salaisuuspalveluilla se on tosiasiallisesti tehnyt itsestänsä joillakin mittareilla jo maailman suurimman paratiisisaaren.

Esimerkiksi matalasta verotuksestaan tai lievästä sääntelystään tunnetun Delawaren osavaltion yhdessä ainoassa rakennuksessa on toiminut yli kaksisataatuhatta yritystä. Nämä eivät tietenkään toimi Delawaressa, mutta sinne rekisteröityneinä näihin pätee osavaltion yhtiölainsäädäntö, joka on peräisin vuodelta 1899 – ja du Pontin mahtisuvun perintöä.

Se turvaa yritysjohdolle suuret toimintavapaudet muihin asianosaisiin nähden sekä pitää yhtiöitä yleisen hyvän edistämisen välineinä. Yhdysvallat on tehnyt itsestään paratiisisaaren nimenomaan *yhtiöiden* toimintavapauden toteuttamisen nimissä.[30]

Koska kyse on koko ajan uudistuvasta ekosysteemistä, yhtiöille on räätälöitävä yhä uusia verokannustimia sekä salaisuuslausekkeita tavallisen lainsäädännön sisälle. Muiden on vastattava tähän kilpailuun taikka kuuma raha karkaa pian muualle. Seurauksena yhä useammat maat ovat jo alkaneet yhä enemmän muistuttaa paratiisisaaria, joissa verotaakka siirtyykin vähitellen tavallisille ihmisille samalla, kun hyvinvointipalveluita ajetaan alas.[31]

Miljoonilla ihmisillä ympäri maailman on vahva tunne, että järjestelmässä on jotain vikaa, jotakin suorastaan sairasta. Eliitin etuja palveleva järjestelmä on kuitenkin varsin vaikeasti purettavissa: kyse on monitahoisesta eri valtajärjestelmien seitistä, jota hallitsevat finanssimaailman johtavat valtiot – Yhdistynyt kuningaskunta tai Yhdysvallat erityisesti – ja niiden eliitti, joka ei halua luopua maanpäällisestä paratiisistaan.

Paratiisin turvaamiseksi järjestelmä on pilkottu ja hajautettu hyvin moniin osiin ja monille oikeudenkäyttöalueille, joista jokainen lisää jälleen uuden laillisen sekä kirjanpidollisen suojakerroksen järjestelmään. Jollakin voi esimerkiksi olla pankkitili yhdellä paratiisisaarella. Tili ei välttämättä ole hänen vaan toisella saarella toimivan trustin nimissä.

Sen edunvalvojat asuvat ehkä kolmannella saarella, kun taas edunsaajana on yritys, jonka johdon ”tavoittaa” vain vaitiolovelvollisuuteen vetoavien asianajajien välityksellä. Tämän takana voi olla jälleen olla toiselle saarelle rekisteröity trusti, jonka säännöissä on niin kutsuttu pakolauseke: jos järjestely joutuu tutkinnan kohteeksi, sen toiminta on siirrettävä toiseen salaisuusvaltioon.[32]

Käytäntö paratiisisaarilla on se, että useimmat järjestelmän palvelukseen palkatuista eivät tunne sitä; erittäin suppea ylimmän johdon sisäpiiri tuntee koko kuvion, mutta heistä taas on tullut osa sitä taloudellista juonta, jonka paljastaminen viekin heidät vararikkoon taikka vankilaan. Näin ne, jotka tietävät, eivät puhu ja ne, jotka puhuvat, eivät tiedä.[33]

”Pankkisalaisuuden aika on ohi”, finanssikriisin jälkeen julistettiin. Puhuttiin jo paratiisisaarien ”mustasta listasta”, joka oli tosin lähes tyhjä lista: edes edellä mainittu Jersey ei joutunut listalle. Merkittävässä määrin salaisuusmuurin suojassa olevaa tietoa voidaan edelleen antaa tai vaihtaa vain silloin, kun epäillään terrorismin tyyppistä kansainvälistä rikollisuutta.[34]

Suuret talousmahdit suojelevat paratiisisaaria, koska nämä suojelevat markkinafundamentalismia. Tämä oppi taasen edistää pienen eliitin etuja, joita puolestaan palvelevat siis paratiisisaarien salaisuuspalvelut. Jo luonteensa vuoksi tuo oppi ole koskaan voittanut yksiäkään vaaleja – eikä voita. Se on saanut valtansa poikkeuksellisissa olosuhteissa, poikkeuslainsäädännöllä ja siihen liittyvän salaisuuden verhon suojissa.[35]

Markkinafundamentalismi taas on eliitin veruke sekä väline ohittaa enemmistödemokratia, sen luoma lainsäädäntö, sääntely tai verotus. Siksi salaisuuteen sekä salaisuuden suosimiseen törmää kaikkialla, missä tuohon oppiin törmää; nämä ovat kuin siamilaiset kaksoset.[36]

Kansainväliselle valuuttarahastolle salailu on selvyys. Myös keskuspankit ovat aina hyvin salailevia, vaikka nämä ovatkin julkisia instituutioita. Maailmanpankki pitää jo luottamuksellisuuden nimessä muiden laina-asiat omana tietonansa. Maailman kauppajärjestön paneelit pidetään suljettujen ovien takana. Bilderbergh-ryhmä, Davosin talousfoorumi tai muut talouselämän salaseurat eivät kaipaa kuokkavieraita.

Kaikkialla taloudellisen vallan huipulla voi törmätä vahvoihin salaisuuden verhoa kannatteleviin voimiin. Päätöksenteon salaisuus tarjoaakin myös hallitusten virkamiehille jo sellaisia toiminnallisia vapauksia, joita heillä ei olisi, jos heidän toimintansa olisi jatkuvasti julkisen tarkastelun kohteena. Salaisuus helpottaa suuresti heidän elämäntuskaansa: se helpottaa virheiden piilottamista sekä erityisintressien vaikutuksen kätkemistä.[37]

Pimeän rahan piilopaikat taas kamppailevat kiihkeästi elinkeinonsa puolesta. Taustatukea ne saavat eliiteiltä ympäri maailmaa.[38] Eliittien etujen turvaaminen enemmistön tyrannialta edellyttää salaisuutta; siksi toimenpiteet salaisuusvaltioita vastaan ovat olleet perin ponnettomia. Salaisuusvaltiot ovat olennainen palanen pyhän opin ydintä: finanssimarkkinoiden toiminta edellyttää tietämättömyyttä niiden toimintaperiaatteista.[39]

Salaisuuksista suurimpia on näiden niin palvottujen markkinoiden luonne massiivisena pyramidihuijauksena. Periaatteessa kaikki olennainen paratiisisaarista ja pyramidikeinottelusta on sanottu jo aikaisemmin, mutta juuri mitään siitä ei ole haluttu kuulla, sillä nämä ovat palvelleet niin hyvin sydämensä paaduttaneen eliitin omia taivaallisia pitoja.[40]

Vasta uhka valtioiden vararikosta on pakottanut joihinkin toimiin, joiden kiertotiet tai porsaanreiät eivät ehkä vain vielä ole tiedossa. Panaman papereista paljastui kymmenittäin entisiä tai nykyisiä valtionpäämiehiä ja ministereitä muiden raharikkaiden mukana. Kuka uskoo heidän muuttavan mitään?

Kannibaalit pääoman palveluksessa

Paratiisisaaret ja niiden taivaalliset pidot selittävät samalla monta asiaa: ne selittävät rosvoamisen logiikan, jolle finanssikapitalismi on rakennettu; ne selittävät samalla pikkupäälliköiden ja jopa johdon proletarisoitumisen sekä ne selittävät työelämän huonontumisen historian ylipäätään. Työelämässä kaikki alkaa finanssikapitalismista ja kaikki päättyy finanssikapitalismiin; tuo on tämän kääntöpuoli, eikä ilman toista ole toista.[1]

Se työelämän osa-alue, josta kaikki muu saa alkunsa tai josta kaikki muu on vain heijastumaa – on finanssimaailma. Ymmärtämättä finanssimarkkinoita ei voi ymmärtää markkinafundamentalismia, eikä myöhäismodernia työelämää, jonka tämä oppi on onnistunut tuottamaan; se selittääkin niin työelämän huonontumisen historian kuin johtamiskirjallisuuden juhliman epäjohtamisen ihanteen.[2]

Toisen maailmansodan jälkeen eräässä johtamiskirjallisuuden klassikossa todettiin, että liikkeenjohdon muodostuminen erilliseksi ja muista poikkeavaksi toiminnoksi on ollut käänteentekevä tapahtuma historiassa; harvoin, jos koskaan, on uusi toiminto tai uusi johtava ryhmä tullut yhtä nopeasti niin merkittäväksi kuin yritysjohto viime vuosisadan alussa.[3]

Pian alettiinkin puhua "liikkeenjohdon vallankumouksesta" ja siitä, miten johto kaappasi vallan omistajilta muodostuen omaksi autonomiseksi luokakseen, joka alkoi myös puhua niin kuin tuo, jolla valta on, eikä niin kuin lakeijoiden kuuluu. Kansainvälisen finanssikapitalismin kaudella on taas toteutettu vähintäänkin yhtä käänteentekevä vastavallankumous: valta on siirretty johdolta takaisin pääomalle sekä sen omistajille.[4]

Nämä ovat nopeasti vieneet viimeisen sanan vallan johtajilta, joista on todella tullut epäjohtajia – ylipitkää päivää huhkivia huutokaupattavia kaleeriorjia, kuten klassikon kirjoittaja on itsekin myöhemmin myöntänyt.[5] Vastavallankumouksen jälkeen johtajiksi sanottujen ylimpien orjien tehtävä on toimia näiden jumalaisten voimien tahdon tulkkina – piiskaten kaikista työntekijöistä kaikki ulos markkinoiden jumalien miellyttämiseksi.[6]

Talouden tapahtumia kuvaillaan usein ikään kuin ideana olisi edelleen tuottaa jotakin todellista. Näin ei ole ollut enää pitkään aikaan, koska nykyaikaisessa taloudessa on melkeinpä mahdotonta tuottaa mitään, mikä tuottaisi tarpeeksi voittoja finanssimarkkinoiden edellyttämässä tahdissa ja laajuudessa. Nopein tapa tehdä finanssimarkkinoiden vaatimia voittoja on kaapata taloudellista lisäarvoa muilta markkinatoimijoilta.[7]

Käytännössä kyse on yhtiökannibalismista, jossa vahvemmat saalistavat heikompiaan. Yrityskaupat ovatkin aina olleet yksi klassisista kannibalismin muodoista. Perinteisesti on ajateltu, että yrityskaupoissa kannattavat tai vakavaraiset yhtiöt syövät markkinoilta pois heikosti kannattavia taikka huonokuntoisia yhtiöitä. Finanssivetoisessa turbokapitalismissa kuviot ovat kuitenkin paljon monimutkaisempia.

Siinä ”heikompi” on varsin usein se yritys, joka on yhä sitoutuneesti investoinut tulevaisuuteen, tarjonnut hyvin palkattuja työpaikkoja, maksanut veronsa taikka käyttänyt luonnonvaroja vastuullisesti. Tällainen yritys on usein asemansa jo vakiinnuttanut vanha yhtiö, jolla on pääomaa. Siitä tulee myös yhtiön kohtalo, sillä juuri se houkuttelee paikalle piraijat, jotka ovat erikoistuneet tehottoman pääoman saalistamiseen.[8]

Saalistuksen kohteena voivat olla jo vaikeuksiin ajautuneet yritykset, joiden alamäelle annetaan lisää vauhtia myymällä lyhyeksi näiden osakkeita. Yhä useammin saalistuksen kohteena ovat kuitenkin hyvin hoidetut taikka taloudellisesti vahvat yhtiöt, joilla on markkina-arvon ylittävää murtoarvoa. Saalistuksen yksityiskohdat ovat monimutkaisia ja valtataistelu veristä. Peruskaava on silti yksinkertainen: kannibaali etsii markkinoilta yhtiöitä, joilla on finanssikasinoon pelimerkeiksi muutettavia pääomia.

Nuo pääomat voivat olla vaikka puskureita huonojen aikojen varalle, luonnonvaroihin liittyviä omistuksia ja kiinteään pääomaan tehtyjä investointeja taikka yhteiskunnalle ”ulkoistettavissa olevia” kustannuksia – ylipäätään mitä vain, mikä voidaan välittömästi muuttaa rahaksi. Jos valtaus onnistuu, sen kohteelle siirretään rahoitusteknisillä silmänkääntötempuilla tämän jälkeen kaikki ne velat, joita otettiin valtauksen tekemiseksi.

Velan maksamiseksi vallatun yhtiön on kiireesti muutettava rahaksi pääomiaan, myytävä omaisuuttaan ja leikattava kustannuksiaan. Kun keinotekoinen velka on vihdoinkin saatu maksettua, yhtiö ilmoittaa pian voittojen nopeasta kasvusta, mikä taas mahdollistaa sen myymisen hyvään hintaan. Näin kannibaali tekee suhteellisen nopeasti hyvän tilin, parhaassa tapauksessa jopa kahteen kertaan, jos kaikki sujuu suunnitelmien mukaan.[9]

Yhtiökannibalismi onkin finanssimarkkinoilla luodun hyperkilpailun vertauskuva; juuri tämä tekee yhtiöistä vain työpaikkojen teurastuslaitoksia. Niissä voivat selviytyä vain säälimättömät, ja juuri säälimättömyydestä yritysjohdolle maksetaan pöyristyttäviä palkkioita; kannibalismi taikka tämän uhka pakottaa saneeraukseksi sanotun sosiaalidarvinistisen ruoskan heiluttamiseen. Ruoskiminen on ainoa ruhtinaallisesti korvattava työ.[10]

Yhtiökannibalismin väistämätön seuraus onkin työpaikkakannibalismi. Lähtökohtaisesti kapitalismissa on vain kaksi laillista tapaa tehdä lisää voittoja: lisätä liikevaihtoa taikka leikata kustannuksia. Tavaranpaljouden taikamaailmassa liikevaihdon lisääminen on usein työn sekä tuskan takana: kaikilla on jo kaikkea yli perustarpeiden, ja siksi asiakkaista on tullut ikävällä tavalla oikukkaita.[11]

Mainonnan kokonaismeteli on nykyisin niin valtaisa, että edes se ei enää auta entiseen malliin, paitsi hyvin perusteellisella sekä pitkäjänteisellä työllä. Pitkäjänteinen työ taas ei tule hyperkilpailun tai turbokapitalismin oloissa kyseeseen: finanssimaailman hurjaan sykkeeseen tottuneiden sijoittajien kärsivällisyys kestää korkeintaan seuraavan kvartaalin loppuun, joskus jopa vuosikatsaukseen saakka.

Sen jälkeen johtajaksi kutsutulla ylimmällä orjalla on uuden herran etsiminen edessä tai hänet uhrataan kuin muinaiset kuninkaat markkinoiden jumalien lepyttelemiseksi. Siksi ylimmän orjan on tehtävä tulosta, ja mitä nopeammin sen parempi; siksi hänen katseensa kohdistuu väistämättä palkkakustannuksiin, jotka ovat melkein aina varsin merkittävä menoerä ja jotka ovat helposti ja nopeasti leikattavissa.

Bonuksena tulee paitsi rahaa myös paisunut ego, kun pääsee henkilökohtaisesti heiluttelemaan sosiaalidarvinistista ruoskaa. Tilastot osoittavat, että juuri toisten työpaikkoja hävittämällä voi ansaita kaikkein parhaimmat palkat, jotka tosin eivät nouse pankkiirien tasolle nekään. Silti jalopeurojen luolan laki pakottaa saalistamaan muita.[12]

Kannibalismin ja saalistuksen maailmassa melkeinpä minkä tahansa mutterifirman omistajien ja johtajien onkin omasta mielestään saatava aurinkokuninkaan asema, ansiot edut ja oma hovi. Sekään ei heille riitä, sillä jossain on varmasti joku vielä varakkaampi, todennäköisesti pankkiiri, joka taasen taistelee miljoonabonuksistaan, koska hän taistelee omasta paikastaan vertaistensa joukossa, upporikkaiden ryhmässä.[13]

Rikkaus on ikävästi virvatulen tapainen maali: rahaa ei koskaan ole tarpeeksi, ja juuri tämä pitää finanssikapitalismin päättymättömässä lähes sosiaalidarvinistisessa liikkeessä; tässä liikkeessä tulosta tehdään virtuaalisessa kasinossa tai toisten työpaikkoja saalistamalla.[14]

Työpaikkojen tuhoamisesta onkin yhä selvemmin tullut ihmiskunnan vastine eläinkunnan saalistukselle. Kuitenkin sillä erotuksella, että luomakunnan kruunusta on tullut yhä selvemmin kannibaali. Pieni lohtu on se, että kannibalismi on sentään enimmäkseen symbolista ja suhteellista – siis tehostamista, tiivistämistä ja ulkoistamista.

Sen takana häämöttävät silti myös tuonelan portit, kun jäljelle jääneet eivät enää jaksa tehdä kaikkea sitä työtä, jonka tekijät on jo eliminoitu organisaatiosta. Yritysjohtajille markkinafundamentalismin motto tuleekin jo ekonomisteja enemmän luetulta Carl von Clausewitzilta: sota on pelkkää politiikan jatkamista toisin keinoin; heille historia on Hegelin termein vain "suuri teuraspenkki", jolla kansojen onni uhrataan.[15]

Kansantaloustieteellisessä kirjallisuudessa kannibalismia nimitetään estetiikan filosofiasta lainatuin äänenpainoin luovaksi tuhoksi; voidakseen luoda jotain uutta, vanha on jätettävä taakse. Syntymä edellyttää kuolemaa; kriisi on vain pääomien uuden kasautumisen alkio.[16]

Kannattamattomien yhtiöiden on vain kaaduttava, jotta työvoima vapautuu tuottavampaan työhön – siis se osa, josta vielä on työhön amerikkalaisen opaskirjallisuuden tarkoittamassa mielessä. Muut osat ulkoistetaan hyvinvointivaltiolle, jota samalla vaaditaan jo ajettavaksi alas yrityksille ylimääräistä verorasitusta aiheuttamasta, sillä uusmalthusilainen maailma syyttää aina omia uhrejaan.[17]

Finanssimarkkinoilta mallinsa saaneet yhtiöt eivät ylipäätään halua enää panostaa muuhun kuin voiton virtuaaliseen tahkoamiseen. Pääoman tuottoasteella mitaten mikä tahansa voitto miellyttää markkinoita, jos yhtälössä nimittäjä lähestyy jo nollaa. Tämän finanssimarkkinat ovat takoneet kaikille yrityksille "kiväärinperällä kalloon", kuten Stalin opetti: mikään ei ole yhtä hyvä voitto kuin virtuaalinen voitto, jossa rahaa tehdään tyhjästä – miljoonia, biljoonia, fantastiljoonia.[18]

Finanssimarkkinoiden ulkopuolella tämä voidaan toteuttaa niin sanotulla Niken mallilla, jossa kaikki kiinteä omaisuus ja kaikki pysyvät työsuhteet ulkoistetaan. Enää ei kannata panostaa mihinkään muuhun kuin brändiin ja pankkiiriliikkeen palkkioihin. Osaamisen voi aina ostaa ulkoa: kun *entiset* työntekijät joutuvatkin jatkuvasti testauttamaan työmarkkina-arvonsa, he vastaavat itse myös sen ylläpidosta aina siihen saakka, kunnes markkinoiden hylkäystuomio on lopullinen ja peruuttamaton.[19]

Talouseliitin myös taiteellisesti lahjakkaat runoniekat kutsuvat tätä rakennetyöttömyyden kasvuksi. Tämän torjuminen taas edellyttää aina lisää työelämän joustoja, kevyempää irtisanomissuojaa ja entisestään kiristettävää työtahtia.[20]

Näin käynnistyykin kilpajuoksu pohjalle kaikkein halvimman sekä nöyrimmän työvoiman perässä. Kukaan ei voi tuntea oloansa turvalliseksi, ja kaikki tuntevat olonsa uhatuiksi. Myös tästä aiheutuu tietysti omat kustannuksensa. Ne on kuitenkin ulkoistettu aivan muiden maksettaviksi, joten näillä ei ole mitään merkitystä yhtiöille, koska ulkoistetut kustannukset eivät vähennä vaan lisäävät voittoja.[21]

Kilpailua onkin aina monenlaista. Myös muinaiset runoilijat esittivät, että kilpailua on ainakin kahdenlaista: kilvoittelua ja taistelua. Näistä ensin mainittu on hyödyllistä, kun taasen jälkimmäinen on raakaa, raadollista ja tuhoisaa. Näiden välinen raja on aina epäselvä.[22]

Tästä keskusteleminen on kuitenkin kielletty erään profeetan sanoin seuraavasti: "Tämän kirjan perustelujen kannalta on äärimmäisen tärkeää, että lukija muistaa, että suunnittelu, johon kritiikkimme on suunnattu, on pelkästään kilpailua vastaan suunnattua suunnittelua [– –] emme voi tässä kirjassa ryhtyä keskustelemaan siitä välttämättömästä suunnittelusta, jota tehokas ja hyödyttävä kilpailu vaatii." Taistelu oikeuden asioiden puolesta edellyttää vaikenemista vääristä.[23]

Tätä uusdarvinistista kilpailun pyhyydellä pohjustettua elämänfilosofiaa ei olisi voitu juurruttaa ilman jatkuvaa epävarmuuden uhkaa ja turvattomuuden tunnetta, joka on tehnyt työvoiman säyseäksi. Markkinajärjestyksen perusta on viime kädessä valtava työttömien vara-armeija. Koska pyhä oppi tunnustaa vain taloudelliset arvot tai palvoo pikavoittoja, työmotivaatio on puolestaan turvattava rakenteellisella väkivallalla, joka syntyy työttömyydestä, erottamisen uhasta ja jatkuvasta epävarmuudesta.[24]

Tämä onkin toteutettu palaamalla entisaikojen pestuumarkkinoille. Näillä palkkatyösuhteesta tehdään lopulta täysin yksilöllinen: henkilökohtaisten tavoitteiden ja palkkioiden, uraohjelmien ja jatkuvien arviointikeskusteluiden välityksellä varmistetaan erityisesti ylempien toimihenkilöiden jatkuva uusprotestanttinen itsensä riistäminen; heidät asetetaan tulosvastuuseen myynnistään, tuotteestaan taikka haarakonttoristaan ikään kuin he olisivat itsenäisiä yrittäjiä.[25]

Jatkuvat toimintaprosessien uudistukset pakottavat myös korkeasti koulutetut yhä uudelleen harjoittelijoiksi sekä saattavat pysyvästi voimaan eräänlaiset koulukokeiden vastineet, joilla testataankin teknisen osaamisen ohella erityisesti olennaisimpia "avainominaisuuksia", kuten joustavuuden arvojen kritiikitöntä sisäistämistä tai sokeaa sitoutumista. Pestuumarkkinat sulkevat suut tehokkaasti ilman sananvapauden rajoittamista.[26]

Näin heiltä voidaan helposti vaatia sellaista itsekontrollia tai osallistumista tai vastuuta, joka laajentaa toimihenkilön perinteisen toimenkuvan ylettömäksi läpi elämän jatkuvaksi työnteoksi. Samalla uusprotestanttinen työetiikka kieltää erityispalkkioiden vaatimisen, koska vain puhdas ja kirkas kutsumus on kelvollinen motiivi.[27]

Kun työpaikat todella alkavat muistuttaa markkinoita, myös niiden edut kasautuvat pääasiassa niille, joilla on pelimerkkejä – ja valtaa, voimaa ja röyhkeyttä. Virtuaalisilla markkinoilla voittaja vie kaiken. Kun voittajia ei ole enää pidättelemässä mikään, he ottavat itselleen kaiken minkä saavat, ja muille ei jätetä mitään muuta kuin läpinäkyvät lasikuutiot, halpa kyökkipsykologia ja alati kasvava työtaakka.[28]

Markkinoiksi muuttuvilla työpaikoilla menestyvät vain pelurit, kuten kansainvälisessä finanssikasinossakin. Markkinoilla kaikki ovat aina vapaita lähtemään, jos vain on joku paikka, minne mennä. Kaikkialle ulottuvilla markkinoilla ei kuitenkaan enää pahemmin ole paikkoja, minne mennä; jos paikkoja ylipäätään on, ainakaan siellä ei ole paikkoja, joissa ihmisyys voisi nousta maihin ja joissa voisi olla onnellinen.[29]

Joku voi erheellisesti kuvitella, että taloudellisen vaurauden tarkoituksena olisi turvata mahdollisimman monien ihmisen mahdollisimman suuri onnellisuus tai että taloudellinen vauraus tuottaa edellytyksiä onnelliselle elämälle. Vaurauden piti olla väline, mutta se on muuttunut päämääräksi – itseisarvoksi, jolle onnellinen elämä on uhrattu.[30]

Terve pyrkimys aina parempaan on muuttunut pakkomielteiseksi ahneudeksi, joka on sumentanut kaikilta suhteellisuudentajun. Rahan patologia on Sigmund Freudin tarkoittamassa mielessä sairaus; se on sosiaalipsykologinen sairaus, joka myrkyttää täysin tietyn osan ihmisistä, mutta se vie samalla suhteellisuudentajun kaikilta.[31]

Ahneuden pyhittämisen seurauksena rahan patologia leviääkin pian pahimmillaan kaikkiin kansankerroksiin todelliseksi kansankapitalismiksi, jossa kaikki – ne joilla on edes jotain – keinottelevat vähintäänkin asuntovarallisuudellaan taikka perintörahoillaan. Kansankapitalismi sisältää siten väistämättä oman tuhonsa siemenen.

Tämä siemen on siinä ristiriidassa, joka liittyy oman vaurastumisen edullisuuteen – mutta yleisen elintason nousun hyödyttömyyteen. Jos jokainen ajattelee vain itseänsä tai ponnistelee vain oman etunsa tähden, yhteenlaskettuina nämä ponnistelut valuvat tavallansa hukkaan: jos kaikkien tulotaso nousee, oma status ei enää nouse suhteellisesti toivotulla tavalla. Elintasokilpailusta tulee puhdasta erottautumiskilpailua.[32]

Jatkuvan sosiaalisen vertailun seurauksia on väistämättä vaurauden kilpavarustelu, joka on juurikin samanlaista voimavarojen haaskausta kuin kaikki muukin kilpavarustelu. Toisaalta vapaaehtoinen kilpailijoiden joukosta jättäytyminen merkitsee suhteellista köyhtymistä sekä eristäytymistä muiden elämäntavasta.

Fundamentalistit ovat markkinoiden magiikan alkuhämäristä saakka nähneet valtavasti vaivaa vierottaakseen ihmiset kaikista uskonnolliseen ja filosofiseen perinteeseen sisältyvistä kohtuullisuuden opeista; markkinat eivät tunnusta mitään muita arvoja kuin arvojen arvoksi nostettuja markkina-arvoja, joiden siunauksellisuutta saarnataan paikoin melkeinpä pastoraalisella paatoksella.[33]

Saarnaamisen sivutuotteena vahvistuu finanssimarkkinoille ja suuryhtiöille edullinen ihmiskäsitys tai uusi orjamoraali, jota entisaikojen korruptoituneet kirkkoisät voisivat vain hämmästellen kadehtia. Vielä kerran: markkinoiden maksimoimisen näkökulmasta yhtiöiden ihanteena on villin irrationaalinen ja täysin kyltymätön kuluttajakansalainen.

Tätä otusta ohjaa vain oman edun sekä mielihyvän tavoittelu ilman juuri mitään moraalisia pidäkkeitä taikka sosiaalisia siteitä. Kuten sanottu: noin 150 vuotta syntymänsä jälkeen yhtiö, tämä keinotekoinen ja psykopaattia muistuttava oikeushenkilö, haluaa muuttaa myös luonnolliset henkilöt omiksi kuvikseen, jotka ovat valmiit uhraamaan onnensa kapitalismin päättymättömissä palvontamenoissa uusille jumalille.[34]

Markkinafundamentalistinen maailma onkin jälleen muuttumassa yhdeksi laajaksi rosvoluolaksi, jossa maallista kunniaa saavat eniten ne, jotka onnistuvat ryöstämään eniten muilta – laillisesti.[35] Laillinen rosvoaminen on jalopeurojen luolan ainoa laki, joka levittää rahan patologian vähitellen kaikkiin kansankerroksiin. Jalopeurojen luolassa peli on kuitenkin armotta pudotuspeli.[36]

Rosvopäälliköiden alapuolella kaikki muut ovat todella entistä tasa-arvoisempia – joskin vain siinä perverssissä mielessä, että heillä on kaikilla pian yhtä vähän kuin Charles Dickensin kuvaamien köyhäintalojen asukkailla. Turbokapitalismin tai hyperkilpailun aikakauden suuri ratkaisematon kysymys koskee kilpailussa tappiolle jääneen taikka tarpeettomaksi käyneen kansanosan kohtaloa, johon pyhällä opilla ei ole mitään muuta vastausta kuin mykkä tuijotus.[37]

Jotenkuten tarpeellistenkin kohtalona on työelämän jatkuva huonontuminen ja onnellisuuden uhraaminen. Työ tai koko elämä on nähtävä kalvinistisena kilvoitteluna *par excellence* – ilman mitään pelastusvarmuutta taikka palkintoa. Tiimeissä kaikki ovat vihdoinkin tasa-arvoisia jakaessaan saman turhuuden ja tyhjyyden tunteen, jota polkumyllyt eivät markkinoilla enää pääse pakoon minnekään.

Rahamiehet tai rosvopäälliköt tekevät tästä merkityksettömyydestä universaalin ihanteen tai toteemin, jota kaikkien on palvottava. Rahan tekemisessä ei voi eikä saa olla muita arvoja kuin rahan tekeminen – kaikki muu on harrastustoimintaa, johon ei enää jää aikaa tai rahaa, ei kenelläkään. Mielekkyyden horisontti surkastuu vain muistoksi.[38]

Tämä on ongelmana vain niille, jotka eivät ymmärrä markkinoiden jumalaisia voimia. He eivät ymmärrä markkinoiden mahtia uutena absoluuttina, jonka kirkkaus valaisee vain valittujen maallista vaellusta tai joka tuomitsee jokaisen ansioidensa mukaan jo tässä elämässä. Tuomitut elävät kaikki samassa kosmisessa tyhjyydessä ja rukoillen kohtaloonsa alistuneina Getsemanen yössä, pohjattoman tuskan vallassa, kuolemaansa odotellen.[39]

Tavallaan edes tässä ei ole mitään uutta auringon alla. Kyse on vain kiertoliikkeestä, jossa tulevaisuus löytyy menneisyydestä. Historia ei taasen ole muuta kuin suuri teuraspenkki, jolla kansojen onni jo uhrataan, hengen fenomenologiassa on väitetty. Maailmassa teillä onkin aina oleva tuska ja ahdistus, purppurapergamenteille on kirjoitettu. Uskonpuhdistaja vahvistaa tämän kuvaamalla omaa aikaansa suunnilleen seuraavasti.[40]

Säädystä riippumatta maailma on kuin yksi valtavan laaja rosvoluola, pullollaan suurvarkaita. Näitä kiskureita kutsutaan aivan syystä nojatuolirosvoiksi, maiden tai mantujen varkaiksi. He eivät ole käteistä kähveltäviä rahakirstun ryöstäjiä eivätkä pikkuvarkaita, vaan he istuvat tuoleissaan taikka käyvät suurista herroista tai arvokkaista kunnon kansalaisista; heidän ryöstönsä ja varkautensa tapahtuvat oikeuden varjolla, ei sen vastaisesti.

On jo syytä vaieta vähäpätöisistä pikkuvarkaista ja käydä sen sijaan niiden suurvarkaiden kimppuun, joiden kanssa valtiaat tai ruhtinaat ovat liittoutuneet ja jotka eivät ryöstä vain yhtä kaupunkia vaan koko maailmaa. Maailmanmeno on kerta kaikkiaan tällaista: se, joka voi varastaa julkisesti, saakin kulkea vapaana ilman, että kukaan käy häntä rankaisemaan. Päällä päätteeksi hän päinvastoin vielä vaatii ja saa kunnioitustakin.[41]

Tämän syynä on muuan maailmassa luonnostaan lankeava käytäntö: aina kun tuomari, pormestari, ruhtinas taikka joku muu esivallan edustaja istuu oikeutta, hän ei halua loukata mahtavia vaan mieluummin imartelee näitä rahan, suosion tai ystävyyssuhteiden takia. Tästä taasen seuraa, että köyhä joutuu kuin luonnostaan sorretuksi, jäämään tappiolle ja kärsimään rangaistukset. Vitsaus on, että oikeutta istuvat harvoin kunnon ihmiset.[42]

Ihminen on nimittäin luonnostansa sellainen, ettei hän soisi toiselle yhtä paljon kuin itselleen. Joka ikinen yrittää haalia haltuunsa niin paljon kuin suinkin pystyy, eikä muista ole mitään väliä. Ihminen osaa taitavasti verhota itsensä sekä kätkeä roistomaisuutensa; hän tuumii salaa kekseliäitä tulkintoja ja pirullisia konnankoukkuja – ja niitähän löytyy nykyisin aivan loistavia, aivan kuin suoraan lakikirjasta otettuja.

Niihin ihminen sitten vetoaa eikä ota kuuleviin korviin, että sellaisessa olisi jotain pahaa. Eihän se ole muuta kuin vain viisasta älyn käyttöä. Apunsa tähän antavat myös ne lainoppineet, jotka vääntävät ja venyttävät lakeja, miten tahtovat, kunnes nuo palvelevat heidän asiaansa. He sorvaavat sananparret sekä lauseet niin, että ne käyvät kelpo verukkeista; kohtuudesta tai lähimmäisen tarpeista he eivät välitä vähääkään.[43]

Tämä haavoittaa viattomankin sydämen ja sytyttää jo senkin pahaan; maailma loukkaa sitä sanoin sekä teoin ja sytyttää sen vihaan tai kärsimättömyyteen. Maailmassa ei kerta kaikkiaan ole mitään muuta kuin vihaa tai kateutta, väkivaltaa ja vääryyttä; maailmassa ei ole muuta kuin kostoa, kirousta, moittimista, panettelua, pöyhkeää ylpeilyä tai ylenpalttista kunnianhimoa, koreilua, mammonan, maineen ja vallan tavoittelua.[44]

Maailma ei lopulta ole muuta kuin suuri jalopeurojen luola; historia onkin vain suuri teuraspenkki, jolla kansojen onni uhrataan, ruhtinaille ja nojatuolirosvoille. Jos nämä Lutherin ja Hegelin ajatukset tuntuvat etäisiltä, samaiset asiat voikin moderneissa muodoissaan löytää jo *Rosvojen valtiosta* tai *Tuhokapitalismista*. Kuva on eri kuin johtamiskirjallisuuden kaanonissa.[45]

Johtamiskirjallisuuden kaanonissa historiaa nimittäin kuvataan jopa herooiseksi kehityskertomukseksi kehruu-Jennystä *Computopiaan*.[46] Sadussa avainasemassa ovat johdon kaupallisiksi tuotteiksi jalostamat teknologiset innovaatiot. Yhtä tärkeä osa historiaa liittyy kuitenkin niihin innovaatioihin, joilla monet on saatu tekemään työtä harvojen hyväksi.

Tämä johtamisajattelun musta historia juurtuu jo orjuuden aikoihin. Tämä juurtuu tuonne kahdessakin mielessä: ensiksi, kapitalismin kultainen kausi rakennettiin suurelta osin orjuuden ja imperialismin päälle; toiseksi, liikkeenjohdon alkeismuodot ja ensimmäiset tekniikat kehitettiin orjuuden olosuhteissa ja orjia varten.[47]

Työn osittamisen, kannustamisen tai kontrolloinnin tekniikat eivät saaneet alkuaan manufaktuuriteollisuudessa vaan jo orjaplantaaseilla. Omistava luokka ei halunnut liata käsiään plantaasien johtamisella vaan delegoi tämän tehtävän muille. Silti se halusi varmistua orjiensa tehokkaasta käytöstä. Omistajuuden tai johtajuuden erottamisen ongelma ei saanut alkusanojansa moderneissa osakeyhtiöissä vaan orjaplantaaseilla.

Plantaasien omistajat vaativatkin näiden johtajilta yksityiskohtaisia selvityksiä siitä, miten heidän omaisuuttansa käytettiin. Apuvälineeksi tuli työn osittaminen sekä alkeellinen laskentatoimi: koska orjat eivät voineet vaihtaa työpaikkoja, heidän kaikkia tekojaan oli mahdollista tarkkailla tai kirjata. Plantaasien omistajat pitivät jo 1800-luvulla pikkutarkkoja tilastoja mitatakseen työsuoritusten minimiaikoja ja työn tuottavuutta.[48]

Pian plantaasien omistajat oivalsivat käyttää tilastoja kannustamiseen: he houkuttelivat varsin vähäpätöisillä pikkupalkinnoilla orjat kilpailemaan toisiaan vastaan; kilpailusta kieltäytyviä taas uhattiin ryhmärangaistuksilla. Manufaktuurien omistajat ymmärsivätkin vasta myöhemmin monistaa nuo menetelmät käyttöön. Taylor taas jalosti nuo tieteelliseksi liikkeenjohdoksi, jonka ydinperiaatteet ovat edelleen käytössä kaikissa yrityksissä.[49]

Sen periaatteet eivät enää yksin riitä, koska vapailla markkinoilla ei ole orjia. Siksi tarvitaan psykologista ehdollistamista, jonka avulla työntekijät saadaan jo itse sisäistämään halutut ajatukset luonnollisiksi osiksi arkea. Periaatteessa tämä voi korvata jopa kokonaan esimerkiksi kellokorttijärjestelmän. Käytännössä ehdollistaminen on silti yhdistetty orjaplantaaseilta periytyviin laskentajärjestelmiin tavalla, joka tarkoittaa työntekijöiden kaksinkertaista kontrollointia.[50]

Tämän lopputuloksena on vapaaehtoisia orjia, pienipalkkaisia polkumyllyjä, jotka uhraavat koko elämänsä työlle, koska heidät on ehdollistettu uskomaan, että vain sen kautta ihminen saa merkityksen elämälleen; yritysvalmentajat tai muu maallinen papisto ovatkin saaneet heidät uskomaan, että työpaikka korvaa kirkon sekä tiimi perheen. Siksi he raatavatkin kuin orjat ummistaen silmänsä siltä, että voitot vie edelleen plantaasin omistaja.[51]

Mitä lähemmäs teknologisen edistyksen evankeliumin toteutumista on tultu, sitä ilmestyskirjamaisemmalta kokonaiskuva on alkanut finanssivetoisen turbokapitalismin valtakaudella näyttää. Finanssivetoisessa turbokapitalismissa voittaja vie kaiken ja voittaja saa kaiken. Se on kuin kannibaali, joka syö jo suihinsa kaikki muut; se on kuin historian näyttämölle palannut herrarotu, jolle sääli on sairautta.

Muille historiasta tuleekin jälleen suuri teuraspenkki, jolla yksilöiden, joukkojen ja jopa kokonaisten kansojen onni uhrataan. Mielekäs työ lähes kaikkialta ja kaikilta tasoilta on yksinkertaisesti katoamassa, mitä alemmalla tasolla hierarkiassa, sitä varmemmin. Ne, joille on vielä toistaiseksi tarjolla järjellistä työtä, on pakotettu raatamaan kuin kaleeriorjat, mitä korkeammalla tasolla hierarkiassa, sitä varmemmin.[52]

Työ on todella ollut läntisen sivilisaation perusta. Työn on uskottu olevan lääke kaikkiin "sosiaalisiin sairauksiin". Siksi tästä uskosta pidetään sairaalloisesti kiinni, vaikka palkkatyö kulttuurisena kunnian kenttänä on yhä selvemmin hajoamassa sosiaaliseksi hallusinaatioksi, valinnaksi täydellisen tarpeettomuuden ja orjuuden välillä. Uutta kulttuurista epookkia ei näe etenkään unissakävelijöiden keskiluokka, joka jopa itsepintaisesti takertuu travestiaksi muuttumassa olevan työyhteiskunnan viimeisiin rippeisiin.[53]

On vain ajan kysymys, milloin joku keksii, että tarpeettomat todella ovat tarpeettomia. Silloin väkivalta ei ehkä enää olekaan vain rakenteellista, eikä teuraspenkki vain vertauskuva. Jo nykyisin on aistittavissa työttömiä tai sosiaalipummeja kohtaan nouseva viha; sen todellinen kohde on kuitenkin se tulevaisuudenkuva, joka heidän kohtalossaan hämärästi näyttäytyy myös muille. Holokaustin päättymisestä on kulunut aikaa vain sen verran, että se on juuri ja juuri ehtinyt unohtua, nuoremmilta ainakin.[54]

Vasemmisto, tuo tyrmään suljettu Saatana

Ei! Tämä ei voi olla näin. Maailma ei voi olla vain jalopeurojen luola – eikä työelämä voi olla vain teuraspenkki. Täytyy olla vaihtoehto: raha on pantava rautoihin, jotta ihminen voi olla vapaa. Toisenlainen maailma on mahdollinen, vaihtoehtoliikkeet lupaavat.[1]

Finanssikapitalismia kritisoivasta sekä uutta ja uljasta maailmaa visioivasta vaihtoehtokirjallisuudesta ei ole juuri pulaa. Sen sijaan todellisista vaihtoehdoista on jo vähän pulaa – siis työläisiä, työelämää sekä sen laatua perinteisesti puolustaneella vasemmistolla.

"On helpompi kuvitella maailmanloppu kuin kapitalismin loppu", yksi ajan lentävä lause kuuluu toistuen tavan takaa jopa vasemmistolaisilla foorumeilla. Jos kulttuurihäirintä, kansalaiskeskustelu tai ekologinen primitivismi ovat keinot kapitalismin kaatamiseen, pitää tähdätä ainakin yhtä tarkasti kuin Daavid tähtäsi Goljatin otsaan.[2]

Teoriassa tämä otsalohko löytyy kapitalismin syvimmästä ytimestä: finanssimarkkinoilta. Goljat voidaan kaataa – mutta mitä tämän jälkeen? Vaatii vielä jonkin verran tuotekehittelyä ennen kuin pääoman imperiumi voidaan korvata aurinkoenergiaan, kasvisruokaan ja itsensä toteuttamiseen perustuvilla paikallisyhteisöillä.

Vasemmistolta yksinkertaisesti puuttuvat vaihtoehdot, jotka kestävät myös historian happotestin. Vasemmistosta onkin tullut vanha ja väsynyt; vasemmistosta on vähitellen tullut tyrmään suljettu Saatana.[3]

Kapitalismin kaatajilla on oikeastaan enää yksi toivo: ilmastonmuutos ja maailmanlopun uhka. Siihen pohjautuu se sosiaalisesti vastuullinen mutta sekava punavihreys, jonka taakse vasemmistolaisuus nykyisin kuin hieman häpeillenkin piiloutuu. Reaalisosialismin romahduksen jälkeen markkinafundamentalismille ainoa varteenotettava vastavoima on juuri ympäristöfundamentalismi, joka vetoaa itsesäilytykseen ylimpänä arvona.[4]

Kasvun rajoista on kuitenkin saarnattu suunnilleen koko sen ajan, kun vapautetut markkinat ovat hallinneet maailmaa. Kasvun rajoja ei kuitenkaan kunnolla ole tullut vastaan, joten monet ovat alkaneet epäillä, että näitä ei oikeastaan olekaan.[5]

Ilmastonmuutos aiheutuu pohjimmiltaan samasta ongelmasta kuin liikakalastus: ulkoisvaikutuksista. Yksittäisellä kalastajalla ole erityisiä kannusteita ottaa huomioon, kuinka paljon myös muillekin jää kalastettavaa. Kun kaikki kalastajat ajattelevat näin, seurauksena on liikakalastus.[6]

Ylihyödyntäminen on ilmastonmuutoksen suurin syy. Sen peilikuva on puolestaan jälkien alikorjaaminen: koska lähes kaikki hyötyvät saasteiden siivoamisesta, kenelläkään ei ole kannusteita tehdä sitä yksinään. Teoriassa valtion pitäisi tämän takia verottaa päästöjä summalla, joka vastaa saastuttamisen vahinkoja. Saasteverot ovat valitettavasti regressiivisiä: pienituloiset joutuvat kantamaan suhteessa suurimman verotaakan.[7]

Siksi ympäristön taikka ilmaston pelastajiksi ovatkin ilmoittautuneet tiedostavat vihreät ja punavihreät kuluttajat. Markkinat kuitenkin luonteensa mukaisesti rankaisevat vihreän kulutuksen valinneita – ja palkitsevat niitä, jotka ovat ulkoistaneet omat kustannuksensa muiden maksettavaksi. Siksi myös monet ympäristöjärjestöt ovat ekonomistien tavoin kääntyneet kannattamaan niin kutsuttuja markkinaperusteisia ratkaisuja.[8]

Ilmastonmuutos jo itsessään osoittaa kuitenkin, että juuri markkinat ovat ulkoistaneet valtavan kustannuserän muun maapallon maksettavaksi. Ilmastonmuutos on paljastanut massiivisen "mustan aukon" nimenomaan markkinamekanismin ideologisessa ytimessä – eli hinnan määräytymisessä. Mahdollisuus käyttää ilmakehää kaatopaikkana onkin maailmanhistorian suurin markkinahäiriö kautta aikojen.[9]

Ilmastonmuutos voi olla valtava uhka maapallolle vaan ei suinkaan markkinafundamentalismille. Varhaisemmista voitoistansa jo rohkaistuneena se ryhtyi reippain ottein hinnoittelemaan ilmaa. Hiilidioksidi on kaikkien ympäristötuotteiden äiti, hurmioituneet ilmastomeklarit hehkuttivat työn päästyä vihdoin jo täyteen vauhtiin. Kioton sopimus oli heille todeksi tullut unelma, kaupankäyntiä kasvihuonekaasuilla.[10]

Markkinat voivat vyöryä valtavalla volyymillä taikka täydellä teholla jo kokonaan uusille kuvitteellisille markkinoille, joilla voi ainakin teoriassa tuottaa entistä suurempia voittoja aina vain houkuttelevammilla futuureilla taikka muilla riskipapereilla. Näillä voikin ehkä keinotella jo pian aivan uudella alueella asuntoluottojohdannaisten markkinoiden sulettua alta – ja katsella samalla "Titanicin kansituoleilta" ilmastonmuutoksen etenemistä.[11]

Porvaristo on aina puolustanut kapitalismia siinä hengessä, että tuo on huono järjestelmä, mutta paras niistä, joita on kokeiltu.[12] Toistaiseksi markkinat etenevät kaikilla elämänalueilla kuin Wehrmacht parhaina päivinään, kohti Calibanin valtakuntaa. Vasemmisto taas on heikoimmillaan juuri nyt, kun sitä ehkäpä eniten tarvitaan: kun ilmastonmuutos uhkaa, tuloerot kasvavat ja pankkisektori on osin kansallistettu tai tukien varassa.[13]

Vasemmisto on kuitenkin antautunut, koska siltä puuttuvat todelliset vaihtoehdot. Kapitalismin kultainen pakkopaita on tosiasia, mutta se pakkopaita on kultainen. Jos muilla on tarjolla vain pakkopaita, valinta ei ole vaikea.[14] Vapaus valita on kapitalismin valttikortti, johon vasemmistolla ei ole vielä vastausta. Jos kunnollista vastausta ei ole, kapitalismi sulauttaa kaikki sen korvikkeet helposti itseensä.[15]

Koska nykyisin on helpompi kuvitella maailmanloppu kuin kapitalismin loppu, myös viimeisen taiston on korvannut kulttuurivallankumous: haistatetaan pitkät paskat kapitalismille – esimerkiksi poptaiteen keinoilla. Kun vasemmisto on sen velipuoleksi miellettyjen vihreiden tapaan taantunut tiedostavien ihmisten yleishumanistiseksi elämäntapavalinnaksi, se onkin käytännössä tehnyt rauhan kapitalismin kanssa.[16]

Vanha vasemmisto on paljolti ottanut kokonaisuudessansa oikealle liukuneessa poliittisessa värikartassa porvaristoon jo siirtyneiden sosiaalidemokraattien perinteisen paikan tavoittelemalla jonkinlaista romantisoidun Ruotsin mallin mukaista hyvinvointivaltiota; se ei enää vaadi kapitalismin tilalle sosialismia vaan jotakin kivaa, joka viihdyttää tiedostavia kulttuurikapinallisia ja heidän seurassa hengaileviä hipstereitä.[17]

Tällä strategiallaan vanha vasemmisto on samalla menettänyt suuren osan tarpeettomaksi käyneen työväestön kannatuksesta populisteille, jotka tarjoavat vihalle edes purkautumiskanavan – joskaan eivät todellisia vaihtoehtoja hekään. Kaiken kaikkiaan vanhasta vasemmistosta on tullut löyhäsidonnainen sekalaisten idealistien unioni.

Tässä joukossa onkin työttömiä humanisteja, taiteilijoita, nuorison alakulttuurien edustajia sekä muuta sekalaista seurakuntaa, johon vetoavat poliittisia palopuheita ja ohjelmia enemmän rap, katutaide ja hyvät tyypit: tärkeää on lukea oikeita lehtiä, osallistua oikeisiin keskusteluryhmiin sekä tehdä lopuksi oikeat henkiset harjoitukset. Unioni uhoaa aikansa, kunnes kapitalismi tuotteistaa sen *cooliksi* osaksi kulutusvalintojen avaruutta.[18]

Kulttuurikapinallisten tavoitteet voivat toki olla hyvinkin yhteisöllisiä, usein jopa koko ihmiskuntaa syleileviä, mutta heidän toimintansa on täysin yksilöllistä, spontaania ja fiilispohjaista. Vastakulttuuriin kuuluvien liikkeiden tavoitteet ovatkin niin häilyviä, moniselitteisiä ja kaiken kattavia, että niiden pohjalta ei juuri voi muotoilla mitään mielekästä konkreettisen toiminnan asialistaa.

Perinteisen politiikan puuduttava järjestötyö ja rasittavat kokousrutiinit eivät kulttuurivallankumouksellisia kiinnosta. Kaikki eivät edes pyri perustaviin yhteiskunnallisiin päämääriin, vaan tekevät kapitalistisen systeemin vastustamisesta itsellensä eräänlaisen hauskanpidon muodon: vallataan kadunpätkiä ja kutsutaan kuokkavieraita eliitin kokoontumispaikoille tai haaveillaan Seattlen ihmeen toisesta tulemisesta.[19]

Seattlessa järjestettiin marraskuussa 1999 varsin massiiviset mielenosoitukset Maailman kauppajärjestöä WTO:ta vastaan. Tapahtumasta tuli melkeinpä samanlainen myytti kuin Marxin mainitsemasta kommunismin aaveesta. Myytin mukaan Seattlessa syntyi kansainvälistä suuryritysvaltaa vastustanut yhtenäinen liike, joka todella pelästytti kapitalistit pitkästä aikaa. Mielenosoituksissa oli kuitenkin vain alle 50000 osallistujaa, joista alle 10000 aktivistia osallistui kansalaistottelemattomuuteen.

Vasemmiston sielunmaisemaan paremmin perehtyneiden mukaan mielenosoitusten merkitys ei ollut näiden mittakaavassa vaan osallistujien kirjossa. Se ulottui merikilpikonniksi pukeutuneista ympäristöaktivisteista etnisten vähemmistöjen kautta terästyöläisiin tai valkoihoisiin virkamiehiin; kaikki he yhtyivät iskulauseisiin tai protestilauluihin, joita johti seksuaalivähemmistöistä koottu cheerleadereiden ryhmä.[20]

Tämä median megafoniefektien paisuttelema painajaismainen näky olikin ylikansallisen finanssikapitalismin puolustajille kuin kommunismin aave; tämä aave olikin monenkirjavista kansanjoukoista yhdeksi liikkeeksi yhdistynyt kansa; se ei vastustanut niinkään kansainvälisyyttä sinänsä vaan Washingtonin konsensuksessa paljolti kiteytynyttä yhden totuuden politiikkaa, joka uhmaa niin tiedettä kuin tervettä järkeä.

Tällaisella kulttuurivallankumouksella ei ole silti mitään mahdollisuuksia kaataa talouden teokratiaa, joka täyttää kaikki sotilaallisen tehokkaan organisaation tunnusmerkit. Se vaatii jäseniltänsä ankaraa sisäistä kuria tai alistumista, sillä on käytettävissään kaikki vallan välineet tai keinot, sillä on vain yksi yhteinen taikka selkeä tavoite sekä sillä on mittaamaton määrä ihmisten ehdollistamiseen käytettävää suostutteluvaltaa.[21]

Siinä kaikki mainitut elementit liittyvätkin tiiviisti toinen toisiinsa, kun taas vasemmiston kulttuurivallankumouksellisilta puuttuu enemmän tai vähemmän kaikkia näitä. Apuun kulttuurivallankumoukselliset huutavat uudenlaista kansalaisyhteiskuntaa, kun muuta ei keksitä – määrittelemättä tietysti sitä tai sen edellytyksiä sen tarkemmin.

Kulttuurilla voidaan ylevästi ymmärtää elämän sekä yhteiskunnan tavoitteista tai arvopäämääristä käytävää kansalaiskeskustelua siitä, mitä ihmiset pitävät toivottavana ja mitä eivät. Kulttuurisen toiminnan institutionaaliset muodot tieteestä taiteeseen ja politiikkaan saavat merkityksensä vain kansalaiskeskustelusta ja suhteessa siihen.[22]

Tuo keskustelu kumpuaa arjen epäkohdista, ongelmista tai tarpeista; tuo syntyy ristiriidasta elämäntilanteen sekä kuvatun todellisuuden välillä. Näistä epäkohdista tai ristiriidoista ei ole koskaan pulaa, joten juuri näistä kansalaiskeskustelua käydään; juuri niistä kansalaisyhteiskunta puhuu.

Teoriassa kansalaiskeskustelu on dialogia vallanpitäjien ja alamaisten välillä. Käytännössä kansalaisyhteiskunta puhuu vain itselleen. Vastaavasti vallanpitäjät puhuvat vain itselleen, ja kummatkin jo katsovat toistensa ohi viileästi, kuten Giacomettin veistokset. Kun taloudelliset arvot on asetettu ylimmiksi arvoiksi, keskustelua ei oikeastaan tarvita: jos on vain yksi vaihtoehto, mistä vielä kannattaa keskustella?[23]

Hegemonisen uskomusjärjestelmän voima on aina siinä, että sen ei enää tarvitse perustella näkemyksiään tai määritellä käsitteitään; sen voima onkin siinä, että sen omaksunut menestyy riippumatta siitä, pitävätkö käsitykset paikkansa vai eivät. Ne, jotka elävät uskossa, elävät totuudessa; edes pyhiä tekstejä ei tarvitse tuntea, koska ne ovat jo todellisuutta. Toisinajattelijat elävät jo täysin toivottomassa tiedollisessa pimeydessä, joten kaikki se keskustelu, josta kulttuuri teoreettisesti nousee, on absurdia.[24]

Kulttuuri on pikemminkin alistettu palvelemaan taloudellisia arvoja, minkä peilikuva on taas kulttuurin popularisoituminen. Kun kysynnän ja tarjonnan laki ulotetaan myös kulttuurin alueelle ja kun tavoitteeksi tulee massamarkkinoiden luominen, keskustelun tasoa on väistämättä laskettava. Viime kädessä kyse on aina siitä, mitkä ovat kunkin yksilön mahdollisuudet osallistua keskusteluun ja mikä on keskustelun avoimuuden aste.[25]

Kaikki opit, jotka julistavat olevansa ainoita vaihtoehtoja, ovat aina moniarvoisen keskustelun esteitä. Jopa kulttuurintutkijoilta jää usein huomaamatta, ettei tämä liity ainoastaan totalitarismiin ja diktatuuriin. Myös markkinafundamentalismi johtaa monokulttuuriin, jossa yksi metatarina on yli kaikkien muiden ja joka hallitsee kaikkien mieliä.[26]

Tarinassa ihmiset ovat otuksia, jotka pyrkivät alinomaa vain ajamaan omia etujaan; tarinassa kaikki ovat tavallaan yrittäjiä taikka kyltymättömiä kuluttajakansalaisia, jotka käyvät alituista kilpailua jo niukoista resursseista. Markkinoiden toimiessa tehokkaasti kuluttajat saavatkin edullisesti tarvitsemansa hyödykkeet – ja yrittäjä ottaa kohtuullisen voittonsa. Mitä enemmän markkinoilla onkin valinnanvaraa, sitä nopeammin talous aina kasvaa; mitä enemmän markkinat ja talous kasvavat, sitä tehokkaammiksi ne tulevat.

Tässä tarinassa pyhä oppi saakin markkinapopulistisen muotoilunsa. Markkinapopulismi taasen johtaa monokulttuuriin jo relativisminsa kautta: kaikki on suhteellista, kaikki on yhtä hyvää ja kaikki käy – jos se käy kaupaksi. Ja kun kaikki elämänarvoja koskevat kannanotot ovat yhtä päteviä, keskustelu onkin hyödytöntä; keskustelusta tulee viihteellistä vuoropuhelua, jossa osallistujien ei tarvitse perustella "tunteitaan".[27]

Kulttuurikeskustelun tilanne on jo paradoksaalinen: kaikki käy, mutta mitään ei kuunnella tai mistään ei keskustella. Ajatuksiaan taikka tunteitaan voi ilmaista varsinkin verkossa täysin vapaasti – mutta kukaan ei oikeasti kuuntele ketään. Markkinapopulistisen monokulttuurin motto tulee individualismin äärimmilleen vieneeltä Max Stirneriltä: *"All things are nothing to me"*, mitkään asiat eivät ole minulle mitään.[28]

Siinä lopullisen totuuden löytäneet uskovat yksilönvapauden toteutuvan vapailla markkinoilla, ja he toimivat häikäilemättä myös julkisuudessa tämän diskurssin säännöillä; jossain toisaalla taas ovat kilpailussa hävinneet, jotka eivät usko mihinkään tai joille ei anneta puheenvuoroa; he voivat vain huutaa verkossa kaltaistensa kanssa.[29]

Markkinapopulistisessa monokulttuurissa juuri talous on ainoa todellisuuden peili tai tulevaisuuden kristallipallo. Siksi keskusteluun osallistuminen on tehokasta delegoida puhuville päille sekä papukaijoille, joiden vuorosanat tunnetaan jo varmuudella etukäteen. Ne ovat vain viihteellistä voiteluainetta kapitalismin kiivaasti pyöriviin rattaisiin.[30]

Mielekkään keskustelun edellytys on, että keskustelijoilla on yhteinen aihe, josta he pitävät kiinni ja josta he ovat eri mieltä. Jos kaikki yrittävät perustella kantansa ja pysyä asiassa, jonkinlainen keskustelu on periaatteessa mahdollinen. Pääsääntöisesti se ei koskaan onnistu, vaan keskustelijat kadottavat kaiken suhteellisuudentajunsa: he lähinnä lausuvat ulkoa opeteltuja vuorosanoja ja vastaavat vastapuolen repliikkeihin omillaan.[31]

He eivät enää puhu lainkaan sovitusta aiheesta; he eivät enää puhu jostakin vaan jotakin. Kun kaikki vain odottavat vuoroaan oman kantansa sanomiseen, puhdas retoriikka ratkaisee jo sen, kuka "voittaa" keskustelun. Siinä ei enää ole kyse edes muodollisesta tai väliaikaisesta yksimielisyydestä vaan vallasta ja hyvistä kuvakulmista.

Todellisista ongelmista irtoaminen on keskustelussa pikemminkin pääsääntö kuin poikkeus. Koska "keskustelua" käyvät pääosin vain mediavalmennusta saaneet alan ammattilaiset, jotka tuntevat toisensa sekä toistensa edustaman näkökannan, he myös tietävät jo, mikä näyttää hyvältä ruudussa tai kuulostaa kiinnostavalta otsikoissa. Mielikuvitusta ei käytetä perustelujen keksimiseen vaan mediakynnyksen ylittämiseen.[32]

Jos tavoitteena on vain herättää huomiota, on samantekevää, mikä on aiheena. Ratkaisevaa on retorinen vetoavuus, uusi kulma sekä yllätysmomentti. Tätä tarkoitusta palvelevat myös "mediafilosofit", joiden pätevyyteen kuuluu kyky perustella tuoreelta vaikuttavalla tavalla mitä tahansa päähänpinttymää, kunhan aasi saa kantaa kultakuormaa sekä nimi edistää median mainosmyyntiä.[33]

Vilkasta kansalaiskeskustelua elämän epäkohdista ja arvopäämääristä käydään silti koko ajan: sitä käydään kodeissa sekä kutsuilla, toreilla taikka työpaikoilla. Tämä keskustelu ei kuitenkaan saa sijaa julkisuudessa muuten kuin karikatyyrinomaisena pienen ihmisen puheenvuorona, vallanpitäjien puheen välttämättömänä vastapoolina, ei sen haastajana.[34]

Yhteiskunnallinen keskustelu ei silti synny suoraan kansalaiskeskustelusta ilman, että joku tekee aloitteen. Toisaalta se ei synny myöskään siten, että ministeri tai joku muu auktoriteetti kuuluttaa keskustelun alkaneeksi tietäen koko ajan, että asia on päätetty pienessä piirissä ja että "keskustelun" on vain tarkoitus tyynnytellä kansaa.

Keskustelujen avaamiseksi tarvitaan aloitteentekijä, joka johdattelee käsiteltävään aiheeseen. Ihanteellisessa tapauksessa aloitteentekijä on asiaa tunteva, arvostelukykyinen, suhteellisuudentajuinen sekä jopa suhteellisen demokraattisesti ajatteleva henkilö. Teoriassa hänen tehtävänänsä on esittää avoin kysymys kaikkien pohdittavaksi.

Perinteisesti aloitteentekijänä on toiminut niin kutsuttu älymystö, joka kuitenkin jätti tämän tehtävänsä vuoden 1968 kipeiden kokemusten jälkeen – viimeistään 1980-luvulle tultaessa. Sen rooli onkin vaihdellut eri aikoina, ja sen jäsenyys on pikemmin tietty tapa hahmottaa maailmaa tai toimia tietyssä historiallisessa tilanteessa kuin kiinteä asema.[35]

Se, mikä tässä roolissa on historiallisesti yleispätevää, on älymystön tiedolliseen pohjaan perustuva kyky vastustaa sellaista hallintoa, joka sulkee korvansa kaikelta kritiikiltä, kieltää kaikki vasta-argumentit sekä väheksyy kaikkea keskustelua. Toiseksi sen on kovetettava itsensä muun koulutetun eliitin kritiikiltä taikka kaunalta, jonka taustalla on haluttomuus horjuttaa heille hyviä asemia ja etuoikeuksia jakanutta järjestelmää.[36]

Vallan vahtikoirana älymystö on aina ollut vasemmiston luonnollinen liittolainen. Tämän tehtävän toteuttaminen on kuitenkin tullut entistäkin vaikeammaksi: aloitteentekijän roolin ottaminen edellyttää jo mediajulkisuutta. Tätä taas saa vain mediaa hallitsevien mielen kersanttien kutsusta, populaarikulttuurin portinvartijoiden suostumuksella. Nämä taasen ovat jo synnyttäneet omiin tarpeisiinsa erityisen "mediaälymystön", joka myy mielipiteitään rahasta ja joka valmis lausumaan värikkäästi joka asiasta.[37]

Mediaälymystö ei kuitenkaan kyseenalaista juuri mitään vallitsevassa järjestyksessä. Sen synty onkin entisestään korostanut julkisuutta jonkinlaisena spektaakkelina, jonka roolihahmot lähinnä mittelevät keskenänsä kansan taas veikatessa voittajaa. Populaarikulttuurin portinvartijoiden avulla muotifilosofit painavat älymystön marginaaliin, jossa keskustelua on aina voinut käydä vapaasti vallanpitäjien rauhaa häiritsemättä.[38]

Aikoinaan asetelma oli toinen: älymystöä kuunneltiin ja vasemmistolla oli todellista joukkovoimaa, joka kompensoi rahavaltaa. Menneisyys ei kuitenkaan koskaan palaa, ainakaan sellaisenaan. Siksi vasemmiston on tunnistettava oman heikkoutensa syyt, ja vasta sitten etsittävä uusia keinoja ottaen huomioon myös kapitalismin ilmeiset vahvuudet.

Vasemmisto onkin jo autuaasti unohtanut sen, että Karl Marx aloitti *Kommunistisen manifestin* kapitalismin niin voittoisien piirteiden ylistyksellä. Toisin sanoen visiot ilman tilanneanalyysiä ovat yhtä tyhjän kanssa. Tämän tilanneanalyysin olennaisin osa *ei ole* kapitalismin kritiikki vaan itsekritiikki: tunne itsesi, opettivat antiikin viisaat – eivätkä turhaan.[39]

Radikaalin vasemmiston, ja varsinkin sen älykkösiiven, ajattelua on aina hallinnut julkilausumaton oletus siitä, että sen piiriin kuuluvilla liikkeillä on suora metafyysinen oikeus valtaan. Koska ne puhuvat ihmiskunnan kärsivän enemmistön puolesta, äänestäjien luottamuksen voittaminen vaaleissa on lähinnä byrokraattinen muodollisuus.[40]

Vasemmistoaktivistien kohdeyleisö ei olekaan tavallinen kansa vaan täydellistetty yliminäversio heistä itsestään. Se on eräänlainen hypoteettinen vasemmistolaisista vasemmistolaisin jumalhahmo, joka vuodattaa verensä tasapuolisesti kaikkien kärsivien puolesta.[41]

Vasemmistolainen yliminä on juurtunut ajatukseen sydänten sosialismista: joka ikinen ajatteleva ihminen on sosialisti ainakin siinä mielessä, että hän koko sydämestänsä toivoisi yhteiskunnallisten olojen muuttuvan paremmiksi kuin ennen; kukaan ajatteleva ihminen ei voi väittää, että yhteiskunta on kaikin puolin mallikelpoinen ja vastaa omatuntomme, älymme, sekä sisimpämme vaatimuksia.

Jokainen ajatteleva ihminen on huomannut, että muutoksia taikka parannuksia tarvitaan monissa epäkohdissa; vaikka yksi ajatteleva ihminen kiinnittää enemmän huomiota yhteen epäkohtaan ja toinen toiseen, kaikki he ovat silti yhtä mieltä siitä, että yhteiskuntaa voidaan paljonkin parantaa. Juuri tämän vuoksi kaikki ajattelevat ihmiset ovat sydämessään sosialisteja – kun käsite ymmärretään tarpeeksi laajassa merkityksessä.[42]

Epäsuorasti tuon myöntää jopa eräs markkinaprofeetta omistaessaan tunnetuimman teoksensa kaikkien puolueiden kaikille sosialisteille.[43] Juuri tämän oletetun sydänten sosialismin vuoksi vasemmisto onkin aina pitänyt jo itsestäänselvänä, että maailmankaikkeus hurraa tavoitteille, jotka sen yliminä maailmalle asettaa.[44]

Sydänten sosialismiin juurtuneen yliminän ikävä seuraus ovat kuitenkin kohtuuttomat vaatimukset. Kohtalokas ylimieli uskoo keskitettyyn yhteiskunnalliseen suunnitteluun sekä sen melkeinpä rajattomiin mahdollisuuksiin. Tätä talouden tosiuskovat puolestaan käyttävät armotta lyömäaseena: Jumala saattoi luoda maailman seitsemässä päivässä, ihminen ei.

Sen, mitä ihminen saa aikaan, hän saa aikaan yrityksen ja erehdyksen menetelmällä hajautuneessa järjestyksessä, jossa onnistuneimmat yritykset jäävät eloon – ja epäonnistuneet kuolevat pois. Näiden yksittäisten yritysten ja erehdysten kautta kehityksen kulttuuriset rattaat kitkuttelevat hiljalleen eteenpäin.[45]

Näin saarnaavat siis talouden tosiuskovat – tosin kuuroille korville, mitä vannoutuneisiin vasemmistolaisiin tulee. Yliminänsä takia vasemmistolaiset nimittäin ponnistelevat pohjimmiltaan ollakseen itse vielä täydellisemmin sitä, mitä he itse ovat sen sijaan, että he pyrkivät voittamaan puolelleen ihmisiä, jotka eivät vielä ole heidän kaltaisiaan.[46]

Näitä ihmisiä vasemmistolaisten täydellisyyden tavoittelu karkottaa luotaan pois. Vasemmistolaisessa ajattelussa tämän ihmistyypin olemassaolo aina kiistetään, vaikka yliminänsä miellyttämisen motiivi on läsnä melkein kaikissa vasemmistolaisten julkisissa kannanotoissa, joissa suoraan tai epäsuorasti asetutaan yhtenä rintamana tukemaan kaikkia kapitalismin vastaisia liikkeitä.[47]

Vasemmistolaisille näitä liikkeitä sitten riittääkin. Vanhan kunnon työväenliikkeen lisäksi on ainakin kuluttajaliike, ympäristöliike, rauhanliike, naisasialiike, eläinasialiike ja vähemmistöliike tai vielä yhtiövallan vastainen

110

liike. Eräät vasemmistolaiset sanovatkin jopa ääneen sen, että kapitalismia vastustavien tulee työskennellä kaikissa niissä liikkeissä, joista kapitalismin uhrit etsivät edes jonkinlaista suojaa.[48]

Vasemmistolaisten mukaan ainoastaan osallistumalla kaikkien näiden liikkeiden työhön voi huomata, miten kapitalismi on lopulta syynä jo lähes kaikkiin ongelmiimme; ainoastaan osallistumalla kaikkiin näihin liikkeisiin voi ymmärtää, miksi kapitalistinen kilpailun sekä ahneuden järjestelmä on tulevaisuudessa korvattava tasa-arvoisten yksilöiden vapaaehtoiseen yhteistyöhön perustuvalla järjestelmällä.[49]

Kaikkien liikkeiden ihanteet voitaisiinkin toteuttaa verraten lyhyessä ajassa, mikäli yhden ihanteen saavuttamisesta tehtäisiin ihmiskunnan ainoa päämäärä. Rajallisten resurssien reaalimaailmassa joudutaan kuitenkin valitsemaan, mihin ihanteisiin keskitytään. Tietyn liikkeen kannattajat ajattelevat siltikin, että heidän arvojärjestyksensä ei ole vain henkilökohtainen vaan yleinen, joten he uskovat kykyynsä vakuuttaa myös muut tästä arvojärjestyksestä – vain epäonnistuakseen tässä toistuvasti.[50]

Pelkästään varsin pinnallinen perehtyminen utopistien, anarkistien ja marxistien keskinäisiin kiistoihin osoittaa, kuinka vaikeaa on päästä yhteisymmärrykseen edes silloin, kun ollaan periaatteessa barrikadin samalla puolella. Koska sinänsä kannatettavia ihanteita on lukuisia, eikä ole mitään mitta-asteikkoa, jolla ne voidaan jo asettaa arvojärjestykseen, ne joutuvatkin kilpailemaan keskenään.[51]

Tämän seurauksena mikään ihanne ei voikaan toteutua täydellisesti. Itsepintaisesti eri liikkeiden kannattajat uskovat kuitenkin pystyvänsä juurruttamaan yhteiskunnan johtajiin heidän oman näkemyksensä ihanteiden arvojärjestyksestä – vain epäonnistuakseen jälleen. Käytännössä eri liikkeitä ei yhdistä juuri mikään muu kuin moraalisesti närkästynyt tunnetila sekä tavaton turhautuneisuus.[52]

Silti vasemmistolaisille vasemmistolaisuus on myös liikkeiksi sirpaloituneena intuitiivisesti ja moraalisesti tavallisen ihmisen ainoa mahdollinen oletusarvoinen valinta, jonka voi estää vain kapitalistisen propagandan vääristämä tietoisuus. Kapitalismin palvelukseen asettunutta porvarissäätyä taas ei kannata puhutella lainkaan, koska se ei kuitenkaan äänestä vasemmistoa.

Vasemmistolla on kuitenkin väliä vasta, kun se puhuttelee myös muita kuin vasemmistolaisia.[53]

Vasemmisto toki kutsuu kansaa joukkoihinsa. Kutsuun liittyy kuitenkin kummallinen tunne siitä, että mukaan voi tulla vain olemalla joku muu kuin mitä itse on. Vasemmistolaisuus yksinkertaisesti vaatii yksilöiltä liikaa vaatiessaan uhraamaan identiteetin, luonteen tai persoonallisuuden aatteen puolesta; yksilöt eivät saa olla sellaisia kuin he ovat vaan heidän on oltava sellaisia kuin me olemme – ja älyttävä tämä ääneen sanomatta.

Vasemmisto rakentuukin vain varsin tarkkaan rajatun ihmistyypin rungosta. Kuva onkin kafkamainen: vasemmistolainen yliminä vaatii suoraa demokratiaa, ihmisten oman äänen ja äänestäjien tahdon kunnioittamista.

Vasemmistolainen alitajunta taas toivottaa tervetulleeksi ainoastaan ammattiyhdistysaktiivit, yliopistointellektuellit ja kulttuurivallankumoukselliset; poliittinen identiteetti pelkistyy tietynlaisen ammatillisen ja älyllisen elämäntyylin jatkeeksi.[54]

Ohjelmissaan vasemmisto toki vaatii vanhasta muistista yhteistyötä kilpailun tilalle. Yhteistyö ja solidaarisuus edellyttävät kuitenkin suurta yksimielisyyttä tavoitteista ja käytettävistä keinoista. Ihmiselämässä tämä tilanne on pikemminkin poikkeus kuin pääsääntö.

Vasemmisto näkeekin valtavasti vaivaa etsiessään esimerkkejä poikkeuksellisista kollektiiveista, joissa yhdistyisi hutteriittiyhteisön henki sekä ekologinen osallisuustalous. Tämä eetos voi kuitenkin syntyä vain pienissä paikallisyhteisöissä, jonka jäsenillä on jo valmiiksi samanlaiset tottumukset, tiedot, taidot ja ennakkoluulot.[55]

Laajemmassa mittakaavassa tällaisen yksimielisyyden voi synnyttää vain pakkovalta tai absoluuttinen köyhyys ja kurjuus. Nämä loivat aikoinaan edes hetkeksi sen joukkovoiman tunteen, jonka paluusta vasemmisto haaveilee. Haaveillessaan nämä veljensä vartijat haluavat unohtaa sen, että joukkovoiman tunne vietiin käytäntöön Leninin menetelmillä.

Kieltäytyessään kunnioittamasta toisten identiteetin ja elämäntavan pyhyyttä omaa yliminäänsä vaaliva vasemmisto antaa epäluotettavan kuvan itsestään. Jo pelkästään tämän asian takia vasemmistolaisuus on aina vain vähemmän houkutteleva vaihtoehto miljoonille muille ihmisille – vaikka finanssikapitalismin sosiaaliset seuraukset ovat mitä ovat tai vaikka myös informaatiotalouden sisäisen logiikka lisää suurpääoman pottia.

Saattaa toki olla, että kapitalismi voidaan kaataa vain maailmanvallankumouksella. Sen ideaalit asettavat kuitenkin kohtuuttoman taakan tavalliselle ihmiselle vaatiessaan sydänveren vuodattamista kaikkien maailman kärsivien puolesta. Tämä on yksinkertaisesti vain liikaa useimmille tavallisille ihmisille. Vasemmistolaiselle yliminälle tämän tunnustaminen taas on täysin ylivoimaista. Siksi se ei enää siedä niitä, joita sen piti puolustaa. [56]

Samalla taivasten valtakunnan avaimet on ojennettu oikeistolaiselle vaalimatematiikalle, jossa etsitään kulloinkin kelvollisia pienimpiä yhteisiä nimittäjiä erilaisten ihmisryhmien väliltä. Puhuttaessa puolueiden kriisistä tarkoitetaankin tosiasiallisesti vasemmistolaisten kaaderipuolueiden kriisiä.[57] Esimerkiksi republikaaneilla ei ole ollut erityisiä ongelmia yhdistää hyvällä menetyksellä rikkaan eliitin etuja, keskiluokkaista työnetiikkaa, kristillistä fundamentalismia ja punaniskaista nationalismia toisiinsa.[58]

Vasemmiston kulttuurivallankumoukselliset yrittävät tietyllä tavalla jäljitellä juuri tätä oikeistolaista poliittisen valinnanvapauden filosofiaa – epäonnistuen kuitenkin armotta pyrkimyksessään. Vasemmistolainen yliminä vaatii nimittäin uskomaan, että kaikkien niiden asioiden, joita vasemmisto pitää hyvinä, täytyy liittyä kiinteästi yhteen tai ainakin olla selkeästi sopusoinnussa keskenään.

Missä tahansa törmääkin vasemmistolaisiin teksteihin, törmää tuon yliminän esittämään vaatimukseen kuolla kaikkien hyvien asioiden puolesta. Siksi vasemmistolainen ajattelu ei anna mitään armoa yksilön identiteetille; ja siksi myöskään järkevästä taloudenpidosta ei tule mitään. Vasemmistolta yksinkertaisesti puuttuvat uskottavat vaihtoehdot.

Vasemmistosta on tullut vanha ja väsynyt; vasemmistosta on tullut tyrmään suljettu Saatana. Sen on sulkenut tyrmään tämän oma yliminä.[59]

Työelämän viimeinen taisto

Yliminänsä vaatimuksista voi tunnetusti vapautua vain palaamalla lapsuuteensa tai asioiden alkulähteille. Vasemmiston kohdalla tämä tarkoittaa Karl Marxia, ja osin myöskin hänen edeltäjiään. Heihin on palattava ennen kaikkea kapitalismin kriitikoina eikä taloustieteilijöinä; he kiteyttivät kapitalismin hengen ja rahan patologiaa seuraavan riiston tavalla, jota taloustieteen tasapainoteoriat voivat vain halveksia.[1]

Heidän lääkkeensä tähän tautiin tosin oli oikeastaan pahempi kuin itse tauti. Siksi vaatimus paluusta Marxiin ja myös hänen edeltäjiinsä kuulostaa mielenvikaiselta maailmassa, jota luonnehtivat historian loppu sekä liberalismin lunastus. Kommunismi on kuopattu ja Karl Marx sen mukana – pysyvästi ja peruuttamattomasti.[2]

Kommunismin aave ei enää koskaan kummittele Euroopassa kuten 1800-luvulla, ellei sitten vanhojen ja hyvien arvojen kunnianpalautuksen kautta muutoinkin palata 1800-luvulle. Silloin köyhillä ei ollut varaa siihen yksilöllisyyteen, jonka yhä ontommalla lupauksella oikeisto nyt ostaa enemmistön äänet.[3]

Vasemmiston kulmasta lähtökohtatilanne on kuitenkin liki lohduton: reaalisosialismi romahti, libertaarinen sosialismi katosi jo ennen sotia kartalta sekä sosiaalidemokraatit välttivät vastaavan kohtalon vain vesittämällä aatteensa; kommunismi onkin aatehistorian roskakorissa, ja sosiaalidemokratiasta on taas tullut porvariston nöyrä seuraneiti.[4]

Reaalisosialismin romahduksen myötä purkautuikin koko se oppirakennelma, joka oli yli sadan vuoden ajan sitonut sinänsä varsin riitaisat vasemmistoryhmät yhteen. Jäljelle jäi vain ammottava aatteellinen musta aukko – eturyhmäpolitiikka, kateuden politiikka ja uudelleenvalinnan politiikka. Ilman aatetta politiikka kuihtuu kirjanpidoksi. Se ei ole ongelma konservatiiveille mutta se on katastrofi vasemmistolle.[5]

Jos nykyihmiset enää ylipäätänsä kallistavat korvaansa kapitalismin kritiikille, kiinnostus loppuu välittömästi, kun kritiikistä siirrytään kapitalismin korvaamiseen jollakin muulla. Tällainen hanke edellyttäisi hirvittäviä uhrauksia ihmisten enemmistöltä, jolla on taas historian valossa perusteltu syy suhtautua epäillen vasemmiston kykyihin luoda merkittävästi parempi maailma.[6]

Tiivistetysti vasemmiston taloudellisen ajattelun taso ei herätä luottamusta ihmisissä, vaikka moraalista närkästystä aiheuttava eriarvoisuus koko ajan kasvaa. Äärimmäinen älyllinen haaste on se, miten markkinakilpailun korvaava järjestelmä voidaan organisoida niin, että se todella on toimiva ja tehokas – joskaan ei yhtä tehokas kuin markkinakilpailu.[7]

Vastaukset kysymykseen ovat kaikkea muuta kuin selviä, ja näiden tulee olla valmiina silloin, kun historia avaa ikkunansa lyhyeksi hetkeksi, jolloin näitä vastauksia todella tarvitaan. Valtaosin vasemmiston vastaukset eivät enää vakuuta – ja kulttuurivallankumouksen keinoilla vastauksia löydetä koskaan.[8]

Vaikeimmat kysymykset ovat edelleen ne, joista vasemmisto – siis marxilaiset, anarkistit tai utopistit – on aina riidellyt. Kiistanalaisia kysymyksiä ovat ainakin nämä: Voitaisiinko taloudellinen tasa-arvo saavuttaa mitenkään muuten kuin lakkauttamalla kokonaan yksityisomistus, kuten Platonin *Valtiossa* tai Moren *Utopiassa*?

Jos yksityisomistus voidaankin lakkauttaa, voiko tämä tapahtua mitenkään muuten kuin korvaamalla yksi tyrannia toisella? Jos yksityisomistus voidaan lakkauttaa ilman tyrannioita, miten voidaan ehkäistä ihmisten laiskistuminen silloin, kun kaikki on yhteistä? Miten kaikki tämä toteutetaan myös käytännössä silloin, kun ei asuta Utopian saarella tai ideaalisessa ihannevaltiossa?[9]

Oikotietä onneen ei ole: vasemmiston on palattava piirustuspöydän ääreen pohtimaan tapoja taloudellisen oikeudenmukaisuuden ja todellisen demokratian toteuttamiseksi. Muuten mitään toivoa vasemmiston uudesta noususta ei juuri ole. Ensimmäiset esteet tällä tiellä ovat marxilaiset myytit. Myyteistä mahtipontisin onkin kriisiteorioiden tuottama usko siihen, että kapitalismi kaivaa oman hautansa ja hirttää itsensä ahneuteensa.[10]

Kapitalismi ei tee kumpaakaan. Pääomavirtojen vapauttaminen luo vahvoja laskupaineita palkoille ja työelämän laadun standardeille. Yritykset voivat hyvin helposti ulkoistaa toimintoja alempien palkkojen ja standardien alueille. Näissä oloissa kilpailukyky voidaan turvata vain sisäisen devalvaation keinoin, palkkoja taikka työehtoja alentamalla, eikä vauraus näy juuri mitenkään työpaikkojen lisääntymisenä.[11]

Tosiasiat ovat selvät: kilpajuoksu pohjalle on käynnissä, ja taloudellinen eriarvoisuus onkin koko ajan kasvamassa jo viktoriaanisen aikakauden kliimaksia kohti. Tästä havainnosta ei silti automaattisesti seuraa kapitalismin haudankaivu ja maailmanvallankumous. Talouseliitti onkin taitava torjumaan taloudellisen tasa-arvon sekä siihen kohdistuvat syytteet ja vastaväitteet sydänten sosialismina.[12]

Taloudellista tasa-arvoa ei ole pakko perustella pelkästään sydänten sosialismilla. Tasaisen tulonjaon tarpeellisuutta voidaan perustella myöskin taloudellisesti. Koska koettu vauraus on laskevien rajahyötyjen lain alainen – upporikas ilahtuu pienestä lisäansiosta vähemmän kuin rutiköyhä – tietystä kansantulosta on aina enemmän hyötyä, mitä tasaisemmin se jaetaan, sillä kasvu vaatii aina myös massojen kysyntää. Asetelmaan voidaan ottaa mukaan monimutkaistavia tekijöitä, mutta peruspäättely pätee silti.[13]

Kansa haluaa kaikkialla varsin tasaista tulonjakoa. Finanssimaailman mielin määrin hallitsemassa turbokapitalismissa kriisit tuhoavat taloudellisen tasa-arvoisuuden ja turvallisuuden samalla, kun hyvin suppea eliitti kokoaa käsittämättömiä omaisuuksia. Siitä huolimatta markkinafundamentalismi uskomusjärjestelmänä tekee vain hyväksikäytön hyväksyttäväksi ja ylläpitää myyttejä omasta ylivertaisuudestaan.[14]

Sen suurimpia voittoja on ollut kasvun ja siihen liitettyjen kannustinvaikutusten kruunaaminen talouspolitiikan kuninkaaksi. Tätä on toistettu niin moneen tuhanteen kertaan, että se on muuttunut markkinapopulistiseksi myytiksi epätasaisesta tulonjaosta kaiken ponnistelun perustana. Siitä on tullut keskeinen politiikan kulmakivi: tulo- tai varallisuuseroja on joko tietoisesti kasvatettu tai on annettu kasvaa asiaan puuttumatta.[15]

Kehitys on keskeinen osa sitä kovaa talouspolitiikkaa, jonka uskotaan tuottavan enemmän talouskasvua – toki vasta *myöhemmin* jaettavaksi. Tämä niin kutsuttu tihkumisen taloustiede ei kuitenkaan pidä paikkaansa, eikä etenkään finanssikapitalismissa, jossa finanssisektori haukkaa leijonanosan kasvaneista tuloista ja siirtää aiheuttamiensa kriisien kustannukset muiden maksettavaksi. Todellisuudessa tuloerot tai varallisuuserot piiskaavat kaikkia ponnistelemaan – mutta vain lyhyellä aikavälillä.[16]

Pitkällä aikavälillä ne johtavat luokkayhteiskuntaan. Siitä aiheutuu kustannuksia, jotka tulisi sisällyttää taloudellisiin laskelmiin. Ensinnäkin, henkisiä voimavaroja haaskataan, koska köyhyyteen syntyneet on käytännössä suljettu korkeamman koulutuksen ulkopuolelle. Toiseksi, epäoikeudenmukaisuus heikentää ihmisten luottamusta järjestelmään, mikä maksaa pitkän päälle paljon. Kolmanneksi, aktiivisuus alkaa väistämättä suuntautua kaupusteluun, kerjäämiseen ja rikollisuuteen.[17]

Lyhyellä aikavälillä nämä eriarvoisuuden kustannukset eivät sisälly taloudellisiin laskelmiin – eivätkä yhtiöiden laskelmiin muutenkaan, koska yhtiöt ovat ulkoistaneet nämä kustannukset vihaamalleen valtiolle. Vaikka tosiasiat ovat selvät, vasemmiston vaikeudet alkavat silti jo taloudellisen eriarvoisuuden määrittelystä.[18]

Vasemmiston suhde eriarvoisuuteen on paljolti sama kuin monien suhde pornografiaan: sitä on hankala määritellä, mutta sen kyllä tunnistaa sitä nähdessään. Tämä vie valitettavasti epäjohdonmukaisuuteen ja opportunismiin, mikä pitkän päälle murentaa taloudellisen eriarvoisuuden poistamiseen pyrkivän liikkeen pohjan. *Oikeudenmukaisuusteorian* eroperiaate on yksi yritys päästä tästä eteenpäin.[19]

Vasemmisto on väistellyt ongelmaa, koska kuningasajatus on ollut, että kapitalismi sisältää sellaisia sisäisiä ristiriitoja, jotka ovat samalla tuon oman tuhon siemeniä. Jotkut ovat ajatelleet, ettei ole mitään tarvetta asettaa vallankumousta pienten askelten edelle, koska sisäiset ristiriidat pakottavat kapitalismin pian polvilleen. Toiset ovat epäilleet, kehittyykö kapitalismin kriisi tosiaan itsestään ilman esimerkiksi proletariaatin painostusta.[20]

Kapitalismi ei kuitenkaan koskaan synnyttänyt yhtenäistä työväenluokkaa, jonka oli määrä ottaa tuotantovälineet haltuunsa. Sen sijaan työväenluokka sirpaloitui ammattitaidon, etnisen taustan, koulutuksen, sukupuolen sekä monien muiden ominaisuuksien suhteen niin moniin kuppikuntiin, että sosialismin ihanteelta katosi tämän käytännön toteuttaja, tuo paljon puhuttu messiaaninen proletariaatti.[21]

Kaikille niille, jotka kaikesta huolimatta haluavat uskoa, että täysin vapaalle markkinataloudelle on jokin vaihtoehto – joka ei ole kommunistinen komentotalous – jääkin vastattavaksi varsin vaikea kysymys siitä, mikä tarkemmin ottaen on tämä vaihtoehto. 1900-luvun lopulle tultaessa vasemmiston vastaus tähän varsin vaikeaan kysymykseen kävi koko ajan yhä epämääräisemmäksi, moniselitteisemmäksi ja ristiriitaisemmaksi.

Myös ne, jotka hahmottivat tämän ongelman, eivät tehneet määrätietoisesti työtä sen ratkaisemiseksi; silloinkin kun he ymmärsivät olevansa ansassa asteittaisen edistyksen strategian kanssa, he aliarvioivat kapitalismin käsittämättömän kyvykkyyden käytännölliseen yhteistyöhön myös vastustajien kanssa. Samalla vasemmisto kulutti suunnattomasti aikaa tai energiaa arjesta irtautuneeseen opilliseen kiistelyyn.[22]

Siksi vasemmisto oli henkisesti äärimmäisen huonosti valmistautunut talouden kansainvälistymiseen, joka ikään kuin kallisti poliittista pelikenttää pysyvästi porvareiden puolelle. Tämän symboliksi tuli Ranskan sosialistihallituksen taipuminen markkinakuriin jo 1980-luvun alussa. Mitterandin hallitus teki toki muodollisesti kunniaa työväenluokan tavoitteille ja toukokuun 1968 runolliselle ruusulle, mutta perui pian kaikki lupauksensa.[23]

Myöhemmin sama kuvio toistui monissa muissa maissa – viimeksi Kreikassa. Etenkin maltillisten sosiaalidemokraattien johtamat hallitukset oppivat jo varhain mittaamaan menestystänsä valtionvelan korkopreemiolla sekä myös ennustamaan erinäisiä asioita johdannaismarkkinoiden liikkeillä. Vasemmisto kieltäytyi tavoittelemasta uusia uudistuksia, kun sen alkuperäisetkään uudistukset eivät enää saavuttaneet menestystä.[24]

Henkisesti vaurioituneesta vasemmistosta tulikin hämmentynyt tai väsynyt vanhus, joka ei enää uskonut vallankumoukseen tai tuntenut taloudellisen tasa-arvon, saati sosialismin, merkityssisältöä. Konsensuksesta tuli poliittisen sisällön puutteen korvike, ja kapitalismin hyväksyminen strategisena kompromissina muuttui jo ideologiseksi hyväksynnäksi; vasemmisto keskittyi pelkkään puolustustaisteluun systeemin sisällä.[25]

Se tuomittiin jatkuvaan Jaakobin painiin kahden ongelman kanssa. Ensinnäkin, mitä tehdä silloin, jos järjestelmän jättäminen perusteiltaan koskemattomaksi, tekee tosiasiallisesti melkein mahdottomaksi edistää tasa-arvoa sekä demokratiaa. Toiseksi, mitä tehdä, kun myös uudet uudistukset horjuttavat järjestelmää, joka on jo suostuttu hyväksymään, vaikka tämä uhkaa tehdä tyhjäksi aikaisemmatkin uudistukset.[26]

Jatkuva Jaakobin paini ja uskon puute on henkisesti väsyttänyt varsinkin maltillisen vasemmiston, joka on luovuttanut tai alkanut mitätöimään vanhaa vasemmistoa syytöksillä taloudellisen vakauden horjuttamisesta; vanha vasemmisto taasen on taantunut kirjavaksi kulttuurikapinallisten unioniksi. Viime vuosisadan alussa "libertaariset sosialistit" välttivät nämä ongelmat – vain ajautuakseen toisenlaiseen ansaan.[27]

He katsoivat, että kapitalismi on ahneudelle rakentuva järjestelmä, joka vie äänivallan alkutuottajilta sekä manipuloi kuluttajia; he vastustivat kapitalismia ennen kaikkea moraalisista syistä riippumatta siitä, sisältääkö se tuhonsa siemenet vaiko ei. He katsoivat, että keskusjohtoinen kommunismi tuo vain komissaarien vallan kapitalistisen vallan tilalle riippumatta siitä, mitä eroja valtion ja yksityisten yritysten välillä ehkä on.[28]

Libertaarisen sosialismin ydinajatus oli, että kuluttajat tai työntekijät ovat kykeneviä huolehtimaan itsestään ja omasta työnjaostaan tehokkaasti sekä tasa-arvoisesti. Sen kannattajat uskoivat, että ihmiset voivat selviytyä ilman markkinakilpailun kiihokkeita – mutta myös ilman keskushallinnon suunnittelubyrokraatteja. He uskoivatkin, että ihmiset voivat saada elinolosuhteidensa parantamiseksi paljon aikaan jo spontaanilla yhteistyöllä ilman tarkoitusta toisten riistämiseen tai käskemiseen.[29]

Libertaarinen sosialismi yritti esittää ensimmäisen vakavasti otettavan määritelmän sosialismista yhteisöllisenä tai moraalisena sekä muutostyöhön täysin sitoutuneena tai kauttaaltaan täysin demokraattisena liikkeenä. Jos tällä vuosituhannella vielä esiintyy sosialismia, joka sen nimityksen ansaitsee, on tunkeuduttava ajassa kaksisataa vuotta taaksepäin Marxia edeltäneiden sosialistien käytännöllisiin tai teoreettisiin ihanteisiin.[30]

Tuolloin heidän kohtalokseen koitui puhdasoppisuus. He eivät esimerkiksi tunnustaneet sitä, miten välttämätöntä on spontaaniin yhteistyöhön perustuvien kokeilujen käytännön organisointi myös systemaattiseksi liikkeeksi. Tietyllä tavalla he olivat yhtä puhdasoppisia tai idealistisia kuin markkinafundamentalistit, joskin eri tavalla.

Puhdasoppisuutensa takia he joka tapauksessa pitivät mahdottomana todellisia uudistuksia kapitalismin sisällä. Juuri siksi he pyrkivät välttämään systemaattista järjestäytymistä sekä keskittyivätkin kritisoimaan kapitalismin moraalittomuutta ja uskoivat jonkun kapitalismin tulevista kriiseistä johtavan sen korvaavaan kansannousuun.

He eivät halunneet liata käsiänsä reformikampanjoissa tai osallistua ammattiliittojen tai lainsäädäntöelinten toimintaan, koska he pitivät näitä vain koulutuspaikkoina, joissa kapitalismin vastustajat pettävät aatteensa. Tässä he olivatkin suurelta osin oikeassa. Vasemmisto on aina kärsinyt verenhukkaa, kun sen jäsenet ovat eri elimissä ensin uupuneet, sitten korruptoituneet ja lopulta kokonaan myyneet itsensä.[31]

Heidän oma keinonsa kiertää korruptoitumisen ongelma oli välttää reformityötä ylipäätään ja eristäytyä kokeellisiin kommuuneihin. Sen seurauksena liike kuihtui kuitenkin lähes kokonaan pois – pelkäksi älylliseksi alaviitteeksi vasemmiston historiaan ja varhaiseksi varoitukseksi utopismin kovasta kohtalosta reaalimaailmassa.

Heitä kuten muitakin vasemmistolaisia johti harhaan ennen muuta myytti siitä, että kapitalismin rattaisiin jauhautuminen synnyttää itsestään jo vallankumouksellisen tietoisuuden työväenluokan keskuudessa. He eivät nähneet, miten laajasti kapitalismi kykenisi opettamaan ihmisille kaupallisia arvoja sekä ahneutta suitsivan markkinakilpailun siunauksellisuutta.[32]

Silti vain libertaarinen sosialismi tarjoaa ainekset, joista uusi vasemmistomytologia on rakennettava; juuri se vannoo vapaan yksilön nimeen jo yhtä vahvasti kuin markkinafundamentalismi; vain se on yhtä puhdasoppista tai idealistista kuin markkinafundamentalismi. Kumoutumattomana sekä siten uskonnollisena ajatusjärjestelmänä tämä ei ole korjattavissa vaan ainoastaan korvattavissa – jollain yhtä uskonnollisella ja kumoutumattomalla ajatusjärjestelmällä.[33]

Tie *on* kuitenkin kammottavan pitkä, koska tämän vuosituhannen alussa on yleisesti lakattu etsimästä vaihtoehtoja kapitalismille. On vain itsensä huijaamista sekä kiusaamista uskotella, että on olemassa toisenlainen talous. Ainoa varteenotettava vaihtoehto on inhimillistää kapitalismia sekä harjoittaa vaurioiden hallinnan politiikkaa.

Ajatusmallista tulee pian itsensä toteuttava ennuste: monet pelkäävät esittää kapitalismin kritiikkiä, koska he pelkäävät muiden vierastavan sitä; he pelkäävät väittelyn vaihtoehtoisista visioista johtavan eristäytymiseen ja vuorovaikutuksen vaikeutumiseen muiden ihmisten kanssa.[34]

Ihmisillä onkin hyvät syyt suhtautua epäilevästi puheisiin kapitalismia parempien vaihtoehtojen puolesta. Heillä on oikeus vaatia enemmän kuin itsestäänselvyyksiä ja yleistyksiä: miten vaihtoehto eroaa kommunistisesta komentotaloudesta ja miten se voidaan toteuttaa tehokkaasti. Vaihtoehdoista vaahtoavien on vastattava vaikeisiin kysymyksiin.

Kapitalismin vaihtoehtoja visioineet ovat aivan liian usein jättäneet vastaamatta kysymyksiin siitä, miten päätökset tarkemmin ottaen saadaan tehdyiksi; he ovat jättäneet vastaamatta myös siihen, miten demokraattiset käytännöt tuottaisivat tosiasiallisesti toimivan suunnitelman taikka miten varmistettaisiin ihmisten kannusteet työhön alkuhuuman haihduttua.[35]

Ortodoksisen taloustieteen vastaus näihin on selvä: on mahdotonta koordinoida miljoonien kuluttajien tahtoa taikka toimintaa muutoin kuin markkinoiden tai autoritaarisen keskussuunnittelun avulla. Niin kutsuttu kolmas tie on aina byrokraattinen, epäkannustava sekä informaatiolla yli-kuormittava. Se on tehoton ja ihmisluonnon vastainen aktiivisten yksilöiden alati kokouksia pitävä piilodiktatuuri. Sisäisten ongelmiensa vuoksi se liukuu joko sosialistiseen komentotalouteen tai markkinatalouteen.[36]

Nämä ongelmat tulevat varsin hyvin esiin Mondragónin tapauksessa. Tämä satojen osuuskuntien verkosto on Espanjan suurimpia yritysryhmiä, baskialueella jopa suurin. Siihen kuuluu jo toistasataa osuustoiminnallista yritystä. Sen palveluksessa on ollut parhaimmillaan yli 70000 työntekijää ja sen liikevaihto on ollut yli 12 miljardia euroa.

Yksi tärkeimpiä yrityksiä tuossa verkostossa on Caja Laboral, osuus-toiminnallinen pankki, joka tarjoaa verkostoon kuuluville yrityksille talou-dellisen pääoman lisäksi muun muassa liikkeenjohdollista koulutusta, tut-kimustietoa ja teknologista apua. Moniin muihin osuustoimintaliikkeisiin verrattuna tämä tukiverkosto on paljon vankempi sekä kehittyneempi. Silti tätä "kokeilua" analysoivassa kirjallisuudessa tuota kuvataan aina lasina, joka on puoliksi täynnä ja puoliksi tyhjä.[37]

Yhdestä kulmasta katsottuna se onkin maailman suurin tai menestyksellisin esimerkki työntekijätason omistamasta osuustoimintaliikkeestä. Täysin markkinaehtoisesti toimiviin yrityksiin verrattuna tuohon kuuluvat yritykset tarjoavat työntekijöille paremmat mahdollisuudet osallistua päätöksentekoon sekä maksavat parempaa palkkaa. Toisaalta vuosien varrella on tapahtunut selvää siirtymää kohti johtoportaan määräysvallan kasvua.

Vaikka verkoston osuustoimintayritykset kannattavat muodollisesti edustuksellista tai demokraattista prosessia, valta on tosiasiallisesti keskittynyt yhä enemmän erikoistuneiden teknokraattien käsiin. Samalla voittojen painoarvo päätöksenteossa on kasvanut, ja esimerkiksi Caja Laboralin pääomasta yli puolet on sittemmin sijoitettu muihin kuin osuustoiminnallisiin yrityksiin.

Verkoston osuustoimintayritykset ovat myös tehneet kumppanuussopimuksia monikansallisten yhtiöiden kanssa, periaatteenaan sitoutuminen oikeudenmukaisen yhteiskunnallisen järjestyksen edistämiseen. Tämä periaate on kuitenkin vuosien varrella vesittynyt yhteiskunnallisesti tietoisten investointien tekemiseksi.

Mondragón onkin yhtäältä esimerkki siitä, miten työntekijät voivat johtaa itseään tai kilpailla kohtuullisella menestyksellä markkinayrityksiä vastaan. Toisaalta tämä on myös esimerkki niistä vaaroista, jotka uhkaavat työntekijävetoisia osuustoimintaliikkeitä kapitalistisessa kilpailuympäristössä silloin, kun ne yrittävät pitää periaatteistaan kiinni.

Paineet pikemmin kaventaa kuin laajentaa työntekijöiden osallistumista ovat erittäinkin suuria. Vastaava paine kohdistuu jo myös palkkoihin. Nämä paineet taasen johtavat helposti uuden säätyjaon syntymiseen osuustoiminnallisen yrityksen sisälle. Esimerkiksi ahkeruuteen perustuva palkitseminen taikka tasapainoisten työkokonaisuuksien ylläpitäminen edellyttää päättymätöntä ponnistelua.

Osuustoiminnallisten periaatteiden tai markkinaperiaatteiden ristiriidan kiistäminen on ensimmäinen askel osuustoiminnallisten periaatteiden kukistumisessa. Se voidaan välttää vain, jos osuustoiminnalliset yhteisöt ja yritykset onnistuvat edes osin muuttamaan sitä markkinaympäristöä, jossa nämä toimivat.[38]

Osuustoiminnallisten yritysten mahdollisuudet ovat rajalliset mutta eivät täysin olemattomat. Markkinat nimittäin jo avaavat myös uusia mahdollisuuksia osuustoiminnalle keskittyessään finanssimarkkinoiden toiveiden mukaisesti vain kannattavampaan liiketoimintaan. Viime aikoina kuluttajaosuuskunnat ovat tehneet paluuta markkinoille: esimerkiksi Yhdysvalloissa niitä arvioidaan olevan kymmeniätuhansia.[39]

Osa näistä osuuskunnista on vanhaa historiallista juurta, mutta hyvin suuri osa niistä on perustettu vasta viime aikoina vastauksena yhä kasvaviin kuluttajien tarpeisiin, joita hyvin markkinaehtoisesti toimivat yritykset eivät tyydytä. Tarpeet voivat liittyä esimerkiksi energian siirtoon maaseuduilla, ekologisesti kestävien elintarvikkeiden puutteeseen suurmyymälöissä taikka uusiin kohtuuhintaisiin asuntoratkaisuihin.

Suurin ongelma ainakaan Yhdysvalloissa ei olekaan kuluttajaosuuskuntien puute vaan näiden kyvyttömyys edistää ja vakiinnuttaa osuustoiminnallisia periaatteita tai käytäntöjä. Näiden sittenkin suurin ongelma on nimittäin periaatteiden ontoksi kovertuminen sisältä päin – eikä niinkään pelkkä markkinakilpailun paine.[40]

Espanjalaisen osuustoiminnan opetusten valossa esimerkiksi epäviralliset hierarkiat tai eriarvoisuudet työnjaossa voivat olla jopa vaikeampia havaita tai käsitellä kuin viralliset. Ihmiset hakeutuvat luonnostaan omille mukavuusalueilleen sekä suosituimpiin tehtäviin. Kun kokeneempia työntekijöitä lähtee pois, työnjaon tasapainotusta pitää korjata.

Tämä johtaa helposti konflikteihin, joita taas halutaan hyvän työilmapiirin säilyttämiseksi välttää. Silloinkin kun asioista kyetään keskustelemaan avoimesti, tasapainotetut työkokonaisuudet jäävät usein vain kaukana tulevaisuudessa häämöttäväksi horisontiksi, jonka suuntaan olisi kuitenkin pakko pyrkiä.

Myös työntekijöiden motivaatiossa, luotettavuudessa ja innovatiivisuudessa esiintyy yksilöllistä vaihtelua. Se onkin saanut jotkut epäilemään, onko ylipäänsä järkevää yrittää palkita ahkeruuden perusteella. Joitakin työn osa-alueita laiminlyödään, ja toisia ylikorostetaan liikaa; jotkut käyttäytyvät kuin osakkaat, ja toiset jo korostetusti kuin palkkatyöläiset. Nämä ongelmat eivät kuitenkaan ole sen suurempia kuin muissakaan yrityksissä.

Mondragónin ongelmat opettavat muille siitä, että vaihtoehtoisten organisaatioiden rakentaminen *on* aina vaikeata. Se on paljon vaikeampaa kuin puheiden pitäminen, vetoomusten allekirjoittaminen, samanhenkisten seminaareihin osallistuminen, kauhakuormaajien edessä makaaminen, ikkunoiden rikkominen tai terävien polemiikkien kirjoittaminen pienlehtiin – asiat, joista poliittisen aktivismin tavallisesti ajatellaan muodostuvan.[41]

Ongelmista huolimatta osuustoiminnallisia tai muita vaihtoehtoisia organisaatioita on, ja niitä on itse asiassa entistä enemmän. Jopa Yhdysvalloissa, tässä jättiläisyhtiöiden luvatussa maassa, osuustoiminnalliset yritykset ovat edelleen erittäin merkittävässä roolissa myöskin maataloussektorin ulkopuolella. Finanssikapitalismiin huomionsa kiinnittänyt talousviisaus ei kuitenkaan yleensä halua tätä ilmiötä tunnistaa tai tunnustaa.[42]

Yksi ilmeinen syy on ison pääoman erityinen hohdokkuus. Toinen syy on vahvasti ideologinen: historiallisesta näkökulmasta nimenomaan tuottajaosuuskuntaa voidaan pitää yritystoiminnan perusmuotona, ja osakeyhtiötä taasen tästä eriytyneenä sovelluksena, eräänlaisena sijoittajaosuuskuntana. Finanssikapitalismille osakeyhtiö välineenä on kuitenkin kaikki kaikessa, sillä ilman arvopapereita ei voi olla nopeita pikavoittoja.[43]

Tämä on todennäköisesti syy siihen, että osuuskuntia tarkastellaan mieluiten historiallisina sivujuonteina voittoisan yhtiömuodon kehityksen rinnalla. Paradoksaalisesti nimenomaan finanssivetoinen turbokapitalismi avaa kuitenkin jälleen ovet myös osuuskunnille. Aina korkeimpia tuottoja tavoitteleva finanssikapitalismi jättää väistämättä valtavia markkinarakoja muiden täytettäväksi.[44]

Toiseksi, ihmiset joko tyhjiin puristava tai toisarvoisiin pätkätöihin hylkäävä turbokapitalismi luo itsestään kysyntää toisenlaisiin työpaikkoihin. Kolmanneksi, osuustoiminta on perinteisesti kyennyt paremmin palvelemaan suuria kansankerroksia tai syrjäseutuja kuin vain voiton maksimoinnista ja varakkaista kiinnostunut suurkapitalismi; historiallisesti osuuskunta on ollut hädän ja puutteen lehtolapsi, vähäväkisten viheliäinen liitto.[45]

Näistä lähtökohdista osuustoiminnan orastava renessanssi ei ole erityinen yllätys. Osuustoiminnalla tai muilla vaihtoehtoisilla organisaatioilla on toki ilmeisiä haasteita finanssikapitalistisessa ympäristössä.[46]

Toisaalta eristäytyminen kokeellisiin kommuuneihin vain vaikeuttaa markkinaympäristön muuttamista. Siinä epäonnistuminen taas merkitsee armotta kokeilujen kuihtumista. Pilvilinnojen rakentajista tulee aina lopulta taantumuksellisia lahkolaisia. Siksi olennaista on jo tarjota markkinatalouden arjessa todellisia mahdollisuuksia ottaa edes ensiaskeleita toiseen suuntaan, muuttaa markkinaympäristöä edes joltakin osin.[47]

Tässä suhteessa lasi on aina puoliksi täynnä ja puoliksi tyhjä: kokeilut ovat tuomittuja epätäydellisyyteen siinä ympäristössä, jossa haparoivat ensiaskeleet hengissä pysymisen tiellä täytyy ottaa. Siksi on tärkeää, että kokeilut ovat kunnolla mietittyjä. Vastustajat voivat aina helposti vedota kokeilujen epätäydellisyyteen, joten vasta kunnolla mietittyjen kokeilujen kautta versoo toivo myös ihanteiden toteutumisesta.[48]

Ihanteet taasen voivat toteutua vain, jos periaatteista pidetään kiinni. Esimerkiksi työväenliike tai niin sanottu työelämän laatuliike sen sovittelevampana muotona eivät syntyneet turhaan; se syntyivät vastavoimaksi sille riistolle, joka täysin vapaita työmarkkinoita luonnehti. Silti paluuta työväenliikkeen tai työelämän laatuliikkeen muistojen kultaamiin vanhoihin hyviin aikoihin ei ole.[49]

Yhtä vähän kuin Marx halusi palata feodalismiin, yhtä vähän tällä vuosisadalla voidaan palata viime vuosisadalle; välineitä tai taktiikoita on vaihdettava. Vanhoista arvoista tai ihanteista voidaan silti pitää kiinni aivan vastaavalla tavalla kuin markkinafundamentalismi pitää kiinni 1800-luvun *laissez fairen* ajan arvoista ja ihanteista.[50]

Periaatteista kiinnipitävän vasemmiston tulee nähdä itsensä osallisena vuosisatoja vanhassa eeppisessä köydenvedossa. Tässä toisella puolella ovat ne, jotka haluavat hioa tai vahvistaa omaan etuun ja ahneuteen ja jatkuvaan kilpailuun perustuvaa järjestelmää. Toisella puolella taasen ovat nuo, jotka ponnistelevat tasa-arvoisemman taloudellisen järjestelmän, ihmisoikeuksien julistuksen ja rauhallisen elämän puolesta.[51]

Köydenvedossa jatkuvan kilpailun ja ahneuden järjestelmää puolustavat kiivaimmin ne, jotka nauttivat tuon eduista välttäen sen rasitukset — usein tietyn privilegion tai perintövarallisuutensa suojaamina, kun taas tasa-arvon puolesta kamppailevat ovat järjestelmän polkemia, joiden kärsimyksiä etuoikeutetut eivät halua nähdä. Poljettuja vastaan vetää joka tapauksessa aina tuhansien narrin naamioiden taakse piiloutuva rahavalta.

Lopulta mitään pumpulirantaa ei ole, eikä mitään viimeistä taistoa tule; on vain jatkuva eeppinen köydenveto. Vuosisatojen aikana köysi onkin liikkunut joskus hitaasti ja joskus nopeasti vuoroin yhteen, vuoroin toiseen suuntaan. Köydenvedossa välineet tai taktiikat ovat vaihdelleet eri aikoina. Nähtäväksi jää, jatkuuko köydenveto jopa tuomiopäivään saakka. Ainakin se alkoi jo kauan ennen Karl Marxin syntymää.[52]

Duunarin messias ja musta raamattu

Vasemmistolta ovat jo vuosikymmeniä puuttuneet tehokkaat taktiikat eeppisessä köydenvedossa rahavaltaa vastaan varsinkin sen jälkeen, kun kävi ilmeiseksi, ettei kapitalismi kaiva omaa hautaansa. Sen sijaan se opettaa ihmiset sen omille tavoille sekä perii kovan hinnan niistä lapioista, jotka se myy ihmisille heidän hautojensa kaivamiseksi.[1]

Kukaan ei ehkä vieläkään ole kuvannut tuota kapitalismin logiikkaa paremmin kuin Karl Marx. Siksi vasemmiston on palattava pieneksi toviksi myös Marxiin, ja nimenomaan Marxiin. Sen sijaan marxilaisen eksegetiikan professoreihin ei ole syytä palata, koska he ovat jo aikoja sitten hukkuneet teoreettiseen suohonsa.[2]

Miksi ihmeessä Marxiin pitäisi palata, vapaan kapitalismin kannattajat kysyvät? Kommunismin haudalla tuota kysyy varmaan moni muukin: tällä ei ole enää merkitystä luokattomassa taikka liikkuvassa jälkiteollisessa yhteiskunnassa, jossa juhlii vain yksi aatteellinen voittaja. Myöskin vasemmisto on hiljaa hyväksynyt tämän historian lopun ajatuksen. Miksi ihmeessä Marxiin pitäisi siis palata?[3]

Vastaus on: Marxin tuotanto oli kapitalismin *kritiikki*, ja sellaisena se oli tämän kritiikeistä sittenkin kattavin, syvällisin sekä aukottomin. Niin pitkään kuin kapitalismi on kuvassa mukana, tämän kritiikki seuraa sitä – kuin synkkänä varjona. Filosofisena varjona se on yhä olemassa, sillä historia on edelleen luokkataistelujen historiaa: siinä vastakkain ovat aina olleet herra ja orja, patriisi ja plebeiji, sortaja ja sorrettu.[4]

Messiaaninen proletariaatti on kuitenkin jättänyt jäähyväisensä Karl Marxille, koska se on niin väsynyt ja se tietää historian olevan täynnä turhia taisteluita; se uskoo, että kapitalismi on vain liian kova kukistettavaksi; se on pettynyt mahdollisuuksiinsa muuttaa maailmaa. Käänteentekevää tässä hengessä ei ole kapitalismin voitto – vaan siltä puuttuvat vastustajat.[5]

Kollektivismista onkin tullut kirosana. Kaiken kollektiivisen päätöksenteon hylkääminen vain siksi, että se on markkinoita tehottomampaa ja korruptiolle alttiimpaa, tarkoittaakin samaa, jos hylkäisi hintamekanismin vain siksi, että tämä on osin epävakaa ja epäoikeudenmukainen. Molemmissa tapauksissa impulssi täydelliseen hylkäykseen tulee kyvyttömyydestä tunnustaa kaikkien inhimillisten rakennelmien epätäydellisyys.[6]

Kapitalismi on kuitenkin olemassa jokseenkin sellaisena kuin Marx sen kuvasi. Yhden ainoan meksikolaisen miljardöörin ansiot vastasivat jossain vaiheessa jopa hänen 20 miljoonan vähäväkisemmän maanmiehensä ansioita. Muuallakin maailmassa finanssikapitalismin valtakausi on luonut käsittämättömän vaurauden, jonka keskellä ihmiskunnan suuri enemmistö elää silti kurjuudessa, puutteessa, hädässä ja ahdistuksessa.[7]

Tässä on vähän finanssipornoa: rahakkaimmat rahakauppiaat tienasivat ennen viimeisintä finanssikriisiä jopa miljardi dollaria vuodessa, kärkinimet jopa useitakin miljardeja. Kourallinen miehiä ansaitsi keinottelussa kunnostautuneen Islannin kansantuotteen verran voittoja. Romahduksen jälkeen pelivoitot sai pitää ja sijoittaa paratiisisaarille. Silti 25 suurimman rahakauppiaan tulot toki puolittuivat – reiluun 10 *miljardiin* dollariin.[8]

Ajankuvaan kuuluu myös, että kilpa-autoilijat muuttavat Monacoon, ja viihdetähdet vaihtavat kansalaisuuttaan verojen vuoksi. Maailmalla yritysjohtajat seuraavat toisiaan ministereinä, poliitikot ovat hyväosaisten henkilökohtaisia ystäviä, viestintävälineet ovat yksityisen pääoman käsissä sekä veronmaksajien piikki on aina avoinna – ja pankeille varsinkin. Suuryhtiöt tai eliitti piilottavat omaisuutensa paratiisisaarille.[9]

Finanssikapitalismi piirtää itsestään niin karikatyyrinomaisen kuvan, että edes niin sanottu vulgaarimarxismi ei enää näytä kovin karkeatekoiselta. Juuri kun sokean ja saaliinhimoisen kapitalismin tuomitseminen oli alkanut vaikuttaa jotenkin jälkeenjääneeltä, ikään kuin vastarinnan kansanperinteen kuvainnolliselta tyylilajilta, tämän rakenteisiin kätkettyä väkivaltaista riistoa ei onnistu peittämään enää mikään määrä retoriikkaa.[10]

Finanssikapitalismi on jopa historiallista kuvaansa rohkeampi sekä röyhkeämpi; se on tehnyt ahneudesta yksinkertaisuudessaan niin elegantin ja yksityiskohdissaan niin runsaan kuvan, että vastaava löytyy vain Sikstuksen kappelin kattomaalauksista. Yksinkertaisesti ahneus, jota vallitseva järjestelmä vain vahvistaa, on sen peruuttamaton valuvika.[11]

Vasemmiston vanha iskulause, sosialismi tai barbarismi, osuu synkällä tavalla maaliinsa ilman mitään sanahelinää. Marxin teoria taloudesta onkin paradoksaalisesti pätevimmillään vasta nyt, kun se lepää aatehistorian hautuumaalla, ylösnousemustaan odottelemassa. Oloissa, joissa taantuvien maiden työläisslummit ja nousevien maiden erityistalousalueet muistuttavat 1840-luvun Manchesteria, kapitalismi ei voi väistää varjoansa.[12]

Marxin mukaan kapitalismi on täynnä ikiaikaisia fantasioita ja fetisismejä, mytologiaa ja epäjumalien palvontaa sen nykyaikaisuudella ylpeilystä huolimatta. Sen pöyhkeä usko omaan ylivertaisuuteensa onkin toisen asteen taikauskoa – "markkinoiden magiikkaa". Siinä on jotain omituisen staattista tai kertautuvaa, ja juuri tuon jokseenkin vakiona pysyvä peruslogiikka pätevöittää Marxin kritiikin tämän historialliseksi varjoksi.[13]

Monet markkinatalouden puolestapuhujat myöntävät aikaisempaa avoimemmin, että kapitalismin kuvaan kuuluu erittäin suuri eriarvoisuus, ja että tämä on raakaa – mutta vaihtoehdot ovat taas vieläkin viheliäisempiä. Marxin oppien muuttaminen kritiikistä käytännöksi johtaa terroriin sekä tyranniaan ja joukkomurhiin; se on aina tie orjuuteen. Miljoonille tämä on merkinnyt vielä kurjempaa kohtaloa kuin kapitalismi.[14]

He ovat tässä oikeassa mutta he sivuuttavat kapitalismin oman veren tahraaman historian; he sivuuttavat orjuuden, imperialismin ja riiston, joiden päälle väkivaltakoneistot kapitalistisen vaurauden aikoinansa rakensivat. Ennen muuta he sivuuttavat sen, että Marxin mukaan sosialismiin *ei* voida koskaan siirtyä suoraan huonoista oloista, sillä niissä ei ole mitään varallisuutta, jota voi laajassa mitassa jakaa uudelleen.[15]

Sosialismiin voidaan siten siirtyä vain kypsän kapitalismin ja markkinoiden kautta. Siksi markkinafundamentalismi käy niin kiihkeästi sotaa omaa varjoansa vastaan – kieltämällä sen kokonaan. Lenin ja Stalin tekivät sille suuren palveluksen tärvelemällä Marxin nimen, teesit tai teoriat tavalla, johon fundamentalistinen retoriikka ei olisi itse koskaan kyennyt; ilman heitä historia olisi edelleen luokkataistelujen historiaa.[16]

Lenin ja Stalin veivät vallankumouksen subjektilta vapauden ohella myös unelman. Tässä oli kapitalismin miljoonan taalan paikka, jonka tuo hyödynsi niin tehokkaasti kuin juuri kapitalismi osaa: se lupasi vapauden valita; se sepitti juuri sellaisen utopian, joita Marx halveksi. Kapitalismin kopernikaaninen oivallus olikin korvata Jumalan kuoleman jättämä tyhjiö uudella maallisella uskonnolla.[17]

Tämä piti samalla olla sosialismille annettu kuolonsuudelma, jonka avulla kapitalismi ei kuitenkaan päässyt eroon varjostaan. Marxilaisen materialismin jalat ovat niin tukevasti maassa, etteivät mitkään käsi sydämellä lausutut korulauseet pysty pitämään sitä narrinaan: se etsii aina poliittisen puheen takana lymyileviä aineellisia intressejä tai hurskaan puheen takana piileviä alhaisia voimia.[18]

Marxille maailma oli erilaisten intressien jatkuvan yhteentörmäyksen jännitekenttä, jossa orjat eivät saa luopua eduistansa minkään utopian nimissä, kuten heidän herransa haluavat. Vapaa yhteiskunta voikin syntyä vain viemällä itsekkyys loppuun saakka. Anarkistien tavoin Marx ymmärsi tämän jo tavoittamattomaksi ihanteeksi. Yksilöiden itsekkyyden luomat ristiriidat eivät korvaudu harmonialla edes kommunismissa. Näistä vapauttaa vain kirjaimellinen historian loppu ja haudanlepo.[19]

Materialistina Marx oli hyvin tarkka todellisuuden monimutkaisesta sekä uppiniskaisuuteen saakka keskeneräisestä luonteesta, jossa umpimähkäisistä sattumuksista, satunnaisista ristiriidoista tai arvaamattomista sivuvaikutuksista tulee jo arkielämän rakennusainetta. Tällaisessa maailmassa ei voida koskaan tehdä täydellistä oikeutta eläville eikä kuolleille; täydellistä tasa-arvoa tai yhteiskuntaa ei voida koskaan saavuttaa.

Marx pitikin tasa-arvoa *porvarillisena* arvona, jossa muodollinen tasa-arvo hämärtää todellisen eriarvoisuuden. Jopa porvarillisena arvona tämä tarkoitti silti edistysaskelta vanhaan feodaaliseen ajattelutapaan verrattuna. Marx antoikin keskiluokalle kunnian historian kaikkien aikojen kumouksellisimpana ryhmänä, mikä tosin tänään tuntuu travestialta.[20]

Tämä Ranskan vallankumouksen ylevä ihanne ei kuitenkaan kiinnittänyt tarpeeksi huomiota ihmisten yksilöllisyyteen: ihmisillä on ainutlaatuisesti erilaiset tarpeet tai olosuhteet. Aito tasa-arvo tarkoittaa sitä, että kaikkien eri yksilöiden tarpeista huolehditaan tasa-arvoisesti eikä sitä, että kaikkia kohdellaan samanlaisina; edes työläinen ei ollut Marxille vain työläinen vailla muita ominaisuuksia.

Lopulta kaiken palauttaa talouteen kapitalismi, eikä marxismi; kaikista tekee samanlaisia kapitalismi, eikä marxismi, joka on vain sen varjokuva. Tuo tekee kaikista tavaroiden kuluttajia, ja juuri kaiken tavaramuotoistuminen on suuri sosiaalinen tasapäistäjä. Tavaramuoto tyrkyttää kaikille yhdenmukaisuutta: se ei kysy, missä kuluttaja kävi koulunsa tai ketä hän äänestää; se on kiinnostunut yksilöstä vain kuluttajana.[21]

Tavaramuoto tuo kaikkien ulottuville illuusion luokattomasta yhteiskunnasta, jossa johtajat jättävät kravatin naulaan, eliittikoulujen kasvatit kiroilevat ja aateliset oksentavat yökerhoissa. Kaikki ovat keskiluokkaa, joka on kiinnostuneempi eri liikkeistä kuin luokista. Tämä illuusio ei ole vain kapitalismin julkisivu, vaan sen syvin olemus: pääomaa ei kiinnosta yksilö – ei edes yläluokkainen – vaan pääoma ja sen kasautuminen.[22]

Tämä on Marxin tärkein opetus, ja kansainvälisen finanssikapitalismin ylivallan aikaan se on pätevämpi kuin koskaan. Yhtä pätevä on hänen opetuksensa siitä, että kapitalistisessa järjestyksessä mikään parlamentti ei uskalla uhmata mahtimiesten merkittävimpiä etuja; parlamentti onkin vain todellisen demokratian kalpea varjo ja pääoman asiamies, joka takavarikoi yksilön kyvyn päättää omasta kohtalostaan.[23]

Tästä havainnosta nousee vallankumouksen välttämättömyys mutta myös tuon vaikeus: koska politiikka on jo kaikkialle soluttautuneen pääoman panttivanki, hallintokoneiston kaappaaminen ei yksinään riitä todelliseen muutokseen. Ylipäätänsä Marx suhtautui varauksellisesti äkkinäiseen väkivaltaiseen vallankaappaukseen ja näki vallankumouksen enemmän jo kypsän kapitalismin sisäisen kehityksen loogisena päätepisteenä.[24]

Marxille vallankumousta ei siten luonnehdi siihen liittyvän väkivallan määrä. Vallankumoukset kypsyvät pitkään ja samalla edellyttävät edeltävän järjestelmän jossakin määrin täydellistä rappiota. Onnistuneimpia vallankumouksia ovat olleet ne, jotka päättyvät pyyhkimällä kaikki jäljet itsestään sekä tekemällä taistelun tuloksesta luonnollisen. Mikään ei todista tätä niin kuin markkinavallankumous.

Ihminen kammoaa muutoksesta aiheutuvaa epävarmuutta, ja siksi muiden maiden vallankumoukset ovat vetovoimaisempia kuin omat varsinkin, jos näihin liittyy myös väkivaltaa. Kukaan ei silti suuremmin vuodata sydänvertaan kolmannen valtakunnan tuhoamisesta tai historian lukuisten tyrannien kovakouraisesta syrjäyttämisestä. Todellisuudessa lähes jokainen hyväksyy tarpeen käyttää väkivaltaa ainakin ääriolosuhteissa.[25]

Siirtomaaherruudelle tai sodankäynnille rakennettu kapitalismi taas on jäävi tuomitsemaan omassa asiassaan. Marxin mukaan esimerkiksi englantilaisen aateliskartanoiden kuvittaman maalaismaiseman tyyneyden takana onkin pitkä väkivaltaisen pakkolunastuksen perinne. Siihen verrattuna Kuuba on vain seremoniallinen teehetki historiassa, ja moderni tuhokapitalismi taas on tehnyt tiliä sodan varjolla, milloin missäkin.[26]

Onnistunut vallankumous vaatii aina tietyt aineelliset edellytyksensä tai hallitsevan luokan heikkouden tilan: siihen ei koskaan riitä pelkästään teräksenluja tahto taikka sotilaallinen sankarillisuus. Myös näitä kuitenkin tarvitaan, sillä omistavat luokat eivät koskaan ole luopuneet etuoikeuksistansa ilman taistelua. Väkivalta on kuitenkin vasta viimeinen keino; se on vallankumouksen savuava sinetti.

Työväenluokka on aina tykinruokaa, joten sillä ei ole erityistä halua laajamittaiseen verenvuodatukseen. Maailman mahtavien suojavallina väkivaltaa vastaan on aina ollut väkijoukko, jonka on liityttävä kansannousuihin jo näiden luonteen vuoksi. Kansa ei koko ajan juoni kansannousua, vaan se liittyy siihen spontaanisti, vihan voimalla ja viimeisillä hetkillä.[27]

Siksi onnistuneimmat vallankumoukset ovat yleensä vähiten väkivaltaisia tai ne puhkeavat vasta sitten, kun vallitsevan järjestelmän vikojen vuoksi melkeinpä mikä tahansa vaihtoehto alkaa näyttää paremmalta kuin nykyinen. Vasta silloin vallankumous onkin väistämätön, Marx kiteyttää *Kommunistisessa manifestissa*.[28] Historian vuoksi hänet tunnetaan silti vain vallankumouksen filosofina, jonka kuvaa tärveltiin jo tämän eläessä.

"Marxin opille tapahtuu nykyään samoin kuin historiassa on monta kertaa tapahtunut vallankumouksellisten ajattelijain ja sorrettujen luokkien vapaustaistelun johtajain opeille. Suurten vallankumousmiesten eläessä sortajaluokat ovat maksaneet heille alituisilla vainoamisilla, ovat ottaneet heidän oppinsa vastaan mitä raivokkaimmalla kiukulla, hurjimmalla vihalla, irvokkaimmalla valhe- ja parjausryöpyllä. Heidän kuoltuaan heistä yritetään tehdä vaarattomia pyhäinkuvia."

Ironista on, että lainaus on Leniniltä.[29] Häntä enemmän Marxin kuvaa tärveli vain Stalin, ehkä myös Mao. Enemmän kuin vallankumouksen filosofi Marx oli ennen muuta vapauden filosofi.[30]

Marx uskoi intohimoisesti yksilöön ja epäili syvästi kaikkia abstrakteja dogmeja. Hän ei uskonut täydelliseen yhteiskuntaan – eikä hukannut aikaa tulevasta paratiisista unelmoimiseen. Marx suhtautui varovaisesti täydellisen tasa-arvon ideaan; hän toivoi näkevänsä yksilöitä kunnioittavaa erilaisuutta eikä sotilaallista yhdenmukaisuutta. Hän karsasti valtiokoneistoja ehkä jopa enemmän kuin konservatiivit. Silti hän ei koskaan vaatinut jakobiinien mallin mukaista väkivaltaista vallankumousta.[31]

Marx pitikin sosialismia lähinnä demokratian syvenemisenä kypsän kapitalismin vaiheessa. Hänen mallinsa hyvästä elämästä läheni taiteellisen itsensä toteuttamisen ajatusta: hän halusi päästä eroon *Pääomastaan* ja sen "taloudellisesta sonnasta" kirjoittaakseen jo suunnittelemansa suurteoksensa Honoré de Balzacista. Onko historia koskaan tehnyt kenestäkään pahempaa irvikuvaa kuin hänestä?[32]

Henkilökohtaisesti Marx epäonnistui taloudellisesti tai taiteellisesti: hän uhrasi *Pääoman* kirjoittamiselle taloutensa, terveytensä, perheensä tai onnensa tulevien sukupolvien hyväksi. Sen ydinajatukset syttyivät tähdiksi jo Platonin tarkoittamalla ideoiden taivaalle. Myös ytimekkäin lausein likimain yhtenä luovana purkauksena kirjoitetulla *Kommunistisella manifestilla* on edelleen retorisesti lähes raamatullinen teho.[33]

Marxista kasvoi yli mantereiden ja vuosisatojen ulottuva poliittinen joukkoliike ja uskontunnustus, jonka puolesta miljoonat ovat taistelleet ja toisinaan kuolleet. Tämän liikkeen tai tunnustuksen ydin on se, että rikkaat eivät halua samaa kuin köyhät. Ne, joiden talous riippuu työpaikasta, eivät halua samaa kuin ne, jotka elävät sijoituksillaan. Ne, jotka tarvitsevat turvakseen valtiota, eivät halua samaa kuin ne, jotka eivät tätä tarvitse.[34]

Marxista tuli tämän joukkoliikkeen myyttinen messias, joka kiteytti pääoman ylihistorialliset liikelait sekä vapauden valtakunnan mahdollisuudet. Hänen ajatuksistaan versoi liike, joka osallistuu vuosisatoja vanhaan eeppiseen köydenvetoon taloudellisen ahneuden taikka tasa-arvoisemman yhteiskunnan puolustajien välillä.[35]

Tällä joukkoliikkeellä on 1800-luvun juuret – ja 1900-luvun historia. Tämä historia taas mustamaalasi Marxin tai hänen opetuksensa peruuttamattomasti – riippumatta siitä, mitä hänen ajatuksistansa voitaisiin edelleen ammentaa. *Pääoma* on jo pahempi kuin musta raamattu. Historian ironiaa on siinä, että Marx tavallaan ennusti myös oman kohtalonsa.[36]

Hän kirjoitti muun muassa, miten menneiden sukupolvien perintö on kuin painajainen elävien päissä. Sittemmin Lenin sekä Stalin tärvelivätkin Marxin ajatusten ympärille rakentuneen liikkeen maineen tai perinnön niin perusteellisesti, että tämä tarvitsee kokonaan uuden keulakuvan; köydenveto tarvitsee käyttövoimakseen uuden myytin ja mystiikan.[37]

Tämän liikkeen onneksi sillä ei ole juuri ollut varaa olla liian nirso sille kätensä ojentavien sukujuurien suhteen. Se otettiin omaksi Kuubassa, vaikka Marx olikin saksalainen porvari; se otettiin omaksi Aasiassa, vaikka Trotski oli venäjänjuutalainen älykkö. Yksi vahvoja kandidaatteja sen keulakuvaksi taas syntyi Argentiinassa ja kuoli Boliviassa.[38]

Auringon jo noustessa 9. lokakuuta vuonna 1967 Bolivian armeijan vääpeli ampui kuuden laukauksen sarjan Che Guevara de la Sernan nääntyneeseen ruumiiseen. Laukaukset kaikuvat La Higueran koulutalossa hetki sen jälkeen, kun haavoittunut vallankumouksellinen oli kuiskannut kuuluisat viimeiset sanansa: "Ammu pelkuri, tapat vain ihmisen."[39]

Hänen kuolemastaan tuli historian merkkihetki, historian hiljaisuuden merkitsijä. Veressä valui myös kielellistä ilmaisua pakeneva tunne kapitalismin epäoikeudenmukaisuudesta. Toiset tuomitsivat hänet fanaattisen terroristin arkkityypiksi tai massamurhaajaksi kostajaenkelin valepuvussa; toiset taas palvoivat häntä filosofisena sissiruhtinaana tai kirjamyllyjä kauhistuttaneena runosoturina, barettiin pukeutuneena pyhimyksenä.

Olipa Che mitä tahansa, hän jäikin elämään – amerikkalaiseen sekä eurooppalaiseen alitajuntaan. Hänestä tuli konekiväärimarxilaisuuden Jim Morrison: likainen, saastainen, sopimaton ja seksikäs idealisti, joka tanssi elämäntyökseen kuoleman kanssa. Tuimat silmät, jotka edelleen katsovat meitä t-paidoista, haastavat yhä kapitalismin oikeuteen historian edessä.

Oikeudenkäyntiä ei koskaan pidetty, vaan hänet teloitettiin koulun lattialle, koska teloittajat pelkäsivät tämän heidän niin vihaamansa miehen olevan maailman rakastama. Hän kärsi sotilaallisen tappion – mutta saavutti kulttuurisen voiton; hän kuoli nuorena – mutta kasvoi kuolemansa jälkeen myyttisiin mittoihin.

Hänen nimensä, ideansa ja imagonsa ovat symboleita kaikille, jotka uskovat, että sortovallan voi pyyhkäistä pois vain vallankumous. Harvoin historiassa kukaan on ollut näin kiihkeästi palvottu vallankumousaatteen kiteytymä. Nekin, jotka eivät jaa hänen ajatuksiaan, ovat hänen myyttisen imagonsa pauloissa. Jos teloittajat olisivat aavistaneet, millaisen myytin he luovat, he olisivat harkinneet tekoaan toisenkin kerran.[40]

Che elää nykyisin allegorisessa avaruudessa; siellä viittaukset hänen elämäänsä eivät edusta pelkästään tiettyjä tarkoitusperiä – vaan ne avaavat kokonaisen viittauksellisuuden kentän ja samalla valaisevat sitä. "En tiedä tarpeeksi ollakseni marxisti", hän vastasi varsin arvoituksellisesti erään kirjeenvaihtajan kysymykseen asiasta.[41]

Che oli ennen kaikkea opettava vallankumouksellinen ja vallankumouksen opettaja, jonka teesit tiivistyivät *foquismo*-teoriassa. Sen mukaan sissien tuli tehdä vain pistohyökkäyksiä sekä perääntyä ennen kuin tuli tarvetta ryhtyä taistelemaan oikeita armeijoita vastaan. Sissisota on kuitenkin vain yksi väline laajemmassa vallankumouksen visiossa.

Hän uskoi sissisodan olevan lopulta ainoa keino pakottaa harvainvaltaiset hallitsijat pudottamaan naamionsa. Sissisota olisi pohjimmiltaan kansan vallankumouksellista sotaa, jossa sissit sen etujoukkoina saavat lopulta kansan tuen riistäjiänsä vastaan. Sissien tulee olla aina valmiita iskemään – minne tahansa ja milloin tahansa ylläpitääkseen jatkuvaa poliittista painetta, joka samalla antaa suunnan koko kansan taistelulle.

Hänen mukaansa aseellinen taistelu ei ole itsetarkoitus, mutta siitä ei pidä kokonaan kieltäytyä. Onkin taktiikkakysymys, mikä keino on kulloinkin paras tavoitteiden saavuttamiseksi. Aseellinen taistelu tulee nähdä vaihtoehtona vasta, kun muut taktiikat on jo käytetty loppuun. Kukaan ei siirry väkivallan tielle ilman painavia syitä. Usein kuitenkin vain väkivalta tai sen uhka saa vallanpitäjät tunnustamaan tilanteen vakavuuden.[42]

Che ei ehkä sittenkään ollut patologisesti verenvuodatusta rakastanut julma fanaatikko. Toisaalta hän ei ollut myöskään tavallinen tai tyytyväinen

mies. Jos hän olisi ollut sellainen, hänestä ei ensinkään olisi tullut vallan-
kumouksellista. Hän oli uneksija tai seikkailija, joka kapinoi kapitalistista
järjestystä vastaan ja oikeudenmukaisen maailman puolesta.

Sortovalta, jota hän näki kaikkialla, vihastutti häntä suunnattomasti.
Hänen älynsä, omatuntonsa ja halunsa kuolla ihanteidensa puolesta tekivät
hänestä jo täydellisen vallankumouksellisen. Hänen elämänsä symboloi sitä,
mitä voi saavuttaa, vaikka omistaa vain unelman, pohjattoman energian ja
tolkuttoman tahdonvoiman, jolla tehdä unelmistaan totta.

Hän kuoli sosiaalisen oikeudenmukaisuuden unelman tähden; hän
kuoli nuorena niiden suojattomien puolesta, jotka kuolevat joka päivä hi-
taasti, tuskallisesti ja päivästä toiseen. Hän oli uskonsoturi, jonka marttyyri-
kuolema tarjoaa vielä toivoa maailman ristiinnaulituille. Che on todeksi eletty
myytti, jonka vihamiehiä ahdistaa hänen päivästä toiseen elämänsä totuus.

Hän antaa jo ilmaisun syvimmille inhimillisille tunteille, ja myyttinä
hän on näin silta sekä menneisyyteen että tulevaisuuteen. Hänen henkensä
elää ihmisten mielissä kautta maailman, missä vain on vääryyttä sekä sor-
toa, missä vapaata yksilöä orjuutetaan; hänen myyttinsä on ikuinen piikki
omistavan luokan ja koko kapitalismin lihassa.

Tuo myytti, esimerkki taistelusta tai uhrista, leijuu kuin haamuna
kansainvälisen finanssikapitalismin suuruudenhulluuden yllä – kumartele-
mattomana, vankkumattomana, ilkikurisena tai unohtumattomana. Luodit
voivat tappaa taistelijan – mutta eivät hänen ihanteitaan. Tänään hän elää
kaikkialla; hänen henkensä voidaan löytää mistä vain, missä on vielä jotain
puolustettavaa.[43]

Mitä enemmän maailmassa on itsekkyyttä ja riistoa, sitä enemmän
Chen viesti saa pontta; mitä enemmän maailmassa on korruptoituneita ja
tekopyhiä poliitikoita, sitä vahvemmin hänen puhdas vallankumouksolli-
nen ihmisolentonsa loistaa läpi; mitä enemmän maan päällä on pelkureita
ja pettureita, sitä enemmän hänen henkilökohtaista luonteenlujuuttaan ja
rohkeuttaan ihaillaan; mitä enemmän muiden velvollisuudentunto horjuu,
sitä enemmän hänen rautaista tahdonvoimaansa kunnioitetaan.[44]

Lyhyesti sanottuna hän voi olla vasemmistolle vahvin kandidaatti eri
kansojen yhdistämiseen sortovaltaa vastaan nousevan voimakkaan yksilön

myyttinsä kautta. Yhteiskunnallisia reformeja ei ole milloinkaan saavutettu vetoamalla vallanpitäjien hyvään tahtoon tai oikeudenmukaisuuden tunteeseen: he ovat kaikkina aikoina löytäneet jonkin jumalallisen ideologian, joka on oikeuttanut heidän asemansa ja etuoikeutensa.

Siksi uudistukset ovat syntyneet vain vaatimalla, pakottamalla, väkisin ottamalla – itselle sekä itse. Tämän Che Guevara maailmalle opetti, ja tämän vasemmisto on unohtanut: porvarillisten sydänten tai rahasäkkien ihmisrakkauteen vetoamalla saa enintään almuja tai armopaloja, jos kohta niitäkään.[45]

Che ei tietenkään ainoa, joka opetti näin. Hän ei myöskään ole ainoa kandidaatti kaikkinaisen sortovallan vastustajien keulakuvaksi. Historiallisista hahmoista ajateltavissa ovat Jean-Jacques Rousseau taikka Pjotr Kropotkin. Parasta olisi löytää kokonaan uusi keulakuva, sillä kapitalismin ongelmien kanssa kamppaileminen on lopulta aivan liian tärkeä asia jätettäväksi vain vasemmistolaisille, saati sitten oikeaoppisille marxisteille.[46]

Lähes kaikista pidäkkeistään vapautettuna kansainvälinen finanssikapitalismi kiihdyttää pääomien kasautumista harvojen käsiin jo kaikkialla maailmassa. Tämä on suorassa suhteessa vähäiseen vastarintaan, jonka johtajia leimaa sietämätön poliittinen velttous tai eettinen mykkyys kuvitteellisella historian päätepysäkillä. Siellä seremoniamestarina äänessä on vain markkinafundamentalismi, tuo tuhatvuotisen valtakunnan ainoa oikea oppi.[47]

Vallankumouksen kiivas henki

Markkinafundamentalismi vaatii jo vastavoimia. Näitä ei löydy järjen äänestä, koska uskonnollisen luonteensa vuoksi oppi on kumoutumaton.[1] Siksi tarvitaan vasemmistomystiikkaa, joka asemoituu tuon vastavoimaksi uskonnollisella tai myyttisellä tasolla. Lähes kaikkialla läntisessä maailmassa lumous on kadonnut sekä korvannut jumaluuden periaatteen rikkauden periaatteella, jonka voittokulku on vain askeesin voittokulku.[2]

Mammona tekee työstä, tuosta uusien jumalien vaatimasta sovituksesta alituisesti välttämätöntä: ikuinen orjuus, ainainen polttouhri, yksilön lakkaamaton alistaminen liike-elämän sekä *Leviathanin* eduille. Mikään ei voi pysäyttää tätä voittokulkua; nihilismi on yleistä, pessimismi suorastaan perusteltua ja lumouksen katoaminen läsnä kaikkialla.

Lumous voidaan palauttaa maailmaan vain lopettamalla uskonnollisesti juhlittu ekonomismi, joka ei tunnusta mitään muita arvoja tai joka tarkastelee omia opetuksiansa arvojen arvoina – ja muita orjina. Tyranniaa vastaan taisteltaessa tarvitaankin jo sellaisia voimia, joiden avulla voi siirtää jopa vuoria. Vastavirtaan kartoitetun kurjuuden genealogiaksi ymmärretty talousliberalismi kuitenkin vaatii siirtämään vuoria.[3]

Mikään ajattelumalli ei voi päästä valtaan, ellei tätä edistämässä ole sellaista käsitejärjestelmää, joka vetoaa intuitioon, vaistoihin tai perimmäisiin arvoihin. Kun tällainen käsitejärjestelmä osoittautuu menestykselliseksi, se sulautuu ajatteluun tai kulttuuriin niin täydellisesti, että sitä aletaan pitää itsestäänselvänä ja kyseenalaistamattomana.[4]

Jo markkinauskon uranuurtajat valitsivat käsitejärjestelmänsä kulmakiveksi valinnanvapauden käsitteen. He valitsivat todella viisaasti sillä, tuo käsite on vastustamattoman vetoava; vapauden käsite on filosofinen nappi, jota painamalla kaikki ovet avautuvat.

Vasemmisto ei voi koskaan nousta uudelleen, ellei se ymmärrä tätä. *Tie orjuuteen* ei ole vain kirjan nimi vaan myöskin vasemmiston kohtalo.

Täydellinen kumous kulttuurisessa katsannossa sekä kaikkien arvojen arvon uudelleenarviointi on mahdollista ainoastaan, jos apuna oleva vipu on vallankumouksen kiivas henki taikka uusi mystiikka, joka johdattaa jälleen kaikkein korkeimmille huipuille.[5]

Mystiikka antaa meille mahdollisuuden lukea historiaa myös pystysuoraan; siten se siirtää historian vaakasuoran alueen pystysuoraan rekisteriin, jossa on tavallisesti vain transsendenssi, tuonpuoleinen. Sen huipulla ilma on kylmää, elävää ja terävää, koska ankarasta talvesta ovat selvinneet vain arvot, joilla on todellista merkitystä.

Näin ymmärrettynä vasemmistomystiikka ei ole mikään puolueohjelma. Puolueissa ei ajatella vaan totellaan, todellisena tavoitteena asemien jakaminen heti valtaan pääsyn jälkeen. Siksi se ei ole myöskään vasemmiston voittojen taikka tappioiden luettelo, eikä se etenkään ole minkään vanhan puolueen omaisuutta.

Vasemmiston on oltava yhtä ovela kuin käärme ja samalla yhtä viaton kuin kyyhkynen – tai kuin kameleontti – mutta silti täysin taipumaton. Erämaavaelluksen vihdoin päättävä vasemmistomystiikka muodostuu vain vasemmiston määrittelevän historiallisen energian etsimisen ja uudelleenlöytämisen kautta.[6]

On olemassa vasemmiston historian läpäisevä lakkaamaton tai luovuttamaton viha – hylkäämätön ja kokonainen kapinan henki. Se on voittamaton viha, jonka voikin samaistaa salamaan tai ukkoseen. Se kuljettaa vasemmistoa sekä oikeuttaa tämän ilmenemismuodot; se kohdistuu maailmaan, joka vain huvittelee kovan onnen, kurjuuden tai riiston keskellä; se murskaa askeettisen ihanteen kunniaksi pystytetyt monumentit.

Tämän vuoksi vasemmisto näyttäytyy vastustajilleen aina saatanallisena, paholaisena, joka kapinoi kuten langennut enkeli Jumalaa vastaan – eikä tottele tätä. Sitä paitsi saatanallinen vasemmisto elää tuntien yhä yhteiskuntaruumiin kaikki kurjuuden helvetinkehät, joissa nuo kirotut viruvat. Se katselee synkkää maailmaa, jossa valoa on vain vähän tarjolla.

Saatanallinen vasemmisto tuo valon hirviömäisiä rikkauksia tuottavan koneen unohtamille, joita vasemmisto ei unohda ja joita se aikoo puolustaa viimeiseen saakka. Vaikka kommunismin aave ei ehkä enää kummittele ainakaan Euroopassa, kaikki mahdit ovat edelleen kuin varmuuden vuoksi liittoutuneet sitä vastaan.

Vasemmistomystiikkaa kenenkään ei tarvitse tarkoin tuntea ennen sen puhkeamista kukkaan. Se edellyttääkin vain sinapinsiemenen kokoista uskoa siihen, että vain ihmisen tahto taivuttaa maailmaa, kun historian läpi kulkevaa energiaa kanavoidaan konkreettisiin päätöksiin.

Vasemmistomystiikkaa ei ole ilman eskatologiaa, johon energia ottaa osaa; vasemmistomystiikka ei tyydy fatalismiin ja nihilismiin – markkina-fundamentalismin luonnollisiin liittolaisiin, jotka alistavat käytännössä jo kaiken halvalle välttämättömyyden vaikerrukselle.

Tuon retoriikan tapa kertoa maailmasta rappeutumisen käsittein alkaa pian edellyttää jo uskoa jälleensyntymään. Sen sijaan vasemmistomystiikan kadotetun paratiisin periaate luo halun tehdä kaikki mahdollinen paratiisin löytämiseksi jälleen; silti edes se ei ole mikään *deus ex machina*, vaan vaativa ponnistus kaikkiin yksilöihin patoutuneiden sekä valtavan suurten energioiden vapauttamiseksi.[7]

Tässä mielessä vasemmistomystiikka ei ole mitään, mitä sen vastustajat tahtoisivat sen olevan. Se ei ole yhdenmukaisuuden kulttia eikä erottamattomuuden juhlintaa; se ei vihaa neroja eikä ylistä hengeltään köyhiä.

Tasa-arvo tarkentuu siinä suhteessa siihen oikeuteen, joka tekee peruuttamattomasti erilaiset ihmiset tasa-arvoisiksi. Yhdenmukaisuuden ylipapit ovat aina olleet luopioita. Vain omien valtapyyteidensä takia he ovat halunneet varustaa kansan yhdellä päällä, jonka on kätevä katkaista yhdellä sivalluksella sahajauhokoriin.

Todellinen tasa-arvo ei nouse giljotiinien juurelta tai vankityrmien kosteudesta vaan kaikille samanlaisista pelisäännöistä – olivatpa yksilöiden ominaisuudet tai mielipiteet mitä tahansa. Kun vasemmistomystiikka ymmärretään mosaiikkina, on helppo huomata, miten kestävä se on ollut yli kahdensadan vuoden kulumisesta huolimatta.

Tämän moninaisuutta ylistävän mosaiikin ymmärtäminen edellyttää palaamista Marxiin – tai erityisesti hänen edeltäjiinsä. Oman elämänsä *Pääomalleen* uhrannut vanha Marx pyrki saamaan palkkionsa filosofisella vallankaappauksella, jossa tarkoituksena oli hämärtää jo häntäkin edeltänyt sosialistinen ajattelu ja jonka jälkeen hän oli olevinaan yksin vastuussa tuon teoreettisen herkkyyden synnystä.[8]

Vallankaappauksen jälkeen ei enää pantu paljon painoa Blanquille, Fourierille, Proudhonille, Saint-Simonille tai muille. Silti Ranskan vallankumouksen kapaloissa syntynyt kansalainen näki jo varhain, miten hänen kanssaan vähitellen liittoutuivat työläinen ja proletaari, nuo köyhyyden ja kurjuuden kirjalliset ruumiillistumat.

Vasta Marx tuhosi polemiikillansa vaikkapa Proudhonin, jolle hän oli kuitenkin velkaa jo ehkä enemmän kuin kenellekään muulle. Tämä otti jo ennen häntä perusteellisen pohdinnan kohteeksi omaisuuden perustan, oikeutuksen ja luonteen – harvojen käsiin keskitetyn omaisuuden köyhyyden ja kurjuuden väistämättömänä kääntöpuolena.[9]

Nykymaailmassa nämä harvat ovat jälleen päättäneet käyttää tuota omaisuuttaan jo hillittömästi kasvavan oman kassan hankkimiseen lyömällä ehdottomasti laimin ne, joiden työllä tämä voitonpyynti mahdollistetaan. Mitä on omaisuus, Proudhon kysyi. Omaisuus on varkautta, hän itse vastasi. Siinä kiteytyy vallankumouksen kiivas henki.[10]

Sivilisaatio ei ole mahdollinen ilman orjia, jo Aristoteles ajatteli. Näin ajattelevat sielunsa syvyyksissä myös markkinafundamentalismin vanhurskaat: eräänlaisen orjuuden päälle rakennetaan rikkaus, voitto, tuotto, ylijäämä tai lisäarvo – siis nuo postmodernin maailman virtuaaliset mestariteokset, joita luotaessa ei kitsastella missään muussa kuin palkkatyön hinnassa.

Mestariteosten hinta on heikoimpien kurjat palkat, työttömien hätä, siirtomaaherruus, lapsityövoiman hyväksikäyttö, työpäivän venyttäminen yli ihmisen sietokyvyn, ammattitaudit ja alkoholismi, ammattiyhdistysaktiivien ahdistelu, työläisten itsetunnon tuhoaminen taikka ikuinen alaikäisyys sekä velkavankeus. Näihin työväenliike kiinnitti huomiota jo aivan historiansa alkuhämärissä.[11]

Näissä historiallisissa havainnoissa ei ole oikeastaan mitään vanhentunutta. Vallankumouksen kiivaalle hengelle omistautuneiden miesten tai naisten aikoinaan tunnistamissa ongelmissa kaikki on yhä edelleenkin ajankohtaista; kaikki on pelottavan ajankohtaista, huutavan totta ja lohduttoman sattuvaa.

Tietyllä tavalla jo toukokuu 1968 oli vasemmistomystiikan kristalloitumisen suuri historiallinen hetki. Se pyrki viimeistelemään Ranskan vallankumouksen ihanteet synnyttämällä vasemmistolaisen yksilön. Se tahtoikin edistää tasa-arvoisuutta siinä merkityksessä kuin tämä seuraa luonnollisista laeista.

Luonnolliset lait viittaavat siihen, mikä ylipäätään on välttämätöntä ihmisyyden olemassaololle; nämä lait tahtovat eettisesti ja ehdottomasti sitä, mikä on oikeudenmukaista jo sielunjärjestyksen eikä siviilioikeuden mukaan; näiden ydin vaatii suosimaan kaikkea sitä, mikä erottaa ihmisen eläimistä ja etenkin pedoista.[12]

Vasemmistomystiikka kiistää Locken käsityksen luonnonoikeuksista, joista tärkein hänelle oli omistusoikeus: aivan aikojen alussa vain aitauslait estivät yhteisomistuksen ongelmat. Ei ole siten ihme, että hän on kaikkien markkinafundamentalistien ikioma hovifilosofi, jolle hallinta perustui vain vapaiden ja vauraiden miesten suostumukseen.[13]

Nämä liberalismin lupauksen pettäneet luopiot unohtavat tärkeän asian. Heidän hovifilosofinsa on se sama mies, joka kirjoitti Carolinan osavaltion perustuslain kommentaareissaan, että "jokaisella Carolinan vapaalla miehellä tulee olla absoluuttinen valta ja auktoriteetti neekeriorjiinsa, mikä tahansa onkaan heidän näkemyksensä ja uskontonsa."[14]

Liberalismin petoksen pitkien juurien vuoksi vasemmistomystiikan tehtävä on saattaa toukokuu 1968 loppuun. Kyse on sen viimeistelemisestä, mikä jätettiin kesken: aidosti vapaalle yksilölle sekä yksilöllisyydelle onkin annettava uudelleen muoto ja voima luonnollisten lakien kautta.

Sille on annettava keinoja itsensä kiillottamiseen tai mahdollisuuksia kukkaan puhkeamiseen; sille on annettava välineitä ylittää se vuoristo, jossa se on vielä viipyillyt markkinafundamentalismin kulttuuristen kantovoimien hiipumista odotellen.

Vasemmistomystiikan on tullut aika ottaa vallankumouksen kiivasta henkeä kädestä sekä käyttää tuota omien ihanteidensa ajankohtaiseksi tekemiseen; se on huippujen kylmän ilman hengittämistä aikakaudella, jolla ajatteluksi esittäytyvä on vain talousliberalismin ideoiden uudelleenkierrätystä kolmannen valtakunnan yliopistokielessä.

Vasemmistomystiikka vastustaa kiivaasti tätä matematiikan kieleen kätkettyä fasismin filosofiaa, jossa mikään inhimillinen kärsimys tai puute ei saa merkitä mitään. Tässä filosofiassa talous on ymmärrettävä avantgardistiseksi koneeksi, jonka ehdoton ja armoton säälimättömyys kuuluu sen kiistattomiin vahvuuksiin.[15]

"Työ tekee vapaaksi", keskitysleirien porttien päällä luvattiin. Myös markkinafundamentalismin tie vapauteen kulkee absoluuttisen tottelevaisuuden kautta. Valtiaat ovat aina tahtoneet tuhota konfliktit alkuunsa.

Taistelun kieltäminen sen kaikissa muodoissa on taistelun mahdollistajien muilta vaatima uskontunnustus. Kirottuna, kiellettynä, peitettynä ja piilotettuna taistelu muuttuu bulevardiksi, jotka pitkin taistelua vastaan taistelevien omat edut kiertelevät.[16]

Tämän asiaintilan saavuttamiseksi useimmilta ei ole koskaan edellytetty ajattelemista vaan tottelemista. Ajattelemista ei tosin kielletä kokonaan, kunhan tuo ajattelu ei ylitä pelisäännöistä päättävien asettamia rajoja. On ajattelijoita, jotka on työnnetty ikuisiksi ajoiksi kiirastuleen, koska he ovat ylittäneet nämä rajat.[17]

Näitä ajattelijoita ei kuunneltu eilen eikä tänään. Juuri siksi vasemmistomystiikka herkistää korvansa heille, sillä juuri he palauttavat vallankumouksen kiivaan hengen, mystiikan maailmaan tai kapinoivan yksilön kehityksen moottorina; ja juuri siksi se tekee kunniaa Guevaralle, pelastaa Blanquin, suojelee Savonarolaa ja Sorelia.[18]

Vasemmistomystiikan selkäytimiin yhä piiloutunutta vallankumouksen kiivasta henkeä tarvitaan taas, koska politiikka on jo aikoja sitten lakannut olemasta kutsumustehtävä. Politiikkaa palvelevien paikalla onkin enää sitä hyväkseen käyttäviä; heille politiikka taasen on pelkästään ponnahduslauta yhä parempiin asemiin.

Suuri politiikka on surkastunut pieneksi politiikaksi, joka keskittyy vain kapitalismin kriisien hoitamiseen. Se pienentää kaikki ne, jotka menevät naimisiin sen asioiden kanssa – ja jopa nauttivat tuon peräytymisten, röyhkeiden vastausten ja luopumisvaatimusten säestyksestä. Pieni politiikka on aina politiikkaa ilman oppositiota, vain suurta teatteria markkinatalouden maailmannäyttämöllä.[19]

Se on vain vallan etsimisen ikuista seremoniaa vailla sisältöjä, korkeimpienkin tehtävien kohdalla. Jopa valtikka kädessään pienen politiikan näyttelijät puhuvat ikään kuin he olisivat yhä oppositiossa. Pieni politiikka on täydellisen neuvottomuuden tulos, jossa kiertely, välttely taikka peittely ovat koko toiminnan niin sanottu sisältö.[20]

Kyvyttömyys toimintaan peitetään puheella huomisen ääriviivoista ja tulevista juhlista, jotka eivät koskaan saavu. Parlamentti toimii pienessä politiikassa vain yhteiskunnallisten paineiden alentamisen varaventtiilinä, jonka kautta oikeutetut vaatimukset liukenevat lakimuutoksien tekniseen skolastiikkaan – ja lopulta olemattomiin.

Pieni politiikka on pelkillä paperinukeilla askartelua; pieni politiikka on vain omien urapyrkimysten näytteillepanoa taimitarhassa, joka imee itseensä kasvuvoiman yksilöllisistä energioista. Sitten se puhkeaakin kukkaan seremoniallisena puheena, jonka ainoana tarkoituksena on sallia koneen jo nimeämien uskollisten palvelijoiden ylentäminen.[21]

Ylentämiskelpoiset taasen erottuvat joukosta teatraalisten vastakkainasettelujen tai tekopyhien sananvaihtojen jälkeen. Nämä kirjataan muistiin monimutkaisissa seremonioissa, joissa sekottuvat toinen toisiinsa vaikenemiskokeet, kuuliaisuudenosoitukset, omien sanojen syöminen, tarhakäärmeiden nieleminen ja muut nöyryytykset, joihin eteenpäin pyrkivät pakotetaan.

Jos he sietävät kaiken hievahtamatta ja hymyillen, heille myönnetään pian asemia, tehtäviä, toimistoja, kabinetteja, ministeriöitä ja jopa metsästysmajoja; heille annetaan kaikki vallan tai varallisuuden kimaltelevat tunnusmerkit, joita vasallit voivat sitten ylpeinä esitellä orjille.

Ihmisten ostaminen on aina halvempaa ja helpompaa kuin ihmisten vakuuttaminen; olipa piiri mikä tahansa, tämä toimii käytännössä ostetuilla ihmisillä, jotka pyrkivät pelkästään oman paikkansa puolustamiseen tai sen parantamiseen.[22]

Pieni politiikka on vain elämää hallintobyrokratiassa. Tuo on kuin työtä missä tahansa byrokratiassa, joissa kaikki katsovat korkeuksiin sanahelinän säestyksellä. Pieni politiikka on puhtaiden imagojen ja poliittisten kääpiöiden tai karnevaalien aikaa. Heprealaisten orjien kuoro jää vain varjoksi, kun poliittiset papukaijat avaavat äänensä.[23]

Voidakseen uskoa olevansa jo jotakin suurta pienen politiikan rooli-hahmot kostavat alemmilleen sen, minkä ovat saaneet ylemmiltään kestää, ja siten heidän pöyhkeytensä tai röyhkeytensä juurtuu heidän omien nöyryytystensä muistoon. Kaikki se kumouksellinen voima, jota heillä ehkä oli joskus, on tässä vaiheessa tuhottu juuriaan myöten.

Koneistoissa kukaan ei pääse pakoon koneistojen kuria, joka ei salli mitään yksilöllistä, ylevää, saati sankarillista. Pienen politiikan kannattajat elävät kaiken tuon kieltämisestä, mikä vastustaa sitä järjestystä, josta he itse ovat peräisin tai joka tekee heistä haaveiden kuninkaita hoveineen. Siksi se on aina politiikkaa ilman todellista oppositiota.[24]

Pienessä politiikassa käy toteen Platonin pahin pelko: kansa todella saa, mitä se tahtoo tai ansaitsee. Eräässä niin sanotussa sivistysvaltiossa valtaan pääsi "Paras puolue", joka lupasi pääkaupunkiin Disneylandin. Tosin puolue *lupasi* myöskin pettää kaikki lupauksensa. Eikä tämä ole poikkeus vaan pääsääntö: populismi ja pelleily rehottavat kaikkialla; poliittinen paralyysi ja puheteatteri hallitsevat kaikkialla.[25]

Vasemmistomystiikka vaatii suurta politiikkaa, jossa myytti palvelee jonkin ylevän ilmaisemista taikka arvojen uudelleenarviointia. Kun ihmislajia loukataan kumoamalla luonnolliset oikeudet pääoman etujen nimessä, se herättää vallankumouksen kiivaan hengen, joka kysyy uudelleen monet ikivanhat kysymykset.

Se vaatii näiden oikeuksien palauttamista viime kädessä voiman tai väkivallankin kautta. Väärinkäsitykset alkavat tästä, ja ne sijoittavat kaikki vallankumoukselliset toimet samaan rikkipitoiseen pilveen yhdessä bolsevikkien ja fasistien kanssa. Kyse on paljolti semanttisesta perinteestä, joka määrittelee väkivallan muusta voimankäytöstä erotettuna raakuutena.[26]

Tässä perinteessä porvarillinen voimankäyttö on aina järjestyksen ylläpitämistä, ja sellaisena positiivinen voima. Proletariaatin puolella oleva väkivalta taasen tähtää järjestyksen tuhoamiseen, joten se on negatiivinen voima. Kyse on kuitenkin vain sävyeroista ja niiden liukumisesta. Mikään ei todista tätä paremmin kuin ainoan maailmanpoliisin oma toiminta.[27]

Kaikki voimankäyttö voikin taipua monien määritelmien mukaan, mutta se edellyttää barrikadin puolen selvää valitsemista sekä hyökkäyksen kohteen kiertelemätöntä tai tarkkaa nimeämistä. Tässä yksinäiset pommi-miehet ovat kautta historian menneet harhaan ja tehneet todellisen karhun-palveluksen vallankumouksen kiivaalle hengelle.

Verikoston psykologiasta periytyvä logiikka synnyttää vain sekasor-toa, mikä puolestaan oikeuttaa porvarillisen voimankäytön vahvistamisen. Väkivallasta on hyötyä vain, jos se on sissisotaa, jolla on selkeä strategia ja päämäärä, kuten Che opetti.[28]

Sen tulee tähdätä kirurgisen tarkasti vain taisteleviin sotilaisiin, vasta-puolen komentokeskuksiin taikka vallan symbolisiin monumentteihin. Silti syndikalisteille sallittuja ovat olleet kaikki ne keinot, jotka avaavat tarpeeksi suuren halkeaman barrikadin toisen puolen leiriin. Sitä ei synny herttaisten idealistien tarkoittamalla "avoimella salaliitolla".[29]

Luonnollisten oikeuksien kumoaminen tarkoittaa palaamista takaisin luonnontilaan. Siinä sulttaanin surma ei ole sen kummempi rikos kuin ne teot, joilla hän edellispäivänä riisti hengen tai anasti omaisuuden alamai-siltaan; raaka voima vei sulttaanin valtaan, ja vain tuo sama vahvemman la-ki voi hänet kaataa.[30]

Eliitti uhkailee talouden ydintalvella, mutta tämä riski on otettava: Seattlen ihmisten on ammuttava ensimmäiseksi Davosin ihmiset – muuten maailmanvallankumouksesta ei tule yhtään mitään. Onneksi kapitalismin komentokeskuksissa onkin varsin vähän todellisia johtajia. Vasemmisto-mystiikka hahmottelee Harmageddonin taistelua, jonka juuret itävät ko-losaalisten ghettojen tarpeettomuuden ja tyhjyyden ilmapiirissä.[31]

Poliittisen kentän toisen äärilaidan tavoin se tarkastelee ilman tabuja tai ideologista pelkoa kysymystä väkivallan välttämättömyydestä tiettyinä historian hetkinä. Kapitalismin kyky sulauttaa itseensä kaikki vastarinta-pyrkimykset on muuttunut täysin totaaliseksi; se tarjoaa itsensä ikään kuin pakollisina lahjoina päättymättömässä potlatch-seremoniassa, jossa lahjoihin ei voi vastata kuin väkivallan ja kuoleman keinoin.[32]

Mutta: "kaikki, jotka miekkaan tarttuvat, ne miekkaan hukkuvat," varoitti hän, joka opetti kansanjoukkoja niin kuin se, jolla valta jo on, eikä niin kuin heidän kirjanoppineensa.[33] Verikoston psykologia väijyy myös val-lankumouksellisia, ja pommin uhka on tuonut poliisin logiikan kaikkialle.[34]

Historian valossa yksien vääryyksien tilalle asetetaan varsin helposti jotkut toiset, ja roviot jo korvataan giljotiinilla ikuisen paluun näytelmässä, joka on ollut joillekin tragedia ja joillekin komedia. Vallankumouksen kiivaan hengen Harmageddonin taistelusta voikin tulla *Numantian tragedia*, joka voi olla jollekin ylevä tapa lähteä, jos kuolema tuntuu kunniallisemmalta kuin elämä.[35]

Vallankumouksen kiivas henki ei ehkä kuole koskaan, mutta toteutuneen vallankumouksen jälkeen tuo jo hiipuu hiljalleen. Siksi vallankumous syö aina lapsensa; revoluutiota seuraa evoluutio – ja byrokratia, jossa pieni vähemmistö kaappaa jälleen kerran vallan suurelta enemmistöltä. Tämä on todettu moneen kertaan maailmankirjallisuudessa.[36]

Vaikein kysymys kuuluu aina, mitä on tehtävä heti vallankumouksen jälkeen. "Demokratia ei koskaan kestä pitkään", vaan ennemmin tai myöhemmin se "tekee itsemurhan". Tämä on erinäisten moraalisten ongelmien ohella merkittävimpänä syynä sille, miksi kaikki eivät koskaan ole halunneet antautua vallankumouksen kiivaan hengen pauloihin.[37]

Kapinointi vallitsevaa järjestelmää vastaan ei sitä paitsi koskaan ole aivan sitä, miltä se näyttää, eikä myöskään sitä, mitä se itse luulee olevansa. Tavallisesti kapinan ajatellaankin olevan seurausta vain ja ainoastaan maailmassa tapahtuneista vääryyksistä.

Sen taustalla on myös syvempi tunnelataus, joka syntyy ihmisarvon sosiaalisesta loukkaamisesta. Alempien luokkien parhaimmisto onkin aina kokenut loukkauksena jo pelkästään tuon, että on olemassa etuoikeutettu yläluokka, johon pääsy on siltä suljettu. Vallankumouksilla on historiansa ja aina myös psykohistoriansa.[38]

Ihmisen ja eläimen perusero onkin, että ihminen haluaa tulla tunnustetuksi yksilönä eli olentona, jolla on sekä arvonsa että merkityksensä sinänsä. Platon käytti tästä tarpeesta nimitystä *thymos*, jolla hän tarkoitti ihmisen pyrkimystä tavoitella tunnustusta omalle arvolleen sekä hänen arvostamiensa asioiden tai periaatteiden arvolle.[39]

Ihmiset uskovat, että heillä on tietynlainen arvo. Jos muut kohtelevat heitä vähempiarvoisina kuin mitä nämä itse uskovat olevansa, seurauksena on suuttumuksen tunne; jos heitä on jo arvioitu heidän oman arvokäsityksensä mukaisesti, he tuntevatkin ylpeyttä. Toisilla *thymos* on vahvempi kuin toisilla: toiset kokevat arvonsa tulleen loukatuksi helpommin kuin toiset.[40]

Tämä loukkaus on pohjimmiltaan syy, joka on saanut jotkut hyökkäämään Bastiljiin tai Talvipalatsiin. Yleensä yläluokka on viisaasti välttänyt avointa luokkasotaa tekemällä taktisia peräytymisliikkeitä.

Se on ottanut omaan piiriinsä ainakin suurimman osan niistä, jotka ovat kirvelevän vääryyden syvimmin kokeneet. Heille on annettu, mitä he ovat halunneetkin: arvoja, virkoja tai etuoikeuksia; yläluokan miehet ovat avanneet heille klubinsa ja naiset vuoteensa.[41]

He ovat saaneet suorittaa uudistuksia – kunhan he eivät koske itse järjestelmään. Koska heistä on tullut osa järjestelmää, he ovatkin jättäneet sen koskematta. Olihan järjestelmän suurin vika alun alkaenkin erityisesti siinä, että se oli sulkenut juuri heidät ulkopuolelle. Kun tämä vääryys on korjattu, muulla ei enää ole kovin suurta väliä; kun vallankumoukselta on näin viety johtajat, proletariaatti on paljolti riisuttu aseista.[42]

Vasemmistomystiikan verivala on vaikea ajatus useimmille. Täysin taipumattomat ovat aina jo poikkeusyksilöitä, joiden kohdalla luopumisen taito ei ole useimpien lahjakkuutta tai kameleontin etiikkaa ja retoriikkaa. Traaginen kohtalo on kuitenkin poikkeusyksilöiden lihaan painettu polttomerkki, eräänlainen yksilönvapauden illuusion muistomerkki.[43]

Muutenkin vasemmistomystiikka vie varmuudella ainakin ensialkuun entistä syvemmälle oppositioon mutta vasemmistolla on vain vähän hävittävää: pieni politiikka pyyhkii tämän kokonaan pois poliittiselta kartalta.[44] Vasemmistolla on vain vähän toivoa; tuo pieni toivo ei ole proletariaatissa vaan petetyssä keskiluokassa, ei alemmista alimmissa vaan alemmista parhaimmissa – näissä kovan kohtalonsa onnettomissa kieltäjissä.[45]

Paradoksi on, että vasemmistomystiikkaa ja vallankumouksen kiivasta henkeä kaikesta huolimatta tarvitaan liberalismin petoksen paljastamiseen sekä sen alkuperäisten arvojen palauttamiseen. Vasemmiston hellimä hyvinvointivaltio on pian enää ontto kuori tai postmoderni Potjomkinin kulissi, joka jatkaa olemassaoloaan vain juhlapuheissa.

Tietyllä tavalla tragikoomista on, että juuri vasemmiston on löydettävä uudet vastaukset niihin kysymyksiin, jotka klassinen liberalismi esitti:

kuten, mitä varten valtio on; tai milloin valtiofilosofiasta tulee teologiaa? Paljon pyhien lehmien verta on kuitenkin varmasti virtaava jo kaduilla ennen kuin tämä tapahtuu.

Tämän on kuitenkin pakko tapahtua, jos vasemmisto aikoo pelastaa hellimästään hyvinvointivaltiosta edes sen parhaat palaset. Se on sen – jos jonkun – intressissä, ja siinä on kyse vain Hegelin tarkoittamasta historian viekkaudesta, aatteiden tai ideoiden ikuisesta paluusta – tosin eri valossa ja eri vaatteissa.

Faustin painajainen

S illä se päivä ei tule, ennen kuin luopumus ensin jo tapahtuu tai laitto-
muuden ihminen ilmestyy, kadotuksen lapsi tai tuo vastustaja, joka ko-
rottaa itsensä yli kaiken, mitä jumalaksi tai jumaloitavaksi kutsutaan, niin
että hän asettuu Jumalan temppeliin ja julistaa olevansa Jumala. Näin en-
nusti aikoinaan apostoli Paavali.[1]

Max Weber on kutsunut lumouksesta heräämiseksi länsimaisen ih-
misen irrottautumista kristillisestä perinteestä. Viimeiset naulat sen ark-
kuun naputteli valistus, jonka jo Immanuel Kant määritteli ihmisen ky-
vyksi käyttää järkeään julkisesti. Ihminen ihastui ikihyviksi tähän ideaan
ja hylkäsi tuhansia vuosia vanhat kirjoitukset.[2]

Jumalan kuoleman jälkeen ihmisestä kasvoi *Vapautettu Prometheus,*
joka oli oma jumalallinen ohjaajansa. Tämän oleellisin ominaispiirre oli
usko edistykseen – eikä vain tilapäiseen tai hyvän tahdon riittävyydestä
riippuvaiseen edistykseen vaan välttämättömään, rajoittamattomaan sekä
ikuisesti jatkuvaan edistykseen.[3]

Viimeinen ihminen onkin vain historian päätepysäkille jo saapunut
ihminen. Hänelle kaikki salaisuudet on viimein paljastettu; hän on histo-
riallisen tiedon painolastin jo uuvuttama ihminen. Hän on taivaankannen
läpi kasvanut ihminen, joka on nähnyt kaiken; hän on saanut kaiken.[4]

"Me olemme keksineet onnen", viimeiset ihmiset sanovat ja räpyt-
tävät silmiään.[5] Viimeinen ihminen on ennen muuta kapitalismin hengen
kliimaksi tai traaginen käännepiste; hän on Weberin "erikoismies ilman
henkeä", todeksi tullut Machiavellin kentauri, tuo vain hädin tuskin ihmis-
hahmoinen ravihevonen.

Epäjohtamisen ihanne on näiden ravihevosten ja heidän kasvatta-
jiensa haavekuva, jonka tehtävä on vain peittää rahan patologia kapita-
lismin loppumattomissa laukkakilpailuissa. Muinaisista myyteistä kapi-
talismin hengen kiteyttääkin kirkkaimmin Goethen *Faust.* Se ei ole vain
myytti, vaan rituaalisesti todeksi eletty myytti.[6]

Faustissa hän on puhaltanut hengen tai antanut nimen länsimaisen kulttuurin kukoistuskaudeksi mielletylle ajanjaksolle, joka on tullut iltaruskon aikaan. Iltarusko on aina dekadenssin aikaa ja viimeisen ihmisen aikaa; Sodoma ja Gomorra juhlivat kirjaimellisesti kuin viimeistä päivää tuhon tullessa.[7]

Tuon loppu on samalla myös mailleenmenoa edeltävän melankolian aikaa; se on jo harvinaisen kirkastumisen aikaa pieni hetki ennen pimeyden laskeutumista, sillä iltaruskon aikaan, vasta hämärän langetessa Minervan pöllö lähtee lentoonsa; vasta jonkin aikakauden lähestyessä loppuansa voi ymmärtää sen olemuksen. Viimeisessä ihmisessä Minervan pöllö näkee juuri Faustin hahmon.[8]

Faust haluaa valloittaa koko maailman ja kurkottaa kohti äärettömyyttä. Oman unelmansa saavuttaakseen hän sopii paholaisen kanssa ja myy tälle sielunsa. Paholainen pitää sanansa, ja hän pääsee toteuttamaan hurjimpiakin suunnitelmiaan. Kyltymättömälle Faustille mikään ei enää ole tarpeeksi tai liikaa. Kaikki rajat ovat vain ylittämistä varten: "Ottaisin haltuuni planeetat, jos voisin", hän ajattelee.[9]

Hän haluaa ja myös saa jo kaiken. Yhtä hänelle ei kuitenkaan anneta: lepohetkeä, ei rauhaa edes pieneksi toviksi. Aamuisin hän toivoo iltaa ja iltaisin aamua – eikä hänen sydämellään olekaan rauhaa missään. Häntä ajaa eteenpäin maaninen tarve saavuttaa kaikki, mitä inhimillinen elonpiiri voi käsittää. Hän on yhden aikakauden kuva, jonka vain Minervan pöllö voi nähdä.[10]

Faustin perillisenä viimeinen ihminen on jo levittänyt vaikutuksensa maan ääriin, etsinyt tietoa hyvän ja pahan tuolta puolen tai alistanut jo kaiken omien pyyteidensä välineeksi. Mikään ponnistus ei ole ollut liikaa, jos se on tuonut ulottuville jotain vielä ennen kokematonta. Kuin Efraim hän on jo ajanut takaa itätuulta, ja tavoiteltuaan täydellisyyttä hän on vasta rajalla havahtunut huomaamaan hamuavansa tyhjyyttä.[11]

Faustisen sankarin on suoritettava itsensä henkihieveriin. Tämä on paholaisen pyytämä hinta siitä, että saa kaiken. Pääsy oman pelastuksensa ohjaksiin sitookin sankarin ikuiseen suorittamisen pakkoon ja sitä kautta pohjattomaan tyhjyyteen, jota on paettava aina vain pakkomieinteisemmin, mitään välineitä taikka valheita kaihtamatta. Paras mahdollinen maailma on paljastumassa vain uudeksi Baabelin torniksi.[12]

Valtion kuihtumisen ja vapaiden markkinoiden utopian kautta tulevat polvet saavat perinnöksi uuden ja uljaan maailman sijasta vain vertaansa vailla olevan ahdistuksen, koska sosiaalisen järjestyksen perustana ollut "työyhteiskunta" sulaa pian alta pois. Sen viimeisetkin rippeet ovat auttamatta muuttumassa suureksi simulaatioksi tai tyhjyyden triumfiksi älykkään teknologian korvatessa ihmiset pian kokonaan.[13]

Silti valistuksen vanhoina velipuolina molemmat läntiset laboratoriokokeilut tiesivät aivan varmasti olevansa oikeita vastauksia ihmiskunnan ikiaikaisiin ongelmiin. Nyt reaalisosialismi on jo romahtanut. Markkinafundamentalismi taasen on paljastanut oman onttoutensa vastaamalla perimmäisiin kysymyksiin vain korvia huumaavalla hiljaisuudella, joka on kuin lupaus keskitysleirin portin päällä.

Faustin perinnön mykistävin saavutus ovat kuitenkin kansainväliset finanssimarkkinat, jotka ovatkin johdannaisineen katkaisseet lopullisesti kaikki tarpeettomat siteet reaalitodellisuuteen. Matemaattisille abstraktioille rakennettu virtuaalimaailma on läntisen kulttuurin viimeinen suuri katedraali, jonka pyhyys on vain sen käsittämättömyydessä.[14]

Siellä autuaita eivät todellakaan ole hengellisesti köyhät; siellä taivasten valtakunta on luvattu aivan toisille. Silti se on jo tullut iltaruskon aikaan, mikä aiheutuu aatteidenkin kohdalla yksinkertaisista perusasioista. Vanhan suurmiehen sanoin vasta jonkin järjestelmän voitto paljastaakin sen virheet ja puutteet, jotka jäivät aiemmin huomaamatta.[15]

Toisen suurmiehen sanoilla kaikkia voikin huiputtaa jonkin aikaa, ja joitakin kaiken aikaa – mutta kaikkia ei voi huiputtaa kaiken aikaa.[16] Talouden teokratiasta on tullut talouden pornokratiaa, jonka esikuva on Vatikaania edeltäneessä 900-luvun kirkkovaltiossa. Siellä huonomaineiset naiset saivat suuren vaikutusvallan houkuttelemalla korkeat kirkonmiehet lihan himoihin.[17]

Talouden pornokratia on kleptokratiaa; se on sisältä päin niin korruptoitunut järjestelmä, että varastamisesta on tullut "luonnollinen" osa poliittista taikka taloudellista toimintaa. Varastaloudellisen ravintoketjun yläpää on vain hyvin vaikeasti havaittavissa. Se piiloutuu paratiisisaarille ja byrokraattiseen koneistoon, eikä siellä varasteta lakien vastaisesti vaan lakien varjolla. Kunnioittavimmin kumarretaan suurimmille varkaille.[18]

Tämä tarkoittaa nojatuolirosvojen tai rosvoparonien ajan paluuta. Kaikki, mitä maailmassa on, *kuuluu* pääomalle kuin perverssien iltajuhlissa. Rikkain prosentti tai paremminkin promille lukitsee leijonanosan kaikesta varallisuudesta holveihinsa ja kieltäytyy maksamasta mitään veroja. Tämä rosvojoukkio onkin kuin tuhatpäinen Raskolnikov, jota eivät koske samat säännöt kuin muita, vaan joka on niiden yläpuolella.[19]

Tämä joukkio ei ole muinaisuuden jäänne vaan sen jatkumo: historian näyttämölle taas palannut herrarotu, joka perustelee etuoikeuksiansa tällä kertaa työpaikoilla tai taloudellisella kasvulla. Sille luominen on kuitenkin luovaa tuhoamista, keinottelulle tilaa jo tekevää työpaikkojen tuhoamista; asiakas on sille vain alaviite oppikirjoissa.[20]

Edes tässä ei ole mitään uutta auringon alla – vaan se on ainoastaan yksi ikuisen paluun ilmenemismuodoista. Ajattelijat Platonista Marxiin ovat kautta aikojen ihmetelleet, miksi ihmiset hyväksyvät heidän työnsä hedelmien varastamisen – järjestelmän, joka siirtää systemaattisesti nettovarallisuutta alemmilta luokilta ylemmille.

Tämä onkin edellyttänyt enemmistön riisumista aseista sekä eliitin etuja valvovaa väkivaltakoneistoa. Pieni osa varallisuudesta on perinteisesti kierrätetty takaisin alemmille luokille leivän sekä sirkushuvien muodossa. Systeemin sinetiksi on tarvittu ideologiaa tai uskontoa, joka on oikeuttanut yläkerroksen yltäkylläisen elämän. Suuret sosiaaliset järjestelmät ovat aina olleet kieroja kuin korkkiruuvit.[21]

Silti kleptokratiaksi taantunut järjestelmä on tänäänkin tyly paikka polkumyllyn osan saaneille; ympärillä pyörii vain ihmispiraijoiden parvi. Esikuvansa tavoin se on ytimestään moraalisesti täysin ontoksi kovertunut järjestelmä, joka vain odottaa oman uskonpuhdistajansa ilmestymistä. Ellei uskonpuhdistusta tule, sen reaktorisydän sulaa ennemmin tai myöhemmin, ja talouden ydintalvi tulee.

Puhdistukselle tekee tilaa järjestelmän horisontissa häämöttävä iltarusko. Se ei synny siitä, että ytimeltään kumoamaton oppi tulee kumotuksi

– vaan siitä, että sen autuaimmat apostolit taikka antaumuksellisimmat asiamiehet kuolevat pian jo vanhuuttaan pois. Älylliset vallankumoukset eivät koskaan tapahdu vastustajien vakuuttamisen vaan näiden kuoleman kautta.[22]

Kumous tekee tilaa sukupolvelle, joka ei ole eläissään saanut maistaa muuta kuin vanhan vallan happamia hedelmiä: finanssipornoa ja velkavankeutta, pätkätöitä tai tyhjiin puristettuja ihmisen kuoria. Tämä uusi polvi tuhoaa tuhatvuotiseksi tarkoitetun valtakunnan talouden ydintalven uhallakin, eikä vihaiselle kansalle voi edes kiivain kenraalin tai rikkain ruhtinas mitään.[23]

Sitä, mistä muutos ja musta joutsen lopulta tulee, ei voida ennustaa; sitä, mitä tästä aamun sarastaessa seuraa, ei voida vielä tietää. Nähdä voidaan vain vanhan ajan iltarusko tai markkinafundamentalismin mailleenmeno. Sokea markkinausko vailla mitään epäilyä on vain vahvemman oikeuden veruke sekä finanssipornon käärepaperi. Kapitalismi ei silti hirtä itseänsä ahneuteensa, eikä kaupankäynti lopu koskaan.[24]

Myöskään mitään suurta Ceausescu-hetkeä tule – eikä tarvitse tulla. Milton Friedmanin opit pitää tietyiltä osiltaan vain kääntää ympäri, ja olla valmiina, kun horjumaton usko niihin hiipuu tai kun etsikkoaika enemmin tai myöhemmin tulee; lopulta ei ole mitään keinoja vastustaa aatteita, joiden aika on kypsä. Vallankumouksellisena Milton Friedman oli varmasti salaa Antonio Gramscinsa lukenut.[25]

”Käytännön miehet, jotka luulevat olevansa täysin vapaita kaikista ulkopuolelta tulevista henkisistä vaikutteista, ovat tavallisesti jonkun manan majoille menneen taloustieteilijän oppien orjia.” Lopulta vallassa ovat hullut, jotka kuulevatkin ääniä päässään – kaikuja muutamia vuosia sitten muodissa olleen taloustieteilijän tuherruksista.[26]

Kuolleiden sukupolvien perintö on aina ollut kuin painajainen elävien päissä, kuten myös Karl Marx opetti. Tietyllä tavalla nämä John Maynard Keynesin sekä Karl Marxin sanat ovat se Antonio Gramscin filosofian ydin, jonka juuri Milton Friedman tunnisti.

Sille rakentuu johtajien johtaminen: tämä on aatteiden tai ideoiden istuttamista ja kasvattamista. Johtoportaalla kun ei juuri lueta muuta kuin lakeijoiden laatimia liuskan tai parin tiivistelmiä, nekin mieluiten kuvina. Siksi johtoporras on vain joukkosielun muunnelma tai erityistapaus. Milton Friedman – jos joku – tiesi ja ymmärsi tämän.[27]

Viimeinen ihminen elää kuitenkin autiomaassa, jossa ei erityisemmin Antonio Gramscia lueta ja jossa kaikki tienviitat julistavat olevansa täysin tasa-arvoisia. Myös polyteistiset mikrouskonnot ovat yhtä kuin umpimielisiä edeltäjänsä.

Iltauskon viimeisten valonsäteiden vähitellen hiipuessa tämä postmoderni pelastusoppi on kuitenkin paljastumassa vain hullun hourekuvaksi. Enteellisesti myös Goethen Faust huokaa jo alussa, että unelma on kaunis vaan se katoaa.[28]

Joka paikassa jo orastavan palkkatyöorjuuden paluun ohella unelman tielle on tunkeutunut pelko siitä, että kulttuurin luonnonehdot todellakin ovat romahtamassa. Tuota pelkoa eivät enää poistakaan edes lupaukset siitä, että *täydelliset* markkinat kykenevät nerokkaan hintamekanisminsa kautta hoitamaan tämän ongelman, jahka nuo vain ehtivät vielä joskus laskeutua maan päälle.[29]

Kapitalismin hengestä kirjoittaneen Max Weberin pahamaineinen profetia kuului jo seuraavasti: "Tämä talousjärjestys määrittää nykyään kaikkien eikä vain talouden ammateissa toimivien elämäntyylin ja lisäksi vastustamattomalla pakolla. Ihminen syntyy koneistoon, ja meno jatkuu ehkä siihen saakka, kunnes viimeinenkin sentneri fossiilista polttoainetta on hehkunsa hehkunut."[30]

Karl Marx kannusti lukijoitansa mahdottomaan: ajattelemaan, että kapitalismi on parasta mitä ihmissuvulle milloinkaan on tapahtunut – ja samalla pahinta. Tulee yltää ajatukseen, joka sisältää kapitalismin vapauttavan dynaamisuuden ja eittämättömän turmiollisuuden yhdessä ja samassa, vähentämättä mitään kummankaan arvostelman voimasta; kapitalistinen evoluutio on edistys ja katastrofi yhdessä ja samassa.[31]

Tämän dialektiikan kiellon takia Faustin uni on jo armotta muuttumassa painajaiseksi. Maailmanhistoria itsessään todistaa, ettei ihminen opi mitään. Sekulaarit toivon näkymät ovat karahtaneet kiville. Ihmisluonnon muuttumattomuus on tehnyt ne tyhjiksi, jopa emerituspaavi katsoo kiertokirjeessään. Tilalle hän tarjoaa taivaan valtakunnan rauhaa. Toivon teologien mukaan se on liian vähän "huokaavalle luomakunnalle".[32]

Tunnelmat ovat apokalyptisia, lopunaikoihin liittyvän itsetutkiskelun aikoja. Tässä "lopunajan aporiassa", kummallisessa yltäkylläisen tyhjyyden tunteessa, itää samalla toivon siemen tai armelias alkusoitto uuteen aikakauteen, jonka kulttuurinen hahmo on vasta hautumassa ja jota ei voi sarastavassa aamuauringossa vielä kunnolla nähdä.

Alkusoiton hennot soinnut peittyvät maailmanmenon yleiseen kakofoniaan, jonka taustalla kaikuvat vielä vain finanssikapitalistisen kohtalonsinfonian viimeiset tahdit. Ne ovatkin talouden teokratian iltaruskon ajan hautajaismusiikkia, mutta musta joutsen vasta verryttelee siipiään.

Maailmanhistorian morfologia ei kerro, mistä tuo pahanilmanlintu tulee. Mahdollisuuksia on monia, kataklysminen ilmastonmuutos ja kansainvaellukset kärjessä?

Vai onko se viheliäinen virus, joka panee ihmiset, yritykset ja kokonaiset kansantaloudet polvilleen – jos ei nyt niin ehkä myöhemmin? Aika näyttää. Yhtä kaikki, piakkoin ehkä puhuvat taas aseet eivätkä poliitikot.[33]

Syntymä on kuoleman tavoin suuri mysteeri, joka ei ihmiselle hevin avaudu, eikä raihnaiseksi rappeutuneelle Faust-hahmolle ainakaan; tavallaan kaikki muuttuu, mutta mikään ei muutu. Eikö uutta ihmistä koskaan tule? Onko onni todella vain unennäköä, kuten Voltaire väitti?[34]

Ehkä toivo on annettu meille "vain niiden tähden joilla toivoa ei ole." Ehkä se on vain hetkissä, jolloin elämän erämaa kukkii. Ehkä siksi sellainen maailmankartta, jossa ei ole utopiaa, ei ole edes vilkaisun arvoinen.

Siellä ei ole enää sopivaa paikkaa, missä ihmisyys voisi nousta maihin. *Spe salvi facti sumus*, vain toivossa olemme pelastetut.[35]

Pergamentit

Akerlof, George – Schiller, Robert (2009) *Animal Spirits: How Human Psychology Drives the Economy, and Why It Matters for Global Capitalism.* Princeton University Press. Princeton, NJ.

Albert, Michel – Hahnel, Robin *(1991) The Political Economy of Participatory Economics.* Princeton University Press: Princeton.

Alderfer, Clayton, P. (1972) *Existence, Relatedness, and Growth: Human Needs in Organizational Settings.* Free Press: New York.

Alvesson, Mats (1987) *Organization Theory and Technocratic Consciousness: Rationality, Ideology and Quality of Work.* Walter de Gruyter & Co: Berlin.

Alvesson, Mats – Willmott, Hugh (ed.) (1992) *Critical Management Studies.* Biddles: Surrey.

Alvesson, Mats (2014) *The Triumph of Emptiness: Consumption, Higher Education, and Work Organization.* Oxford University Press: Oxford.

Arendt, Hannah (2013) *Totalitarismin synty.* Vastapaino: Tampere. Alkuperäisteos: 1948.

Augustinus (2003) *Jumalan valtio.* WSOY: Helsinki. Alkuperäisteos: *De Civitate Dei.* 413-426 jKr.

Bakan, Joel (2010) *Yhtiö: sairaalloinen voiton ja vallan tavoittelu.* Art House: Helsinki.

Battilani, Patrizia – Schöter, Harm, G. (eds.) (2012) *The Cooperative Business Movement, 1950 to the Present.* Cambridge University Press: Cambridge.

Baudrillard, Jean (1975) *L'échange symbolique et la mort.* Gallimard: Paris.

Baudrillard, Jean (2006) *Terrorismin henki.* Tutkijaliitto: Helsinki. Alkuteos: *L'Esprit du terrorisme 2002.*

Bauman, Zygmunt (1996) *Postmodernin lumo.* Gummerus: Jyväskylä.

Beck, Ulrich (1990) *Riskiyhteiskunnan vastamyrkyt: organisoitu vastuuttomuus.* Vastapaino: Tampere.

Bell, Daniel (1974) *The Coming of Post-Industrial Society: A Venture in Social Forecasting.* Penguin: Harmondsworth.

Bell, Daniel (1981) Models and Reality in Economic Discourse. Teoksessa: *The Crisis in Economic Theory,* edited by Bell, Daniel – Kristol, Irving. Basic Books: New York.

Berger, Peter – Luckmann, Thomas (1994) *Todellisuuden sosiaalinen rakentuminen.* Gaudeamus: Helsinki. Alkuteos: *The Social Construction of Reality: A Treatise in the Sosiology of Knowledge* 1979.

Berlin, Isaiah (2001) *Vapaus, ihmisyys ja historia.* Gaudeamus: Helsinki.

Blecker, Robert (1999) *Taming Global Finance.* Economic Policy Institute: Washington.

Boldeman, Lee (2007) *The Cult of the Market: Economic Fundamentalism and its Discontents.* Australian National University. ANU E Press: Canberra.

Bourdieu, Pierre (1979) *La distinction: Critique sociale du judgement.* Editions de Minuit: Paris. Englanniksi: Distinction: A Social Critique of the Judgement of Taste 1984. Harvard University Press: Cambridge.

Bourdieu, Pierre (1999) *Vastatulet: ohjeita uusliberalismin vastaiseen taisteluun.* Otava: Helsinki.

Bruun, Otto – Eskelinen, Teppo (toim.) (2009) *Finanssikapitalismi – Jumala on kuollut.* Into Kustannus Oy: Helsinki.

Bunting, Madeleine (2005) *Willing Slaves: How the Overwork Culture is Ruling Our Lives.* Harper Perennial: London.

Chomsky, Noam (2002) *Ideologia ja valta: ideologiakritiikkiä ja vapauden näkökulmia.* Like: Helsinki.

Chomsky, Noam (2003) *Mediakontrolli: propagandan mahtavat saavutukset.* Sammakko: Turku.

Chomsky, Noam (2008) *Savijalkainen jättiläinen: vallan väärinkäyttö ja hyökkäys demokratiaa vastaan.* Sammakko: Turku.

Chydenius, Anders (1929) *Antti Chydeniuksen valitut teokset.* WSOY: Porvoo.

Clausewitz, Karl von (1998) *Sodankäynnistä.* Art House: Helsinki. Alkuperäisteos: *Vom Kriege*, 1832.

Craib, Ian (1992) *Modern Social Theory.* St. Martin's Press: New York.

Dahl, Robert, A. (1970) *After the Revolution?* Yale University Press: New Haven.

D'Aveni, Richard (1994) *Hypercompetition: Managing the Dynamics of Strategic Maneuvering.* Free Press: New York.

Dawkins, Richard (1989) *Sokea kelloseppä.* WSOY: Juva.

Deleuze, Gilles – Guattari, Félix (1977) *Anti-Oedipus: Capitalism and Schizophrenia.* Viking: New York.

Diamond, Jared (2003) *Tykit, taudit ja teräs: ihmisen yhteiskuntien kohtalot.* Terra Cognita: Helsinki.

Dostojevski, Fjodor (1989) *Riivaajat.* Karisto: Hämeenlinna. Alkuperäisteos 1872.

Drucker, Peter, F. (1969) *Käytännän liikkeenjohto.* Tammi: Helsinki. Alkuteos: *Practise of Management: The Most Important Function in an American Society.* Harper & Row: New York 1954.

Eagleton, Terry (2012) *Miksi Marx oli oikeassa.* Like Kustannus Oy: Helsinki.

Ehrenreich, Barbara (2005) *Petetty keskiluokka.* Vastapaino: Tampere.

Ervasti, Pekka (1917) *Sosialismi ja teosofia.* Esitelmä 22.2.1917.

Eskelinen, Teppo & Bruun, Otto (2009) *Finanssikapitalismi – Jumala on kuollut.* Into Kustannus: Helsinki.

Fama, Eugene – Miller, Merton (1972) *The Theory of Finance.* Dryden Press: Oak Brook, Ill.

Ferguson, Charles (2012) *Rosvojen valtio: yritysten rikolliset, poliittinen korruptio ja Yhdysvaltain kaappaaminen.* Terra Cognita: Helsinki.

Foley, Michael (2010) *The Age of Absurdity: Why Modern Life Makes It Hard to be Happy.* Simon & Schuster: London.

Forrester, Viviane (1999) *The Economic Horror.* Polity Press: Cambridge. Alkuperäisteos: *L'Horreur économique* 1997.

Frank, Thomas (2000) *One Market under God: Extreme Capitalism, Market Populism, and the End of Economic Democracy.* Anchor Books: New York.

Frank, Robert – Cook, Philip (2010) *The Winner-Take-All-Society.* Virgin: London.

Friedman, Milton (1962) *Capitalism and Freedom.* University of Chicago Press: Chicago.

Friedman, Milton – Friedman, Rose (1982) *Vapaus valita.* Otava: Helsinki.

Friedman, Thomas (2000) *Globalisaatio – uhka vai unelma?* Otava: Helsinki.

Freud, Sigmund (1986) *Introductory Lectures on Psychoanalysis.* Penguin Books: Reading. Alkuteos 1917.

Fromm, Erich (1977) *Olla vai omistaa.* Kirjayhtymä Helsinki. Alkuperäisteos: *To Have or to Be?* 1976. Harper & Row: New York.

Fukuyama, Francis (1992) *Historian loppu ja viimeinen ihminen.* WSOY: Juva.

Galbraith, John Kenneth (1984) *Vallan anatomia.* WSOY: Juva.

Gladwell, Malcolm (2010) *Kuka menestyy ja miksi.* WSOY: Porvoo.

Gorz, Andre (1982) *Farewell to the Working Class: An Essay on Post-Industrial Socialism.* Pluto Press: London.

Gramsci, Antonio (1979) *Vankilavihkot.* Kansankulttuuri: Helsinki. Alkuteos: Quaderni del carcere 1975.

Gray, John, N. (1998) *False Dawn: The Delusions of Global Capitalism.* Granta Books: London

Greenspan, Alan (2007) *The Age of Turbulence.* Penguin: New York.

Hahnel, Robin (2008) *Poliittisen taloustieteen aakkoset.* Like: Helsinki.

Hahnel, Robin (2012) *Kilpailusta yhteistyöhön: kohti oikeudenmukaista talousjärjestelmää.* Like: Helsinki.

Hamel, Gary (2009) *Johtamisen tulevaisuus.* Talentum: Helsinki.

Hansmann, Henry (2000) *The Ownership of Enterprise.* Harvard University Press: Cambridge, MA.

Harakka, Timo (2009) *Luoton loppu: rahavallan raunioista kohti uutta kapitalismia.* WSOY: Helsinki.

Harari, Yuval Noah (2018) *Homo Deus: huomisen lyhyt historia.* Bazar: Helsinki

Hardt, Michael – Negri, Antonio (2005) *Imperiumi.* WSOY: Helsinki.

Harrington, Michael (1987) *The Next Left: The History of a Future.* IB Tauris: London.

Harrington, Michael (1989) *Socialism: Past and Future.* Arcade Publishing: New York.

Harvey, David (2008) *Uusliberalismin lyhyt historia.* Vastapaino: Tampere.

Hayek, Friedrich, A. (1995) *Tie orjuuteen.* Gaudeamus: Helsinki. Alkuperäisteos: *The Road to Serfdom.* Routledge: London 1944.

Hayek, Friedrich, A. (1998) *Kohtalokas ylimieli.* Gummerus: Jyväskylä. Alkuteos: *The Fatal Conceit: The Errors of Socialism* 1988.

Heath, Joseph – Potter, Anrew (2006) *The Rebel Sell: How the Counterculture Became Consumer Culture.* Capstone: West Sussex.

Hegel, Georg Wilhelm Friedrich (1980) *Gesammelte Werke. Band 9. Phänomenologie des Geistes.* Felix Meiner Verlag: Hamburg. Alkusteos vuodelta 1807.

Herman, Edward – Chomsky, Noam (1988) *Manufacturing Consent.* Pantheon Books: New York.

Herzberg, Frederick (1966) *Work and the Nature of Man.* World Publishing Co: Chicago, Ill.

Hesiodos (2004) *Työt ja päivät.* Tammi: Helsinki. Alkuperäisteos noin 700 eaa.

Holappa, Lauri (2009) Herra Keynes ja kapitalistit. Teoksessa: *Finanssikapitalismi – Jumala on kuollut,* toim. Bruun, O. – Eskelinen, T. Into Kustannus: Helsinki.

Honneth, Axel (2018) *Sosialismin idea.* Gaudeamus: Helsinki.

Hännikäinen, Timo – Melender, Tommi (2012) *Liberalismin petos: esseistinen pamfletti.* WSOY: Juva.

Inglehart, Ronald (1977) *The Silent Revolution: Changing Values and Political Styles Among Western Publics.* Princeton University Press: Princeton.

IPCC (2014) *Climate Change 2014.* Synthesis Report 1.11.2014. www.ipcc.ch.

IPCC (2018) *IPCC Special Report on Global Warming of 1.5°C. Summary 8.10.2018.* www.ipcc.ch.

Jameson, Fredrick (1991) *Postmodernism or, The Cultural Logic of Late Capitalism.* Duke University Press: Durham.

Jay, Anthony (1975) *Liikkeenjohto ja Machiavelli.* Tammi: Helsinki.

Johnson, Spencer (2007) *Kuka vei juustoni? Kesytä muutosvastarintasi - löydä rohkeutesi työssä ja elämässä.* WSOY: Juva. Alkuteos: *Who Moved My Cheese* 1998.

Judt, Tony (2011) *Huonosti käy maan: tutkielma nykyisestä surkeudestamme.* Like Kustannus: Helsinki.

Jung, Alexander (1997) *Die Jobkiller – Wie deutsche Unternehmen Millionen Arbeitsplätze vernichten.* ECON Verlag: Düsseldorf.

Kant, Immanuel (1995a) Vastaus kysymykseen: Mitä on valistus? Teoksessa: *Mitä on valistus?* Toimittaneet Koivisto, J. et al. Vastapaino: Tampere.

Kant, Immanuel (1995b) Edistyykö ihmissuku jatkuvasti kohti parempaa? Teoksessa: *Mitä on valistus?* Toimittaneet Koivisto, Juha et al. Vastapaino: Tampere.

Kantola, Anu (2002) *Markkinakuri ja managerivalta: poliittinen hallinta Suomen 1990-luvun talouskriisissä.* Tammer-Paino Oy: Tampere.

Karkama, Pertti (1998) *Kulttuuri ja demokratia: kirjoituksia kulttuurin nykytilasta.* SKS: Helsinki.

Keynes, John Maynard (1936) *The General Theory of Employment, Interest and Money.* Palgrave: Basingstoke.

Kihlman, Christer (1986) *Tuuliajolla tappion maisemissa. Monologi.* Tammi: Helsinki.

Klein, Naomi (2008) *Tuhokapitalismin nousu.* WSOY: Helsinki.

Klein, Naomi (2014) *Tämä muuttaa kaiken: kapitalismi vs. ilmasto.* Into Kustannus Oy: Helsinki.

Knight, Frank, H. (1932) The Newer Economics and the Control of Economic Activity. *Journal of Political Economy* 1932: 4 (49).

Korten, David, C. (1997) *Maailma yhtiöiden vallassa.* Like Kustannus Oy: Helsinki.

Kortteinen, Matti (1992) *Kunnian kenttä: suomalainen palkkatyö kulttuurisena muotona.* Hanki ja Jää: Helsinki.

Kropotkin, Pjotr (1902) *Mutual Aid: A Factor of Evolution.* Heinemann: London.

Krugman, Paul (1999a) *The Return of Depression Economics.* W.W. Norton: New York.

Krugman, Paul (1999b) *Satunnainen teoreetikko ja muita viestejä synkeän tieteen saralta.* WSOY: Juva.

Krugman, Paul (2009) Kolumni *The New York Times* 29.3.2009.

Kuisma, Markku (2013) *Yksinkertaisuuden ylistys: rahan, vallan ja johtamisen merkillinen maailma.* Siltala: Helsinki.

Küng, Hans (1978) *Existiert Gott?* Piper & Co Verlag: München.

Kuusela, Hanna – Rönkkö, Mikko (toim.) (2008) *Puolueiden kriisi.* Like Kustannus Oy: Helsinki.

Kuusela, Hanna – Ylönen, Matti (2013) *Konsulttidemokratia.* Gaudeamus: Helsinki.

Lagerspetz, Eerik (1990) Yhteiskuntatieteet tutkimuskohteensa muuttajina. Teoksessa: *Muutos*, toim. Halonen, I. – Häyry, H. Yliopistopaino: Helsinki.

Lagerspetz, Eerik (1995) *The Opposite Mirrors: An Essay on the Conventionalist Theory of Institutions.* Kluwer Academic Publishers: Dordrecht.

Lasch, Christopher (1991) *The Culture of Narcissism: American Life in an Age of Diminishing Expectations.* Revised edition. Norton: New York.

Lasch, Christopher (1996) *The Revolt of the Elites and the Betrayal of Democracy.* Norton: New York.

Lazzurato, Maurizio (2014) *Velkaantunut ihminen.* Tutkijaliitto: Helsinki.

Layard, Richard (2005) *Happiness: Lessons from a New Science.* Penguin: New York.

Lenin, Vladimir (1972) *Valtio ja vallankumous: marxilaisuuden oppi valtiosta ja proletariaatin tehtävät vallankumouksessa.* Edistys: Moskova.

Lordon, Frédéric (2010) *Rahamyllyt kuriin: kuinka vapautua finanssikriiseistä.* Like: Helsinki.

Losurdo, Domenico (2013) *Liberalismin musta kirja.* Into: Helsinki.

Luther, Martti (2013) *Iso katekismus.* A. E. Koskenniemen käännös 1964. Suomen luterilainen evankeliumiyhdistys. Helsinki. Alkuteos vuodelta 1529. http://www.evl.fi/tunnustuskirjat/ik/.

Luttwak, *Edward (1999) Turbo-Capitalism: Winners and Losers in the Global Economy.* Harper: New York.

Lyon, David (1988) *Information Society: Issues and Illusions*. Polity Press: New York.

Lyotard, Jean-Francois (1985) *Tieto postmodernissa yhteiskunnassa*. Vastapaino: Tampere.

Machiavelli, Niccolo (1990) *Ruhtinas*. WSOY: Juva. Alkuperäisteos: *Il Principe* 1532.

Marcuse, Herbert (1969) *Yksiulotteinen ihminen: teollisen yhteiskunnan tarkastelua*. Weilin + Göös: Helsinki. Alkuperäisteos: (1964) *One-Dimensional Man*. Beacon Press: Boston.

Martin, Hans-Peter & Schumann, Harald (1998) *Globalisaatioloukku: hyökkäys demokratiaa ja hyvinvointia vastaan*. Vastapaino: Tampere.

Marty, Martin E. – Appleby, R. Scott (eds.) (1991) *Fundamentalisms Observed*. University of Chicago Press: Chicago.

Marx, Karl (1974-1976) *Pääoma: kansantaloustieteen arvostelua. Osat I-III*. Edistys: Moskova. Alkuperäisteos: *Das Kapital: Kritik der politischen Ökonomie* 1867.

Marx, Karl – Engels, Friedrich (1998) *Kommunistinen manifesti*. Vastapaino: Tampere. Käännetty saksankielisestä painoksesta vuodelta 1890.

Maslow, Abraham (1954) *Motivation and Personality*. 3rd edition 1970. Harper & Row: New York.

Masuda, Yoneji (1981) *The Information Society as Post-Industrial Society*. World Future Society: Bethesda.

McGrath, Alister (2012) *Kristillisen uskon perusteet: johdatus teologiaan*. Kirjapaja: Helsinki.

McGregor, Douglas (1960) *The Human Side of Enterprise*. McGraw-Hill Company: New York.

McLaren, Peter (2009) *Che, Freire ja vallankumouksen pedagogiikka*. Like: Helsinki.

Meadows, D. – Meadows, D. – Randers, J. – Behrens, W. (1973) *Kasvun rajat: ihmiskunnan kohtalonlannetta koskevaan Rooman klubin tutkimussuunnitelmaan liittyvä raportti*. Tammi: Helsinki.

Merton, Robert (1957) *Social Theory and Social Structure*. Revised edition. Clencoe, Illinois.

Michaels, Flora, S. (2011) *Monoculture: How One Story is Changing Everything*. Red Clover: Canada.

Michels, Robert (1986) *Puoluelaitos nykyajan demokratiassa*. WSOY: Juva. Alkuperäisteos: *Zur Soziologie des Parteiwesens in der Moderne Demokratie* 1911.

Micklethwait, John – Wooldridge, Adrian (2014) *The Fourth Revolution: The Global Race to Reinvent the State*. Penguin: London.

Mill, John, Stuart (1998) *On Liberty*. Oxford World's Classics. Oxford University Press: Oxford. Alkuteos vuodelta 1859.

Miller, Gary, J. (1997) *Managerial Dilemmas. The Political Economy of Hierarchy*. Cambridge University Press: Cambridge.

Mills, C. Wright (1951) *White Collar*. Oxford University Press: New York.

Minsky, Hyman (1975) *John Maynard Keynes*. McGraw-Hill: New York.

Minsky, Hyman (1986) *Stabilizing an Unstable Economy*. McGraw-Hill: New York.

Moilanen, Hanna, et al (2014) *Uusi osuuskunta – tekijöiden liike*. Into Kustannus: Helsinki.

More, Thomas (1991) *Utopia*. WSOY: Juva. Alkuperäisteos vuodelta 1516.

Nelson, Robert (2001) *Economics as Religion: From Samuelson to Chicago and Beyond*. Penn State Press: Pennsylvania.

Nelson, Robert (2010) *New Holy Wars: Economic Religion vs. Environmental Religion in Contemporary America*. Penn State Press: Pennsylvania.

Nietzsche, Friedrich (1984) *Hyvän ja pahan tuolla puolen*. Alkuperäisteos: *Jenseits von Gut und Böse* 1886. Otava: Keuruu.

Nietzsche, Friedrich (1989) *Iloinen tiede.* Otava: Helsinki. Alkuteos: *Die fröchliche Wissenschaft* 1882.

Nietzsche, Friedrich (1995) *Näin puhui Zarathustra: kirja kaikille eikä kenellekään.* Otava: Keuruu. Alkuperäisteos: *Also sprach Zarathustra* 1883-85.

Norberg, Johan (2004) *Globaalin kapitalismin puolustus.* Ajatus: Helsinki.

Novak, Michael (1982) *The Spirit of Democratic Capitalism.* Simon & Schuster: New York.

OECD (2019) *Under Pressure: The Squeezed Middle Class.* OECD Publishing: Paris.

Ojapelto, Ari (2006) *Ahneuden aika: kuinka pääoman ahneus tekee teknologian avulla ihmisen tarpeettomaksi.* VS-Kustannus: Saarijärvi.

Ollila, Maija-Riitta (2009) *Lauman valta.* Edita: Helsinki.

Onfray, Michel (2004) *Kapinallisen politiikka: tutkielma vastarinnasta ja taipumattomuudesta.* Eurooppalaisen filosofian seura: Tampere.

Paastela, Jukka (1995) *Valhe ja politiikka: tutkimus hyveestä ja paheesta yhteiskunnallisessa kanssakäymisessä.* Gaudeamus: Helsinki.

Palmu-Joronen, Anne-Liisa (2009) *Nokia-vuodet: mitä johtamisesta voi oppia.* Atena: Jyväskylä.

Patomäki, Heikki (2007) *Uusliberalismi Suomessa.* WSOY: Helsinki.

Paul, Axel (2002) Die Legitimität des Geldes. Teoksessa: *Die gesellschaftliche Macht des Geldes,* toim. Deutschmann, C. Leviathan Sonderheft 21/2002: 109-122.

Peters, Thomas, J. – Waterman, Robert, H. (1982) *In Search of Excellence: Lessons from American Best-Run Companies.* Harper & Row: New York. Suomennos: *Menestyksen profiileja.* Rastor: Helsinki 1983.

Pigou, Arthur, C. (1920) *The Economics of Welfare.* Macmillan: London.

Piketty, Thomas (2014) *Capital in the Twenty-First Century.* Harvard University Press: Harvard.

Platon (1981) *Valtio.* Otava: Keuruu.

Polanyi, Karl (2009) *Suuri murros: aikakautemme poliittiset ja taloudelliset juuret.* Vastapaino: Tampere. Alkuteos: *The Great Transformation* 1944.

Popper, Karl, R. (1945) *Open Society and Its Enemies,* I-II. Routledge: London.

Proudhon, Pierre Joseph (2004) *What Is Property?* Kessinger Publishing: Whitefish, MT. Alkuperäisteos: *Qu'est-ce que la propriété* 1840.

Proudhon, Pierre Joseph (1866) *Theory of property.* Alkuperäisteos: *Théorie de la propriété* 1866.

Pyysiäinen, Ilkka (2010) *Jumalaa ei ole.* Vastapaino: Tampere.

Raamattu. Suomen evankelisluterilaisen kirkon vuoden 1933 kirkolliskokouksen käyttöön ottama Vanhan testamentin sekä 1938 kirkolliskokouksen käyttöön ottama Uuden testamentin suomennos.

Rand, Ayn (1957) *Atlas Shrugged.* Penguin: New York.

Rawls, John (1989) *Oikeudenmukaisuusteoria.* WSOY: Juva. Alkuperäisteos: *The Theory of Justice.* Oxford University Press 1971.

Reich, Robert, B. (2016) *Saving Capitalism.* Vintage Books: New York.

Rifkin, Jeremy (1997) *Työn loppu.* WSOY: Helsinki. Alkuperäisteos: *The End of Work: The Decline of The Global Labor Force and Dawn of the Post-Market Era.* Putnam: New York.

Rosenthal, Caitlin (2014) *From Slavery to Scientific Management: Capitalism and Control in America, 1754-1911.* Harvard University Press: Harvard.

Rotterdamilainen, Erasmus (1998) *Tyhmyyden ylistys.* Karisto: Hämeenlinna. Alkuperäisteos 1511.

Rousseau, Jean-Jacques (2000) *Tutkielma ihmisten välisen eriarvoisuuden alkuperästä ja perusteista.* Vastapaino: Tampere. Alkuperäisteos: *Discours sur l'origine et les fondements de l'inégalité parmi les homes* vuodelta 1755.

Russell, Bertrand (1992) *Länsimaisen filosofian historia: poliittisten ja sosiaalisten olosuhteiden yhteydessä varhaisimmista ajoista nykyaikaan asti.* WSOY: Porvoo.

Saarinen, Esa (1989) *Länsimaisen filosofian historia huipulta huipulle Sokrateesta Marxiin.* WSOY: Juva.

Samuelson, Paul – Nordhaus, William (1985) *Economics.* 12th edition. McGraw-Hill: New York.

Schopenhauer, Arthur (1989) *Pessimistin elämänviisaus – valittuja lukuja Schopenhauerin teoksista.* WSOY: Porvoo.

Schumpeter, Joseph, A. (1947) *Capitalism, Socialism, and Democracy.* Harper & Row: New York.

Scruton, Roger (1989) *Kant.* Oxford University Press: Oxford.

Sen, Amartya (1970) *Collective Choice and Social Welfare.* Holden: San Francisco.

Seppänen, Esko (2009) *Hullun rahan tauti: kapitalismin musta syksy.* Tammi: Helsinki.

Seppänen, Esko (2011) *Oma pääoma.* Into Kustannus Oy: Helsinki.

Shaxson, Nicholas (2012) *Aarresaaret: miehet jotka ryöstivät maailman.* Into Kustannus Oy: Helsinki.

Siltala, Juha (2004) *Työelämän huonontumisen lyhyt historia.* Uusi laitos vuonna 2007. Otava: Keuruu.

Siltala, Juha (2008) Uuden julkishallinnon (NPM) ristiriidat. *Kunnallistieteellinen aikakauskirja* 2008; 4, 435-454.

Skidelsky, Robert (1992) *The Economist as Saviour.* John Maynard Keynes 1920-1937. Macmillan: London.

Skidelsky, Robert (2005) *John Maynard Keynes 1883-1946: Economist, Philosopher, Statesman.* Penguin: New York.

Skidelsky, Robert – Skidelsky, Edward (2012) *How Much Is Enough: Money and the Good Life.* Other Press: New York.

Smith, Adam (1933) *Kansojen varallisuus: tutkimus sen olemuksesta ja tekijöistä.* WSOY: Porvoo. Alkuperäisteos: *An Inquiry into the Nature and Causes of Wealth of Nations* 1776.

Soininvaara, Osmo (2007) *Vauraus ja aika.* Teos: Helsinki.

Sorel, Georges (1925) *Reflections on Violence.* George Allen & Unwin Ltd: London. Alkuperäisteos: *Réflexions sur la violence* 1908.

Soros, George (1987) *The Alchemy of Finance.* John Wiley & Sons: Hoboken, NJ.

Soros, George (1999) *Kansainvälisen kapitalismin kriisi: avoin yhteiskunta uhattuna.* Tammi: Helsinki.

Standing, Guy (2011). *The Precariat: The New Dangerous Class.* Bloomsbury: London.

Standing, Guy (2017) *The Corruption of Capitalism.* Biteback Publishing: London.

Stern, Nicholas (2006) *Stern Review on the Economics of Climate Change.* HM Treasury: London.

Stiglitz, Joseph (2004) *Globalisaation sivutuotteet.* Like: Helsinki.

Stiglitz, Joseph (2012) *The Price of Inequality.* Allen Lane: London.

Stirner, Max (2005) *The Ego and Its Own: The Case of the Individual against Authority.* Dover Publications: London. Alkuteos: *Der Einzige und sein Eigentum* 1844.

Taleb, Nassim (2010) *Musta Joutsen: erittäin epätodennäköisen vaikutus.* Terra Cognita: Helsinki.

Tapscott, Don (2010) *Syntyneet digiaikaan: sosiaalisen median kasvatit.* Docendo: Jyväskylä.

Taylor, Frederick (1911) *The Principles of Scientific Management.* Harper: New York.

Tett, Gillian (2009) *Fool's Gold: How Unrestrained Greed Corrupted a Dream, Shattered Global Markets and Unleashed a Catastrophe.* Abacus: London.

Thurow, Lester (1996) *The Future of Capitalism.* Penguin: New York.

Tienari, Janne – Piekkari, Rebecca (2011) *Z ja epäjohtaminen.* Talentum: Helsinki.

Toffler, Alvin (1991) *Suuri käänne.* Otava: Keuruu.

Uschanov, Tommi (2008) *Mikä vasemmistoa vaivaa?* Gummerus: Jyväskylä.

Varoufakis, Yanis (2014) *Maailmantalouden Minotaurus.* Vastapaino: Tampere.

Vähämäki, Jussi (2003) *Kuhnurien kerho: vanhan työn paheista uuden hyveiksi.* Tutkijaliitto: Helsinki.

Wahlroos, Björn (2012) *Markkinat ja demokratia: loppu enemmistön tyrannialle.* Otava: Helsinki.

Wahlroos, Björn (2015) *Talouden kymmenen tuhoisinta ajatusta.* Otava: Helsinki.

Wahnich, Sophie (2012) *In Defence of the Terror: Liberty or Death in the French Revolution.* Verso: London.

Weber, Max (1947) *The Theory of Social and Economic Organization.* Paperback Edition Free Press: New York 1964.

Weber, Max (1980) *Protestanttinen etiikka ja kapitalismin henki.* WSOY: Juva. Alkuteos: *Die protestantische Ethik und der Geist des Kapitalismus* 1904-1905.

Wells, H. G. (2006) *Open Conspiracy: What Are We to Do with Our Lives.* Book Tree: London. Alkuperäisteos vuodelta 1937.

Whyte, William, H. (1956) *The Organization Man.* 2nd edition 1969. Doubleday: New York.

Wilde, Oscar (2001) *Ihmissielu sosialismissa.* Nastamuumio: Helsinki. Alkuperäisteos: *Soul of Man under Socialism* 1891.

Williams, Eric (1994) *Capitalism and Slavery.* University of North Carolina: Chapel Hill. Alkuteos 1944.

Wood, Ellen (2005) *Pääoman imperiumi.* Vastapaino: Tampere.

Worldwatch (2013) *Maailman tila 2013: Onko liian myöhäistä?* Gaudeamus: Helsinki.

Wright, Georg Henrik von (1989) *Ajatus ja julistus.* WSOY: Juva.

Wright, Georg Henrik von (1992) *Minervan pöllö.* Otava: Helsinki.

Wriston, Walter (1992) *The Twilight of Sovereignty: How the Information Revolution is Transforming Our World.* Schribner's: New York.

Wuori, Matti (1993) *Titanicin kansituolit.* WSOY: Porvoo.

Wuori, Matti (1995) *Faustin uni.* WSOY: Porvoo.

Zizek, Slavoj (2008) *Violence: Six Sideways Reflections.* Profile Books: London.

Zuboff, Shoshana (1990) *Viisaan koneen aikakausi: uusi tietotekniikka ja yritystoiminta.* Otava: Keuruu.

Ylä-Anttila, Tuomas (2010) *Politiikan paluu: globalisaatioliike ja julkisuus.* Vastapaino: Tampere.

Ylönen, Matti (2009) Veroparatiisit iholla. Teoksessa: *Finanssikapitalismi – Jumala on kuollut,* toimittaneet Bruun, O. – Eskelinen, T. Into Kustannus: Helsinki.

Viittaukset

Alkusanat

[1] Bakan, 2010, 13-30
[2] Bakan, 2010, 48-52
[3] Bakan, 2010, 48-52; vertaa Wahlroos, 2012
[4] Winston Churchill; siteerattu teoksessa Seppänen, 2011, 295
[5] Hahnel, 2012, 75-77; Judt, 2011; haudankaivajavertaus on Marxilta ja Engelsiltä 1998, 51
[6] Hahnel, 2012, 13-24
[7] Hännikäinen – Melender, 2012, 52-53, 86-90; Heath – Potter, 2006; vrt. Hahnel, 2012; Judt, 2011; Onfray, 2004

Pääoman vapauden pyhä oppi

[1] Hännikäinen – Melender, 2012, 7-20, 41-51; Korten, 1997, 95-112; vertaa Chydenius, 1929
[2] Hännikäinen – Melender, 2012, 7-20, 41-51; Berlin, 2001
[3] Soros, 1999, esipuhe ja johdanto; Harvey, 2008, 20-50; Gray, 1998; Siltala, 2004, 439
[4] Soros, 1999; Lordon, 2010; vertaa Samuelson – Nordhaus, 1985
[5] Soros, 1999; vertaa Siltala, 2004, 94-97; Lordon, 2010
[6] Knight, 1932, 455; Hayek, 1995, lopussa; Klein, 2008, 65-70
[7] Soros, 1999; Stiglitz, 2004; Boldeman, 2007
[8] Marty – Appleby, 1991; Arendt, 2013; taloudellisesta fundamentalismista Boldeman, 2007; Nelson, 2001
[9] Stiglitz, 2004; vertaa Klein, 2008; Harakka, 2009
[10] Soros, 1999, johdanto ja sivut 160-162; vertaa Stiglitz, 2004; Boldeman, 2007
[11] Soros, 1999, 75-79, 237-243; vertaa Boldeman, 2007
[12] Soros, 1999, 75-79; Popper, 1945; vertaa Klein, 2008 ja toisaalta Wahlroos, 2012
[13] Soros, 1999, 66-67, 75-79, 337-243; vertaa Stiglitz, 2004; Popper, 1945
[14] Siltala, 2004; 2008
[15] Siltala, 2008
[16] Siltala, 2008
[17] Siltala, 2008
[18] Vertaa myös Kantola, 2002; Kuusela – Ylönen, 2013; Kuisma, 2013
[19] Siltala, 2008
[20] Vertaa Kuisma, 2013
[21] Siltala, 2004, 293-359; 2008; Kuisma, 2013
[22] Siltala, 2008; Kuisma, 2013
[23] Kuisma, 2013
[24] Siltala, 2004, 293-359
[25] Vertaa Karkama, 1998; Frank, 2000
[26] Siltala, 2004, 293-359; 2008
[27] Siltala, 2004, 293-359; 2008; vertaa vastaavasti Palmu-Joronen (2009, 138-143) liike-elämän osalta
[28] Siltala, 2004, 293-359; 2008; vertaa Kuisma, 2013
[29] Siltala, 2004, 293-359; 2008
[30] Siltala, 2004, 293-359; 2008; myös Kuisma, 2013
[31] Kuisma, 2013
[32] Kuisma, 2013
[33] Gray, 1998; Kuisma, 2013; vertaa tapaus Nokia ja finanssikriisi
[34] Chydenius, 1929, 68-73
[35] Ibid.
[36] Ibid.
[37] Vertaa Weber, 1947; Chomsky, 2002; Bakan, 2010
[38] Galbraith, 1984
[39] Bakan, 2010, 181-189
[40] Galbraith, 1984, 154-168
[41] Ibid.
[42] Galbraith, 1984; tämän jälkeen hallintobyrokratia on vain kasvanut kasvamistaan – kolossaalisesti.
[43] Vertaa Galbraith, 1984; Bakan, 2010
[44] Klein, 2008, 20; Harvey, 2008, 81-108; Bakan, 2010, 133-141; Siltala, 2008; Galbraith, 1984
[45] Klein, 2008, 510-513
[46] Klein, 2008, 510-513; Bakan, 2010, 133-141; Harvey, 2008, 81-99; Siltala, 2008; Kuusela – Ylönen, 2013

Talousteoreettinen Baabelin torni

[1] Hännikäinen – Melender; 2012, 16-20, 41-51; Harvey, 2008; Siltala, 2004; Korten, 1997; Polanyi, 1944
[2] Siltala, 2004; Inglehart, 1977; vertaa Alderfer, 1972; Mills, 1951
[3] Siltala, 2004, 74-75; Inglehart, 1977; myös Herzberg (1966) ja McGregor (1960) ovat relevantteja tässä
[4] Maslow, 1954
[5] Alvesson, 1987
[6] Peters – Waterman, 1982; 1983; vertaa Alderfer, 1972
[7] Peters –Waterman, 1982; 1983
[8] Siltala, 2004, 74-75; Soininvaara, 2007; Layard, 2005; Foley, 2010; Skidelsky – Skidelsky, 2012
[9] Siltala, 2004; vertaa Klein, 2008; Harvey, 2008; Chomsky, 2002
[10] Galbraith, 1984, 31; Alan Greenspan *turvattomuudesta* "talousihmeen" tukipilarina Chomsky, 2002, 352
[11] Siltala, 2004; Vähämäki, 2003; Chomsky (2002, 340) puhuu hyvinvointivaltion "takaisin jyräämisestä"
[12] Siltala, 2004; Friedman – Friedman, 1982, lopussa
[13] Klein, 2008, 9-31; lainaus Friedman, 1982, 2; 1962
[14] Klein, 2008, 9-31; Harvey, 2008, 81-108
[15] Friedman, 1982, ix; 1962
[16] Klein, 2008, 9-31
[17] Hayek, 1995, lopussa; Klein, 2008, alussa
[18] Klein, 2008; vertaa Stiglitz, 2004
[19] Klein, 2008; "paras mahdollinen maailma" ideana periytyy Leibnitzilta; katso Saarinen, 1989; Russell, 1992
[20] Ibid.
[21] Klein, 2008; vertaa Nelson, 2001; Stiglitz, 2004; Boldeman, 2007
[22] Klein, 2008; vertaa Boldeman, 2007; Harakka, 2009
[23] Hayek, 1998, 133
[24] Hayek, 1998, 153
[25] Nelson, 2001; Bakan, 2010, 168-171, 181-184; Klein, 2008, 65-69
[26] Bell, 1981, 57-58; vertaa Dawkins (1989) *Sokea kelloseppä*
[27] Klein, 2008
[28] Klein, 2008, 9-31; Harvey, 2008, 81-108; vertaa Wahlroos, 2012; Friedman, 1962; Hayek, 1995; 1998
[29] Siltala, 2004, 82-88; vertaa Gray, 1998
[30] Ibid.
[31] Soros, 1999; vertaa Wahlroos, 2012; Minsky, 1975; 1986
[32] Wahlroos, 2012; vertaa Minsky, 1975; 1986
[33] Paul, 2002; siteerattu teoksessa Siltala, 2004, 94
[34] Harakka, 2009
[35] Wuori, 1995
[36] Vertaa Harakka, 2009; Skidelsky, 1992; 2005; Forrester, 1999; Wuori, 1995
[37] Siltala, 2004, 94-97; vertaa Hännikäinen – Melender, 2012; Varoufakis, 2014
[38] Siltala, 2004, 94-97
[39] Hayek; siteerattu teoksessa Siltala, 2004, 94-97
[40] Siltala, 2004, 2004, 94-97
[41] Ferguson, 2012, 242-275; Bakan, 2010, 168-171; Galbraith, 1984; Nelson, 2001; Klein, 2008; Siltala, 2004
[42] Ferguson, 2012, 242-275; vertaa Nelson, 2001
[43] Klein, 2008; Siltala, 2004; Harvey, 2008; Martin – Schumann, 1998; Bakan, 2010; Boldeman, 2007
[44] Siltala, 2008; Klein, 2008; vertaa Galbraith, 1984
[45] Chomsky, 2002, 340; Galbraith, 1984; Siltala, 2008; Bakan, 2010; Boldeman, 2007
[46] Poliittisen taloustieteen prof. Lester Thurow 1996, 180; Stiglitz, 2004; Hahnel, 2012; Uschanov, 2008
[47] Siltala, 2004, 361-372; Chomsky, 2008, 249-259; McLaren, 2009, 78; Lasch, 1991
[48] Siltala, 2004, 361-372; Ehrenreich, 2005; Lasch, 1996; D'Aveni, 1994; Lutwak, 1999; Alvesson, 2014; OECD, 2019
[49] Siltala, 2004; Ehrenreich, 2005; Lasch, 1996; Karkama, 1998; Alvesson, 2014; OECD, 2019
[50] Siltala, 2004, 361-372; Hahnel, 2012; Lasch, 1996
[51] Siltala, 2004, 361-372, 433-460; Martin – Schumann, 1998; Lasch, 1996
[52] Ehrenreich, 2005, loppuarvio; Lasch, 1996
[53] Ehrenreich, 2005; Siltala, 2004; Lasch, 1996; Lutwak, 1999
[54] Ehrenreich, 2005, 10; Lasch, 1996; vertaa OECD, 2019
[55] Ehrenreich, 2005, 12-13; Frank, 2000, 341-375; Siltala, 2004; Klein, 2001; vertaa Johnson, 2001; 1998
[56] Siltala, 2004, 361-373; Hardt – Negri, 2005; vertaa Wood, 2005; Lasch, 1996; vrt. OECD, 2019
[57] Siltala, 2004; 433-441; Ehrenreich, 2005; Forrester, 1999; Jung, 1997; Lasch, 1996; vrt. OECD, 2019
[58] Siltala, 2004; Lasch, 1996
[59] Siltala, 2004, 439-440; vertaa Lutwak, 1999; Harvey, 2008; Gray, 1998; Lasch, 1996; Thurow, 1996

Reformaatio – raha irti raudoista

[1] Vertaa Klein, 2008; Harakka, 2009; Holappa, 2009; Lordon, 2010, 6
[2] Skidelsky, 1992; 2005; Holappa, 2009, 100-112; vertaa myös Minsky 1975; 1986; Shaxson, 2012, 65-79
[3] Holappa, 2009, 100-112; vertaa Skidelsky, 1992; 2005
[4] Soros 1999, 77; vertaa Deleuze ja Quattari (1977) kapitalismin skitsofreniasta; Freud, 1986
[5] Skidelsky, 1992; 2005; Holappa, 2009, 100-112; vertaa myös Minsky 1975; 1986; Shaxson, 2012, 65-79
[6] Holappa, 2009, 100-112; vertaa myös Skidelsky – Skidelsky, 2012.
[7] Ibid.
[8] Ibid.
[9] Hahnel, 2012, 297-300; Holappa, 2009; Blecker, 1999
[10] Klein, 2008, 72-75; Harvey, 2008, 10-30
[11] Hayek, 1995, 62
[12] Klein, 2008, 72-75; Harvey, 2008, 10-30
[13] Friedman, 1962; 1982
[14] Klein, 2008; vertaa Nelson, 2001
[15] Stiglitz, 2004; vertaa Harvey, 2008
[16] Klein, 2008; Stiglitz, 2004
[17] Klein, 2008, 24, 375-385; vertaa Harvey, 2008, 20-50; Bakan, 2010, 120-132
[18] Marx – Engels, 1998; siteerattu teoksessa Seppänen, 2009, 16
[19] Klein, 2008, 20, 375-385; vertaa Harvey, 2008, 200-201; Kuusela – Ylönen, 2013
[20] Stiglitz, 2004, 236-244
[21] Bakan, 2010, 120-132; Klein, 2008; vertaa Forrester, 1999; Galbraith, 1984
[22] Vertaa Kuisma, 2013; Micklethwaith – Woolridge, 2014
[23] Klein, 2008; Harakka, 2009; Stiglitz, 2004, 263; Korten, 1997, 95-101; Bakan, 2010, 184-185
[24] Frank, 2000; Boldeman, 2007
[25] Hahnel, 2012, 94-100
[26] Hahnel, 2012, 94-100; 2008
[27] Ibid.
[28] Ibid.
[29] Gladwell, 2010, 21-23, 35-45; Microsoftin perustaja on tietysti Bill Gates.
[30] Gladwell, 2010, 21-23, 35-45
[31] Matteus 25: 29; Merton, 1957
[32] Mills, 1951; Klein, 2008; vertaa Onfray, 2004
[33] Vertaa Hännikäinen – Melender, 2012; Eskelinen – Bruun, 2009; Frank, 2000

Markkinoiden magiikan ihme

[34] Eskelinen – Bruun, 2009; Nietzsche, 1995; 1989; vertaa Harvey, 2008, 229-251
[35] Kant, Immanuel: *Käytännöllisen järjen kritiikki*; katso Scruton, 1989; Pyysiäinen, 2010
[36] Siltala, 2004; Frank, 2000; Boldeman, 2007; vertaa Augustinus, 2003
[37] "Maallisesta papistosta" Chomsky, 2002, 42; vertaa Ferguson, 2012; Klein, 2008; Nelson, 2001
[38] Hardt – Negri, 2005, 11-17
[39] Hardt – Negri, 2005, 11-17; vertaa Jameson, 1991
[40] Hardt – Negri, 2005, 11-17; vertaa Jameson, 1991
[41] Eskelinen – Bruun, 2009; vertaa Harvey, 2008, 229-251
[42] Vertaa Klein, 2008; Siltala, 2004; Frank, 2000; Boldeman, 2007
[43] Eskelinen – Bruun, 2009
[44] Eskelinen – Bruun, 2009; vertaa Lordon, 2010; Shaxson, 2012
[45] Klein, 2008
[46] Vertaa myös Forrester, 1999; Chomsky, 2008. MAI-sopimus on herätetty henkiin TTIP-sopimuksena.
[47] Klein, 2008, 514-520; 538-540; vertaa Siltala, 2004; Lutwak, 1999; Ferguson, 2012; Lordon, 2010
[48] Lester Thurow 1996, 180; siteerattu myös teoksessa Martin – Schumann, 1998, 138
[49] Klein, 224-227
[50] Puhuja Francis Fukuyama, 1992; markkinoiden magiikka Ronald Reaganin tunnetuksi tekemä sanonta.
[51] Ronald Reaganin Pahan valtakunta –puhe; Fukuyama, 1992; vertaa Hardt – Negri, 2005; Klein, 2008
[52] Augustinuksesta McGrath, 2012; Frank, 2000, ix-50; vertaa Novak, 1982; Norberg, 2004
[53] Frank, 2000, ix-50; vertaa Friedman, 2000
[54] Ibid.
[55] Frank, 2000, ix-50; vertaa Novak, 1982; Norberg, 2004
[56] Seppänen, 2009, 61
[57] Visionääri oli tuolloinen valtiovarainministeri Gordon Brown BBC:n haastattelussa 13.5.2007.
[58] Greenspan, 2007, 233.

59 Hayek, 1995, 168; vertaa Chomsky (2002, 133) Lockesta ja enemmistön pakottamisesta *uskomaan*
60 Vertaa Galbraith, 1984; Chomsky, 2002; Harvey, 2008, 50-81
61 Soros, 1999; Frank, 2000; Harvey, 2008, 50-81; Patomäki, 2007
62 Chomsky, 2002, 215-253; 2003; Hermann – Chomsky, 1988; Frank, 307-333
63 Ibid.
64 Ibid.
65 Chomsky, 2002; 2003; vertaa Jameson, 1991
66 Chomsky, 2002; 2003; vertaa Frank, 2000
67 Chomsky, 2002; 2003; vertaa Frank, 2000, 307-333; Jameson, 1991
68 Frank, 2000; vertaa Norberg, 2004
69 Norberg, 2004; vertaa Novak, 1982
70 Hännikäinen – Melender, 2012; Frank, 2000, ix-50
71 Katso Norberg, 2004; vertaa Friedman, 2000; sitaatti Wahlroos 2015, 49.
72 Frank, 2000, ix-50; Hayek, 1998
73 Frank, 2000; Karkama, 1998
74 Hayek, 1995, 167
75 Kuisma 2013, 82-83; Bauman; teoksessa Foley, 2010, 36; vertaa Karkama, 1998; Frank, 2000
76 Siltala, 2004, 94-97; vertaa Kuisma, 2013; Frank, 2000; Karkama, 1998
77 Hayek; siteerattu teoksessa Siltala, 2004, 94-97
78 Frank, 2000; Nelson, 2001; vertaa McGrath (2012) Jumalaa koskevista teorioista.

Talouden ydintalvi ja jumalaiset voimat

1 Harakka, 2009, 13-16; pyramidihuijari on tietysti Bernard Madoff.
2 Harakka, 2009, 13-16; Lordon, 2010, 93: cds-johdannaiset 60 ja kaikki johdannaiset 600 biljoonaa $.
3 Harakka, 2009; vertaa Lordon, 2010; Seppänen, 2009
4 Harakka, 2009; Seppänen, 2009; ajatus peräisin jo Marxilta (1974-1976), osa I, luku 3
5 Küng, 1978
6 Harakka, 2009; Seppänen, 2009; Tett; 2009
7 Harakka, 2009, 23-35
8 Harakka, 2009; Krugman, 2009; vertaa Tett, 2009; Varoufakis, 2014
9 Harakka, 2009; Chomsky (2002, 365) pääoman "virtuaalisesta parlamentista", jolla on veto-oikeus
10 Harakka, 2009, 47-50; vertaa Nelson, 2001; Tett, 2009; Frank, 2000
11 Harakka, 2009, 46-58; vertaa Stiglitz, 2004
12 Harakka, 2009, 46-58; Galbraith, 1984; Nelson, 2001
13 Nobelisteista voidaan mainita Paul Krugman (1999), Joseph Stiglitz (2004) ja Amartya Sen (1970).
14 Harakka, 2009, 46-58; Nelson, 2001; Stiglitz, 2004
15 Klein, 2008, 547; vertaa Harakka, 2009; Patomäki, 2007; Korten, 1997; Boldeman, 2007; Nelson, 2001
16 Hardt – Negri, 2005; Galbraith, 1984; Nelson, 2001; Patomäki, 2007
17 Harakka, 2009, 85-98; Harakka viittaa muun muassa Galbraithiin, Skidelskyyn ja Sorokseen
18 Harakka, 2009; vertaa Lewis, 1990
19 Seppänen, 2009, 17-27, 37-46; vertaa Tett, 2009, 3-25
20 Seppänen, 2009, 17-27, 37-46; vertaa Lordon, 2010
21 Seppänen, 2009, 17-27, 37-46; vertaa Harakka, 2009; Lordon, 2010
22 Harakka, 2009, 91; Lordon, 2010
23 Harakka, 2009; "shorttaus", short selling on vaikeasti suoraan käännettävissä
24 Harakka, 2009; vertaa myös Seppänen, 2009, 49-53
25 Harakka, 2009; vertaa Tett, 2009; Seppänen, 2009, 49-53; "suojarahasto" on englanniksi Hedge Fund.
26 Kyse on niin sanotusta Blackin ja Scholesin (1973) kaavasta
27 Harakka, 2009; vertaa Soros, 1999
28 Ibid.
29 Immanuel Kant; siteerattu teoksessa Harakka, 2009; vertaa Eukleides; teoksessa Schopenhauer, 1989, 5.
30 Craib, 1984; Lagerspetz, 1990; 1995; Beck (1990) yhteiskuntatieteen itsensä murskaamisesta
31 Harakka, 2009, 105-109; Soros, 1999, kappaleet 1 ja 3
32 Harakka, 2009, 105-109; Soros, lehtihaastattelu, *The Australian* 19.3.2009.
33 Päättely on Eugene Faman tunnettu teesi; katso Fama – Miller, 1972
34 Harakka, 2009; vertaa Soros, 1999; Tett, 2009
35 Vertaa Tett, 2009; Seppänen, 2009
36 Harakka, 2009, 110-122; Seppänen, 2009, 17-27, 37-46; Tett, 2009
37 Harakka, 2009, 110-122; Seppänen, 2009, 70-73
38 Harakka, 2009; Lordon, 2010
39 Harakka, 2009; Krugman, 2009; Seppänen, 2009; Tett, 2009; vertaa Minsky, 1986
40 Seppänen, 2009, 19-20; vertaa myös Harakka, 2009; ajatus peräisin jo Marxilta (1974-1976), osa I, luku 3

[41] Seppänen, 2009, 8, 17-27; 2011; viitattu kirjailija on Bertolt Brecht.
[42] Harakka, 2009
[43] Hahnel, 2012, 297-299; Eskelinen – Bruun, 2009; Shaxson, 2012; Soros, 1999; Boldeman, 2007
[44] Klein, 2008, 164
[45] Harakka, 2009; Marx – Engels, 1998, 43 "taikurimestarista"; vertaa Shaxson, 2012
[46] Selvyydeksi: perinteistä pankkisääntelyä on paljon mutta finanssikasino pyöri pääosin sen ulkopuolella.
[47] Stiglitz, 2004; Eskelinen – Bruun, 2009; Lordon, 2010
[48] Stiglitz, 2004, 40-43; Klein, 2008; Bakan, 2010, 30-35
[49] Stiglitz (2004) sivuuttaa OECD:n, jonka kautta markkinafundamentalistisia ajatuksia myös kierrätetään.
[50] Stiglitz, 2004, 18-19; vertaa Nelson, 2001
[51] Stiglitz, 2004, 288-296; vertaa Nelson, 2001
[52] Stiglitz, 2004, 305-314; vertaa Lordon, 2010; Shaxson, 2012
[53] Harakka, 2009; Lordon, 2010
[54] Lordon, 2010; Shaxson, 2012
[55] Harakka, 2009; Lordon, 2010; Shaxson, 2012
[56] Klein, 2008, 295-296; vertaa Ferguson, 2012; Harakka, 2009; Lordon, 2010
[57] Luther, 2013; 1964: *Iso katekismus*, kohdassa ensimmäinen käsky.

Paratiisisaarten panttivangit

[1] Lordon, 2010, 13-37
[2] Lordon, 2010, 13-37; Shaxson, 2012; Tett, 2009
[3] Lordon, 2010, 13-50
[4] Lordon, 2010, 13-50; vertaa Skidelsky, 1992; 2005
[5] Shaxson, 2012; vertaa tapaus HBOS
[6] Lordon, 2010
[7] Lordon, 2010, 19, 141-142: JP Morganin ostama kilpailija oli Bear Stearns.
[8] Lordon, 2010, 110-111; Tett, 2009, ix-xxii
[9] Lordon, 2010, 66-72; vertaa Soros, 1987
[10] Lordon, 2010, 89-93; vertaa Soros, 1987
[11] Ajatus on peräisin Schopenhauerilta, 1989; vertaa Craib, 1984
[12] Lordon, 2010, 130-132
[13] Lordon, 2010
[14] Lordon, 2010, 109: kansantuote oli n. 40 ja johdannaismarkkinat n. 600 biljoonaa dollaria.
[15] Ibid. Vertaa myös Hahnel, 2012, 297-300; Blecker, 1999
[16] Ibid.
[17] Ibid.
[18] Lordon, 2010, 142-170
[19] Lordon, 2010, 142-170; Klein, 2008, 375-385, 517; Bakan, 2010, 120-132
[20] Lordon, 2010, 107-114; Shaxson, 2012; Ylönen, 2009
[21] Shaxson, 2012, 13-36; Ylönen, 2009
[22] Shaxson, 2012, 13-36
[23] Ylönen, 2009; *The Guardian Weekly* 30.11.2012, 4-5.
[24] Kuvattu teoksessa Shaxson, 2012, 5-11
[25] Shaxson, 2012, 5-11
[26] Shaxson, 2012, 13-36; Ylönen, 2009
[27] Ibid.
[28] Shaxson, 2012; vertaa Klein, 2009
[29] Shaxson, 2012, 145, 215-241
[30] Shaxson, 2012, 123-144
[31] Shaxson, 2012, 123-145; jopa Pohjoismaissahaluttu hallintarekistereiden tyyppisiä järjestelyitä.
[32] Shaxson, 2012, 30
[33] Shaxson, 2012
[34] Ylönen, 2009
[35] Shaxson, 2012; Klein, 2008, 547; vertaa Harakka, 2009; Ferguson, 2012
[36] Stiglitz, 2004, 302-305
[37] Ibid.
[38] Shaxson, 2012
[39] Vertaa Stiglitz, 2004; Harakka, 2009; Paul, 2002; siteerattu teoksessa Siltala, 2004, 94; Shaxson, 2012
[40] Soros, 1999, esipuhe; Shaxson, 2012; Lordon, 2010; Harakka, 2009; Krugman, 2009; Minsky, 1986

Kannibaalit pääoman palveluksessa

1 Siltala, 2004; Klein, 2001; 2008; Forrester, 1999; Korten, 1997
2 Siltala, 2004; vertaa Tienari – Piekkari, 2011, 7-31
3 Drucker, 1969
4 Vertaa Wahlroos, 2012
5 Drucker, 2005; Korten, 1997, 300-315
6 Siltala, 2004, 433-460; Ehrenreich, 2005; Forrester, 1999
7 Frank, 2000, 240-251; Siltala, 2004; Klein, 2001; Korten, 1997
8 Korten, 1997, 254-278; vertaa Soininvaara, 2007; Wahlroos, 2012
9 Korten, 1997, 254-278; vertaa Soininvaara, 2007; Klein, 2001; 2008
10 Forrester, 1999; Jung, 1997; vertaa Kropotkin, 1902
11 Frank, 2000, 240-251; Ehrenreich, 2005; Martin – Schumann, 1998; Forrester, 1997; Jung, 1997
12 Ehrenreich, 2005; Korten, 1997, 300-315; Martin – Schumann, 1998
13 Harakka, 2009, 165-166; vertaa Skidelsky – Skidelsky, 2012
14 Frank, 2000, 240-251; Ehrenreich, 2005; Forrester, 1999; Jung, 1997; Rifkin, 1997
15 Frank, 2000, 240-251; Siltala, 2004; von Clausewitz, 1998; Hegel, 1980
16 Schumpeter, 1947
17 Ehrenreich, 2005; Siltala, 2004
18 Harakka, 2009; Klein, 2008
19 Klein, 2001, 183-213; Soininvaara, 2007, 51-52; Siltala, 2004; Ehrenreich, 2005
20 Vertaa Soininvaara, 2007, 47-48
21 Korten, 1997, 299-310; Klein, 2001; Siltala, 2004; Ehrenreich, 2005; Bakan, 2010
22 Soininvaara, 2007, 151-167; Hesiodos, 2004, 18; vertaa D'Aveni, 1994; Lutwak, 1999
23 Hayek, 1995, 64
24 Bourdieu, 1999; vertaa Ehrenreich, 2005; Siltala, 2004; Kropotkin, 1902
25 Bourdieu, 1999; vertaa Ehrenreich, 2005
26 Bourdieu, 1999
27 Siltala, 2004
28 Siltala, 2004; Ehrenreich, 2005
29 Ehrenreich, 2005; lopun sanonta on Oscar Wilden (2001, 31) hieman muutettuna tässä
30 Soininvaara, 2007, 7-31; Layard, 2005; Foley, 2010; Skidelsky – Skidelsky, 2012
31 Soininvaara, 2007, 7-31; Korten, 1997, 95-101; Ojapelto, 1996; Skidelsky – Skidelsky, 2012
32 Soininvaara, 2007, 7-31; vertaa Bourdieu, 1979
33 Soininvaara, 2007, 7-31; vertaa Frank, 2000
34 Bakan, 2010; vertaa Marcuse, 1969; 1964
35 Luonnehdinta on peräisin Lutherilta, 2013; 1964; *Iso katekismus*, kohdassa seitsemäs käsky
36 Ehrenreich, 2005; Forrester, 1999
37 Siltala, 2004; Rifkin, 1997; Reich, 1995; Forrester, 1999; Ehrenreich, 2005; Harari, 2018
38 Vertaa Siltala, 2004; Soros, 1999
39 Vertaa Forrester, 1999; ajatus "uudesta absoluutista" on Karkamalta (1998, 115).
40 Johannes 16: 33; Luther, 2013; 1964: *Iso katekismus*
41 Luther, 2013; 1964: *Iso katekismus*, kohdassa seitsemäs käsky
42 Luther, 2013; 1964: *Iso katekismus*, kohdassa kahdeksas käsky
43 Luther, 2013; 1964: *Iso katekismus*, kohdassa yhdeksäs ja kymmenes käsky
44 Luther, 2013; 1964: *Iso katekismus*, kohdassa kuudes pyyntö
45 Hegel, 1980; Luther, 2013, 1964; kohdassa seitsemäs käsky; Dan. 6; Ferguson, 2012; Klein, 2008
46 Vertaa Bell, 1974; Masuda, 1981; Toffler, 1991; Wriston, 1992; Zuboff, 1990; Lyon, 1988
47 Williams, 1994; Bunting, 2005; Rosenthal, 2014
48 Rosenthal, 2014
49 Rosenthal, 2014; Korten, 1997, 300-315; vertaa Taylor, 1911
50 Vertaa Beniger, 1986
51 Bunting, 2005; Scott, 1994
52 Siltala, 2004, 435; Forrester, 1999; Korten, 1997, 300-315; Lasch, 1996; Standing, 2011
53 Forrester, 1999; Korten, 1997, 300-315; Martin – Schumann, 1998; Lasch, 1996; Standing, 2011; OECD, 2019
54 Ibid. Vertaa myös Harari, 2018

Vasemmisto, tuo tyrmään suljettu Saatana

1 Maailman sosiaalifoorumi, verkkosivut; Ylä-Anttila, 2010
2 Hännikäinen – Melender, 2012; vrt. Klein, 2001, 255-290; lentävä lause Jamesonin ja Zizekin nimissä.
3 Hahnel, 2012; Judt, 2011; Uschanov, 2008; Onfray, 2004; vertaa myös Harrington, 1989; 1987
4 Nelson, 2010

[5] Meadows, et al., 1973; vertaa IPCC, 2014; 2018; Worldwatch, 2013; Hahnel, 2012

[6] Hahnel, 2012, 83-86, 349-353

[7] Pigou, 1920; Hahnel, 2012, 83-86, 349-353

[8] Hahnel, 2012, 83-86; vertaa Bakan, 2010, 75-89

[9] Harakka, 2009, 174-179; vertaa Stern, 2006 "maailmanhistorian suurimmasta markkinahäiriöstä".

[10] Harakka, 2009, 174-179; vertaa Seppänen, 2009, 45; 2011

[11] Harakka, 2009, 174-179; Seppänen, 2009, 45; Wuori, 1993; Worldwatch, 2013; IPCC, 2014; 2018

[12] Winston Churchill; siteerattu teoksessa Seppänen, 2011, 295

[13] Chomsky, 2008, 259-269; vertaa Hahnel, 2012; Harakka, 2009; Hännikäinen – Melender, 2012

[14] Friedmanin (2000) mukaan tarjolla ovat *vain* tavallinen markkinatalous tai Pohjois-Korean malli.

[15] Hahnel, 2012; vertaa Hayek, 1995; Friedman, 1962

[16] Hännikäinen – Melender, 2012, 52-53, 86-90; Heath – Potter, 2006

[17] Ibid. Harvey, 2008, 76; Margaret Thatcheriltä periytyy ilmaus "loony lefties", "vasemmistohörhöt".

[18] Hännikäinen – Melender, 2012, 52-53, 86-90; Heath – Potter, 2006

[19] Ibid.

[20] Hahnel, 2012, 370-371; vertaa Bakan, 2010, 166-169

[21] Vertaa Hännikäinen – Melender, 2012; Galbraith, 1984; Miller, 1997; Michels, 1986; 1911

[22] Karkama, 1998, 7-30

[23] Karkama, 1998, 7-39; vertaa Michaels, 2011.

[24] Karkama, 1998, 119-121; vertaa Chomsky, 2002

[25] Vertaa Hännikäinen – Melender, 2012; Karkama, 1998, 7-30; vertaa Popper, 1945

[26] Monokulttuurin metatarinasta Michaels, 2011

[27] Karkama, 1998, 7-30; vertaa Hännikäinen – Melender, 2012; Frank, 2000; Harvey, 2008; Polanyi, 2009

[28] Stirner, 2005, alkusanat ja loppusanat; vertaa Frank, 2000

[29] Vertaa Karkama, 1998, 7-30; Hännikäinen – Melender, 2012, 56-58; Hahnel, 2012; Berlin, 2001

[30] Ollila, 2009

[31] Karkama, 1998; Ollila, 2009

[32] Karkama, 1998; vertaa Bauman, 1996

[33] Vertaa Ollila, 2009; Chomsky, 2002; 2003

[34] Karkama, 1998, 81-112

[35] Karkama, 1998, 81-112; vertaa Onfray, 2004

[36] Bauman, 1996, 131-138

[37] Vertaa Chomsky, 2002; 2003

[38] Karkama, 1998, 81-112; vertaa Chomsky, 2002; 2003; Ollila, 2009

[39] Uschanov, 2008; Hahnel, 2012; Marx – Engels, 1998

[40] Uschanov, 2008, 18-30

[41] Uschanov, 2008, 18-30

[42] Luonnehdinta sydänten sosialismista perustuu Ervastin (1917) verkosta löytyvään esitykseen

[43] Hayek, 1995; alkuperäisteos vuodelta 1944

[44] Judt, 2011, 143; Uschanov, 2008; vertaa Hännikäinen – Melender, 2012

[45] Hayek, 1998

[46] Uschanov, 2008, 18-20

[47] Uschanov, 2008; vertaa Hahnel, 2012; Hardt – Negri, 2005

[48] Hahnel, 2012, 333-373; vertaa Hardt – Negri, 2005; Uschanov, 2008

[49] Hahnel, 2012, 333-373

[50] Uschanov, 2008

[51] Vertaa Hahnel, 2012; Honneth, 2018; Arrow, 1951; Sen, 1970

[52] Judt, 2011, 140; vertaa Uschanov, 2008; Hännikäinen – Melender, 2012

[53] Uschanov, 2008, 18-30

[54] Ibid.

[55] Hahnel, 2012; Uschanov, 2008; Hännikäinen – Melender, 2012; vertaa Kropotkin, 1902

[56] Uschanov, 2008

[57] Vertaa Kuusela – Rönkkö, 2008

[58] Vertaa Frank, 2000; Chomsky, 2002; Ferguson, 2012; Harvey, 2008, 51-80

[59] Uschanov, 2008; vertaa Hännikäinen – Melender, 2012

Työelämän viimeinen taisto

[1] Hahnel, 2012; vertaa Eagleton, 2012

[2] Hahnel, 2012; Judt, 2011

[3] Hännikäinen – Melender, 2012; Chomsky, 2002

[4] Hahnel, 2012

[5] Judt, 2011, 145-146

[6] Hahnel, 2012, 13-24
[7] Hahnel, 2012, 13-24
[8] Hahnel, 2012; Uschanov, 2008; Hännikäinen – Melender, 2012
[9] Pohdinta on pääpiirteissään peräisin Moren (1991, 67-69) *Utopiasta*; vrt. Hahnel, 2012; Honneth, 2018
[10] Hahnel, 2012, 13-24
[11] Korten, 1997, 299-310; vertaa Rifkin, 1997; Hahnel, 2012; Seppänen, 2011
[12] Siltala, 2004; Ferguson, 2012; Lordon, 2010; Shaxson, 2012; Piketty, 2014
[13] Soininvaara, 2007, 51-52; vertaa Stiglitz, 2012
[14] Hahnel, 2012; vertaa Siltala, 2004; Galbraith, 1984
[15] Vertaa Soininvaara, 2007; Stiglitz, 2012
[16] Stiglitz, 2004; 2012; Lordon, 2010; Soininvaara, 2007
[17] Soininvaara, 2007; vertaa erityisesti luottamuksesta Akerlof – Schiller, 2009.
[18] Bakan, 2010, 75-89; Hamel, 2009; Soininvaara, 2007; Hahnel, 2012, 18-19, 32-36
[19] Hahnel, 2012, 32-36; vertaa Rawls, 1989; Honneth, 2018
[20] Hahnel, 2012, 129-150; vertaa Eskelinen – Bruun, 2009; Harrington, 1987; 1989
[21] Vertaa myös Judt, 2011; Hännikäinen – Melender, 2012; Gorz, 1980
[22] Hahnel, 2012, 129-150; vertaa Harrington, 1987; 1989; Honneth, 2018
[23] Hahnel, 2012, 129-150; Judt, 2011
[24] Judt, 2011
[25] Vertaa Judt, 2011; Hahnel, 2012
[26] Hahnel, 2012, 161; vertaa Harrington, 1987; 1989
[27] Hahnel, 2012, 161-182
[28] Hahnel, 2012; vertaa Hayek, 1995
[29] Hahnel, 2012, 161-182; samansuuntaisia ajatuksia esiintyi anarkisteilla kuten Kropotkinilla (1902).
[30] Hahnel, 2012; vertaa Onfray, 2004; Kropotkin, 1902.
[31] Hahnel, 2012, 161-182
[32] Hahnel, 2012, 161-182; vertaa Galbraith, 1984
[33] Onfray, 2004; vertaa Hahnel, 2012
[34] Hahnel, 2012, 193-217; vertaa Judt, 2011
[35] Hahnel, 2012, 193-217; vertaa Uschanov, 2008
[36] Hahnel, 2012, 219-220; Albert – Hahnel, 1991; vertaa Hayek, 1995; 1998; Friedman, 1962
[37] Ibid.
[38] Ibid.
[39] Hahnel, 2012; vertaa Kuisma, 2013
[40] Hahnel, 2012, 391-394, 408-413
[41] Ibid.
[42] Hahnel, 2012; vertaa Hamel, 2009; Kuisma, 2012; Moilanen, et al., 2014
[43] Kuisma, 2013, 151-167; vertaa Hansmann, 2000 ja toisaalta Wahlroos, 2012
[44] Kuisma, 2013; vertaa Hahnel, 2012; Moilanen, et al., 2014
[45] Kuisma, 2013; vertaa Siltala, 2004; Moilanen, et al., 2014
[46] Kuisma, 2013; vertaa Battilani – Schröter, 2012; Moilanen, et al., 2014
[47] Hahnel, 2012
[48] Hahnel, 2012; Stiglitz, 2004, 326-334; vertaa Seppänen, 2011
[49] Hahnel, 2012; Uschanov, 2008
[50] Hahnel, 2012; Uschanov, 2008; vertaa Hayek, 1995
[51] Eeppisestä köydenvedosta Hahnel, 2012, 79, 417-427
[52] Hahnel, 2012, 79; Onfray, 2004; vertaa Rousseau, 2000; 1755

Duunarin messias ja musta raamattu

[1] Hahnel, 2012, 75-77; Judt, 2011; haudankaivajavertaus on Marxilta ja Engelsiltä 1998, 51
[2] Eagleton, 2012, 7-23
[3] Eagleton, 2012, 13-23; Hahnel, 2012; vertaa Fukuyama, 1992
[4] Eagleton, 2012, 13-23; vertaa Marx – Engels, 1998, 36
[5] Fukuyama, 1992
[6] Vertaa Hahnel, 2012; Harakka, 2009; Soininvaara, 2007; Stiglitz, 2004
[7] Eagleton, 2012, 13-23
[8] Harakka, 2009, 139
[9] Vertaa Shaxson, 2012; Lordon, 2010; Ferguson, 2012
[10] Lordon, 2010, 13-50
[11] Lordon, 2010, 40-50
[12] Eagleton, 2012, 13-23
[13] Eagleton, 2012, 13-23

¹⁴ Hayek, 1995; 1998
¹⁵ Eagleton, 2012, 24-41
¹⁶ Eagleton, 2012, 24-41; vertaa Hahnel, 2012
¹⁷ Vertaa Eagleton, 2012
¹⁸ Eagleton, 2012, 42-73
¹⁹ Eagleton, 2012, 74-114
²⁰ Ibid.
²¹ Eagleton, 2012, 115-134
²² Eagleton, 2012, 166-183; vertaa Hännikäinen – Melender, 2012
²³ Eagleton, 2012, 166-181; vertaa Klein, 2008
²⁴ Eagleton, 2012, 184-200
²⁵ Eagleton, 2012, 184-200; vertaa Onfray, 2004; Sorel, 1925
²⁶ Eagleton, 2012; vertaa Klein, 2008
²⁷ Eagleton, 2012, 184-200
²⁸ Eagleton, 2012, 184-200; vertaa Marx – Engels, 1998
²⁹ Lenin, 1972, alussa
³⁰ Eagleton, 2012, 162-165, 240-241
³¹ Eagleton, 2012. Tässä yhteydessä voidaan viitata ns. nuoren ja vanhan Marxin ongelmaan.
³² Eagleton, 2012, 162-165, 240-241
³³ Eric Hobsbawn Marxin ja Engelsin (1998) *Kommunistisen manifestin* esipuheessa
³⁴ Eagleton, 2012, 162-165, 240-241
³⁵ Judt, 2011, 169; vertaa Eagleton, 2012; Hahnel, 2012
³⁶ Judt, 2011, 226-227; vertaa Hahnel, 2012 ja toisaalta Eagleton, 2012
³⁷ Onfray, 2004
³⁸ Vertaa McLaren, 2009, 177-192
³⁹ McLaren, 2009, 45-61
⁴⁰ Ibid.
⁴¹ McLaren, 2009, 94
⁴² McLaren, 2009, 97, 177-193
⁴³ Ibid.
⁴⁴ Lyhennetty Fidel Castron muistosanoista teoksessa McLaren, 2009, 189
⁴⁵ McLaren, 2009, 177-193; Marx – Engels, 1998, 72-75; Onfray, 2004; Seppänen, 2011, 288-289
⁴⁶ Viimeksi mainitun teesin suhteen voidaan viitata vaikkapa *Critical Review* -aikakauskirjaan.
⁴⁷ Vertaa McLaren, 2009; Hardt – Negri, 2005; Onfray, 2004

Vallankumouksen kiivas henki

¹ Vertaa Klein, 2008; Stiglitz, 2004; Nelson, 2001; Galbraith, 1984; 1956
² Onfray, 2004, 96-106
³ Onfray, 2004, 96-106; vertaa Gray, 1998; Korten, 1997, 300-315
⁴ Harvey, 2008, 9; vertaa Berger – Luckmann, 1994; 1979
⁵ Onfray, 2004, 107-132; vapaudesta "filosofisena nappina" Harvey, 2008, 52; vrt. myös Honneth, 2018
⁶ Onfray, 2004, 107-132
⁷ Ibid.
⁸ Ibid.
⁹ Onfray, 2004, 122-123; vertaa Proudhon, 1994; 1840
¹⁰ Onfray, 2004, 122-123; vertaa Proudhon (1994; 1840), joka lievensi myöhemmin kantaansa (1860)
¹¹ Onfray, 2004, 107-132
¹² Ibid.
¹³ Onfray, 2004; vertaa Hayek, 1998, 47-49; Wahlroos, 2012
¹⁴ Locke, 1993; siteerattu teoksen Losurdo (2013) alussa; vertaa Lockesta myös Chomsky 2002, 133
¹⁵ Onfray, 2004, 107-132; avantgardisesta koneesta Lyotard, 1985; vertaa Rand, 1957
¹⁶ Onfray, 2004, 211-219; vertaa Ehrenreich, 2005; Siltala, 2004; Karkama, 1998; Whyte, 1956
¹⁷ Onfray, 2004, 211-220; vertaa Nietzsche, 1984; 1989
¹⁸ Onfray, 2004, 220-234; vertaa postpolitiikasta myös Hännikäinen – Melender 2012, 62-67
¹⁹ Onfray, 2004, 220-234; vertaa Nietzsche, 1989; Marcuse, 1969, 13-21
²⁰ Onfray, 2004; vertaa myös Forrester, 1999
²¹ Onfray, 2004, 220-234
²² Ibid.
²³ Vertaus Verdin kuorosta on Ollilalta, 2009
²⁴ Onfray, 2004, 220-234; vertaa Marcuse, 1969, 13-21
²⁵ "Paras puolue" Islannin Besti flokkurinn; populismista laajemmin Micklethwaith – Woolridge, 2014
²⁶ Onfray, 2004; vertaa Sorel, 1925; Wahnich, 2012

27 Onfray, 2004; vertaa Sorel, 1925; Chomsky, 2008; Wahnich, 2012
28 Onfray, 2004; vertaa McLaren, 2009
29 Onfray, 2004, 220-234; McLaren, 2009; vertaa Wells, 2006; 1937; Marx – Engels, 1998, 72-75
30 Onfray, 2004, 220-234; Rousseau, 2000; Rooseveltin salamurhahankkeesta Bakan 2010, 105-116
31 Vertaa Onfray, 2004; Forrester, 1999; Davosin ihmiset ja Seattlen ihmiset erottelu on Krugmanilta.
32 McLaren, 2012; Onfray, 2004; Wahnich, 2012; Zizek, 2008; Baudrillard, 1975; 2006
33 Matteus; Matt. 26: 52; Matt. 7: 29
34 Onfray, 2004; vertaa Chomsky, 2002; 2008
35 Vrt. Nietzsche, 1984; 1989; Erasmus Rotterdamilainen, 1998; *Numantian tragedia* Cervantesin näytelmä.
36 Vertaa Michels, 1986; 1911; Dostojevski, 1989; von Wright, 1989, 91-98
37 Dahl, 1970; vrt. Hahnel, 2010; lainaus John Adams; teoksessa Micklethwaith – Woolridge, 2014, 249
38 Jay, 1975, 236-237
39 Platon, 1981; vertaa *thymoksesta* myös Hegel, 1980
40 Fukuyama, 1992, 17-25
41 Jay, 1975, 236-237
42 Jay, 1975, 236-237
43 Onfray, 2004
44 Vertaa Onfray, 2004; Hahnel, 2012; Judt, 2011; Kuusela – Rönkkö, 2008
45 Vertaa Ehrenreich, 2005; Siltala, 2004; OECD, 2019

Faustin painajainen

1 Apostoli Paavali; 2. Tess. 2: 3-4; vertaa Harari, 2018: *Homo Deus*
2 Weber, 1980; Kant, 1995a; 1995b; von Wright, 1989; 1992, 142-143
3 von Wright, 1992, 142; *Vapautettu Prometheus* on Percy Shelleyn kirjan nimi vuodelta 1819.
4 Vertaa Fukuyama, 1992; von Wright, 1992
5 Nietzsche, 1995, 19
6 Wuori, 1995; vertaa Bataille, 1998; Weber, 1980
7 Wuori, 1995, 248-277; vertaa myös Fromm, 1977 ja Harari, 2018
8 von Wright, 1992, 7; 1989, 119-153; Spengler, 1961; vrt. Wuori, 1995; Foley, 2010; Michaels, 2011
9 Lainaus imperialisti Cecil Rhodes kapitalismin kultaisella kaudella; lainattu teoksessa Arendt, 2013, 181
10 Wuori, 1995, 248-277; vrt. von Wright, 1992; Lasch, 1991; Skidelsky – Skidelsky, 2012; Foley, 2010
11 Wuori, 1995, 248-277; vertaa Lasch, 1991; Foley, 2010; Michaels, 2011; Alvesson, 2014; Hoosea; Hoos. 12: 2.
12 Alvesson, 2014; vertaa Wuori, 1995 ja Harari, 2018
13 Wuori, 1995; Alvesson, 2014: *The Triumph of Emptiness*; Foley, 2010; Forrester, 1999; Rifkin, 1997; Harari, 2018
14 Wuori, 1995, 248-277
15 Mill, John, Stuart: *On Liberty*, 1998, 1. luku.
16 Abraham Lincoln; siteerattu teoksessa Paastela, 1995, 46
17 Historiallisten kertomusten todenperäisyydestä ei ilmeisesti ole saatu täyttä varmuutta.
18 Kuisma, 2013, 91-111; Shaxson, 2012; Lordon, 2010; Reich, 2016; Standing, 2017.
19 "Se, mikä on rahvaalle rikos, on harvoille ja valituille pelkkä pahe". Benjamin Disraeli; Arendt, 2013, 123.
20 Kuisma, 2013, 91-111; Siltala, 2004; Klein, 2008; Forrester, 1999
21 Diamond, 2003, 286-316
22 Kuhn, 1994; 1960
23 Klein, 2001; 2008; Lordon, 2010; Standing, 2011; 2017; vertaa Machiavelli, 1990; von Clausewitz, 1998
24 Wuori, 1995; vertaa Hahnel, 2012; Harakka, 2009; Reich, 2016; *Musta joutsen* on Talebin (2010) kirja
25 Vertaa Klein, 2008; Reich, 2016; Standing, 2017; tässä viitataan myös Victor Hugon tunnettuun sanontaan.
26 John Maynard Keynes, 1936, 383; siteerattu teoksessa Krugman, 1999b, 31; vertaa Gramsci, 1979
27 vertaa Friedman, 1982, ix; 1962
28 Wuori, 1995, 248-277; vertaa Fromm, 1977
29 Wuori, 1995, 248-277; vrt. Nelson, 2001; 2010; Worldwatch, 2013; Klein, 2014; IPCC, 2014; 2018; Harari, 2018
30 Weber, 1980, 134; vertaa Worldwatch, 2013; IPCC, 2014; 2018
31 Jameson, 1991; vertaa Schumpeter, 1947.
32 Wuori, 1995; Arendt, 2013; McGrath, 2012, 641-643; John Adams; Micklethwaith – Woolridge, 2014, 249
33 Wuori, 1995, 248-277; von Wright, 1989, 119-153; Spengler, 1961; vrt. Jameson, 1991; Foley, 2010; Harari, 2018
34 Wuori, 1995; vertaa Fromm, 1977; Soininvaara, 2007; Schopenhauer, 1989, 115-133.
35 Marcuse, 1969, 262; Wilde, 2001, 31; *Spe Salvi*; teoksessa McGrath, 2012, 641-643

www.kaikaurell.com